給与所得者以外の逸失利益算定事例集

―事業所得者・自由業・会社役員等―

編集　ＡＩＮ法律事務所

新日本法規

は　し　が　き

　本書は、そのタイトルのとおり、給与所得者以外の逸失利益が、どのように算定されているかについて、際立った裁判例を集め、それぞれについて簡単に説明、コメントを付記しています。

　交通事故の死者数が日清戦争での日本側の戦死者数を上回る勢いで増加した交通戦争時代（昭和30年代〜昭和45年頃）以降、一時は、死傷者が減少していたと思われたものの、昭和55年以降、再度増加をし、昭和63年頃に、再度ピークを迎えました。

　しかしながら、昭和63年以降は、交通事故の死傷者数は、年々減少し、近年の交通事故による死傷者数は、統計史上、最も少ない数となっています。

　そうであるとすれば、当然、交通事故による紛争も減少するのではないか、と思われますが、現状はそうはなっていません。

　むしろ、東京地方裁判所民事27部からの報告によれば、新受件数は、平成30年前半の時点で過去最多となっているということですから、交通事故による損害賠償請求訴訟は、年々増加の一途をたどっていることは明らかです。

　この背景には、国民の権利意識が増加していることはもちろん、弁護士費用特約の普及も原因として挙げられるものと思われます。

　これが善であるのか悪であるのかの判断は、読者に委ねるとして、その紛争の原因の一つに、給与所得者以外の逸失利益の算定方法が、ケースバイケースであることが挙げられるでしょう。

　給与所得者であれば、将来得べかりし収入は、比較的容易に算定することができます。なぜなら、事故時の年齢等にもよるものの、事故の前年の所得が分かれば、将来も同等程度の収入を得られたのではないか等、合理的な推測を立てやすいからです。

　しかしながら、給与所得者以外の者に当たっては、年収の増減が大きく、若しくは、そもそも目に見える所得を得ていない、さらには、そもそも現金を受領していない等の事情があり、これをどのように評価するのかは、非常に悩ましい問題です。

　端的に、立証が尽くされていないとして、逸失利益が存しないと認定することは容易ではありますが、休業損害とは異なり、被害者の身体に永続的な後遺症が残存し、後遺障害が認められることを前提とした場合、立証不十分であるからといって、逸失利益が存しないと認定することは、現実に即しません。

そこで、裁判所は、種々の証拠関係から、合理的であると思われる基礎収入を認定しますし、当事者は、自らの主張に沿うよう、適宜、主張・立証を尽くしていきます。

　本書は、そのような給与所得者以外の逸失利益の算定方法につき、参考となると思われる裁判例を掲載し、役立てていただきたく、執筆しました。

　最後に、本書の刊行を担当された新日本法規出版株式会社の川浪有輔氏及び編集部の皆様に厚く御礼申し上げます。

　平成31年2月

AIN法律事務所　執筆者一同

編集・執筆者一覧

≪編　　集≫

　AIN法律事務所

≪執　筆　者≫

　AIN法律事務所

　　成 田　慎 治（弁護士）

　　稲 葉　直 樹（弁護士）

　　野 俣　智 裕（弁護士）

　　荒 川　香 遥（弁護士）

　　石 濱　貴 文（弁護士）

　　増 田　　歩　（弁護士）

　　井 上　陽 介（弁護士）

略　語　表

＜法令の表記＞

根拠となる法令の略語は次のとおりです。

自賠法　　自動車損害賠償保障法
雇用機会　雇用の分野における男女の均等な機会及び待遇の確保等に関する法律
均等法
入管法　　出入国管理及び難民認定法

＜判例の表記＞

根拠となる判例の略記例及び出典の略語は次のとおりです。

東京高等裁判所平成28年12月27日判決、交通事故民事裁判例集49巻6号1335頁

＝東京高判平28・12・27交民49・6・1335

判時　　判例時報
判タ　　判例タイムズ
金判　　金融・商事判例
交民　　交通事故民事裁判例集
高民　　高等裁判所民事判例集
民集　　最高裁判所民事判例集
自保　　自動車保険ジャーナル
　　　　〔現・自保ジャーナル〕

＜通達の表記＞

根拠となる通達の略記例は次のとおりです。

昭和32年7月2日基発第551号

＝昭32・7・2基発551

＜参考文献の表記＞

参考文献の略称は次のとおりです。

赤い本　　公益財団法人日弁連交通事故相談センター東京支部編「民事交通事故訴訟・損害
　　　　　賠償額算定基準」
青本　　　公益財団法人日弁連交通事故相談センター研修研究委員会編「交通事故損害額算
　　　　　定基準」

目　次

ページ

第1章　総　論 ……………………………………………………… 1

第2章　事業所得者（個人事業者）

○概　説 …………………………………………………………………… 3

〔1〕　一級建築士事務所を独立開業した被害者の後遺障害（左右両膝の痛み等、10級該当）による将来の逸失利益につき、性差が賃金センサス上の賃金のように顕著な差異を生ずるものではなく、女子労働者ではなく男子労働者の賃金センサスを基礎とすることが合理的であるとして、賃金センサス昭和60年第1巻第1表企業規模計・産業計・男子労働者学歴計・旧大新大卒30〜34歳の年収を基礎収入として認定した事例 ………… 4

〔2〕　74歳のクリーニング店を営む被害者につき、被害者側は月額40万円の収入を主張したが、これは認められなかったものの、妻と二人暮らしでクリーニング店を営んでいたことは認められるとして、65歳以上男子の賃金センサスを基礎収入として算定した事例 ……………………… 7

〔3〕　鰻店を経営していた被害者の基礎収入につき、過去の店の売上金額を基礎に標準所得率及び被害者の寄与率を乗じた金額を認めず、事故前3年間の青色申告所得の平均額を基礎収入として算定した事例 ……………… 9

〔4〕　46歳の土木経営者の逸失利益につき、事故後に作成された確定申告書記載の申告額は証拠からは認定できないとして、賃金センサスの平均賃金を基礎に算定した事例 …………………………………………… 11

〔5〕　個人タクシー運転手の逸失利益について、事故後タクシー運転業を廃業せざるを得なかった事情は慰謝料で勘案することとして、たとえそのような事情があったとしても、事故前年度における必要経費控除後の所得額を基礎収入として労働能力喪失率14％と認定した事例 …………… 13

〔6〕　事故により後遺障害（左上肢及び左膝の神経症状により14級）を残した被害者（症状固定時50歳・性別不明・針灸・マッサージ業）の逸失利益算定に際し、後遺障害の内容、程度、仕事内容、事故前後における眼の障害内容の推移に鑑みて、17年間にわたり労働能力が20％喪失したものとされた事例 …………………………………………………… 15

〔7〕　土木建築請負業経営者の逸失利益について、申告所得額は低額であったものの、申告売上額、被害者本人尋問からうかがうことのできる被害者の生活レベル等から判断すれば、確定申告の所得額が被害者の所得金額を正確に反映しているものとは認め難いとして、年齢別賃金センサス男子労働者学歴計の8割を基礎収入として認定した事例 ………… 17

〔8〕 ペンション経営を計画していた被害者につき、同年齢より上の賃金センサスを基準に算定した事例……………………………………………… 19

〔9〕 材木仕入れ販売業を営む個人営業者の後遺障害逸失利益計算において、申告外所得が存在する蓋然性が認められた事例………………………… 22

〔10〕 クリニック開業医につき、事故前年度の確定申告書額を基礎としつつ、事故の年に売上が増加していることを斟酌して基礎収入を前年度の申告額に1割を加えた額として算定した事例………………………… 24

〔11〕 個人事業主（プログラム開発等）の逸失利益について、事故前3年間の青色申告特別控除前の所得金額の平均額に自宅家賃の半額を加算した額で認めた事例………………………………………………………… 27

〔12〕 飲食店経営者の逸失利益について、申告所得額は低額であったものの、申告所得額に固定経費（地代家賃）を計上した金額が事故時の学歴計全年齢女子平均賃金を上回ること、未成年の子2人を扶養していたこと等から、学歴計全年齢女子平均賃金を基礎収入として認定した事例……………………………………………………………………… 29

〔13〕 音響機器を自ら設計、製造、販売する者の逸失利益について、申告所得額は低額であったものの、専従者給与は本件では被害者の収入と評価すべきであることや取り扱う商品の評価等に照らして、賃金センサス平成22年・第1巻第1表の産業計・企業規模計・学歴計・男子全年齢平均賃金である523万0,200円の60％を基礎収入として認定した事例………… 32

〔14〕 ミニコミ紙の制作を始めたばかりの被害者につき、最初の9か月は赤字であったが、直前の2か月は黒字で収入は増加する見込みであったこと、以前に経営していた新聞販売店の事故前3年間の平均収入が、同年齢の賃金センサスを上回っていたことから、同賃金センサスを基礎として算定した事例………………………………………………… 35

〔15〕 比較的高齢の個人事業主（トラック運送業）の逸失利益について、申告所得額は低額であったものの、道路運送業者一般における変動経費率を資料から認定し、事故発生年度の実際の売上に変動経費率を乗じて得られた経費額を売上から控除して所得額を認定した事例………………… 38

〔16〕 事故前年度に事故とは無関係の病気等で申告所得額が低かった歯科医の逸失利益について、所得の減少は受傷及び疾患等の一時的な事情によるものであるとして、事故前3年間の申告所得額に専従者給与額を加算したものの平均を基礎収入として認定した事例……………………… 42

〔17〕 期間が定められた契約に基づき、放送受信料の集金等を業として行う個人事業主の逸失利益について、症状固定から7年間は、629万2,600円（平成24年の賃金センサス男子学歴計55歳から59歳の平均賃金）、その後4年間は362万4,300円（平成24年賃金センサス男子学歴計65歳ないし69歳平均賃金）を基礎収入として認定した事例…………………………… 46

第3章　自由業

○概　説……………………………………………………………………………49

〔18〕　箏曲の師範であるとともに、夫の錺金具（仏具金具）制作手伝いを
していた被害者の死亡逸失利益につき、師範の収入項目ごとに実態に
即した算定を行った事例……………………………………………………50

〔19〕　植木や盆栽の手入れを行う仕事に従事していた高齢者（82歳・男）
の後遺障害（併合7級）の逸失利益につき、事故時の収入全てにつき症
状固定後1年間について認めた事例………………………………………54

〔20〕　下請け縫製業者の後遺障害による逸失利益につき、7年間、50％の労
働能力喪失を認めた事例……………………………………………………56

〔21〕　クラブの雇われママの他覚的所見のない頭痛等の神経症状（14級10
号該当）につき、労働能力喪失期間を7年間とした事例………………58

〔22〕　漁師の逸失利益における基礎収入の算定に関し、被害者が主張する、
申告所得額と異なる収入額に基づく請求を排し、事故前年の申告所得
により算定した事例…………………………………………………………61

〔23〕　民謡及び三味線師範である被害者の死亡逸失利益につき、65歳以上
女性労働者平均賃金を基礎にその7割5分を基礎収入として算定した事
例………………………………………………………………………………64

〔24〕　プロの囲碁棋士の逸失利益につき、正座できないこと、集中力を欠
くようになったことなどを考慮して、労働能力喪失率を算定した事例………66

〔25〕　喫茶店経営者の後遺障害による逸失利益につき、平成14年賃金セン
サス産業計・規模99人以下・調理師男性労働者の全年齢平均賃金を参
照して、月額29万1,800円（年額350万1,600円）を基礎収入とした事
例………………………………………………………………………………69

〔26〕　ラーメン店経営会社の代表取締役の後遺障害による逸失利益につ
き、事故年度の市民税等課税証明における給与所得額を基礎として、
7年間、14％の労働能力喪失を認めた事例………………………………71

〔27〕　自営で花屋を開いていた被害者が、事故前年度の確定申告書を提出
していなかったものの、被害者側の立証を考慮して、賃金センサスの
全産業・企業規模別計の高専・短大卒の女性労働者全年齢の平均賃金
を得ることができる高度の蓋然性を認めた事例…………………………73

〔28〕　画家である被害者が、確定申告書上の金額が僅少で経費率の立証も
不十分であったことから、売上の6割を基礎収入として認めるととも
に、被害者の職業・年齢と後遺障害の影響を考慮して、併合12級の後
遺障害に対し労働能力喪失率を50％と認めた事例………………………77

〔29〕 ペットショップ経営者である被害者が、事故前年度の確定申告書を事故前に提出していなかったものの、長年経営が続いていたペットショップの経営者であることを考慮して男性学歴計の平均賃金を基礎収入と認めた事例……………………………………………………81

〔30〕 顔面醜状の症状固定時22歳ホステスの逸失利益について、35歳までは現実収入で、それ以降は女性平均賃金で認めた事例…………………83

〔31〕 14級の症状固定時25歳男性調理師の逸失利益について男性全年齢平均賃金で67歳まで認定した事例………………………………………86

〔32〕 給与が現金支給で給与明細のないダンサーである被害者について、一定の収入があり、生活を営み、貯蓄をしていたことは認められるなどとして学歴計・女性年齢別平均賃金を基礎収入と認めた事例…………88

〔33〕 後遺障害等級併合12級の競輪選手（症状固定時45歳）の逸失利益につき、50歳までは競輪選手としての年収を基礎に14％の労働能力喪失率で、50歳から67歳までは全男性の平均賃金を基礎に14％の労働能力喪失率で、算定した事例…………………………………………………91

〔34〕 僧侶の後遺障害逸失利益算定に当たり就労可能年数を67歳までではなく、平均余命の2分の1の期間までとして算定した事例………………94

〔35〕 会社代表者として給与所得を得たり、他社の業務委託を請け負ったりする一方で、自身が開発したヒットアプリの売上に伴う収入をも得ていた者の後遺障害による逸失利益につき、変動の大きいヒットアプリの売上による所得増加を期間を限定して基礎収入に反映させた事例………97

〔36〕 外貌醜状（12級14号）の後遺障害を残す衣料品店準社員の症状固定時25歳男性の被害者につき、音楽大学卒業後、舞台俳優を目指して、現に歌手やダンサーとして舞台活動を行っていることから、現在は250万円余の収入しかないものの、将来的に平均賃金程度の収入を得る蓋然性があるものと認め、賃金センサス男子労働者の全年齢平均賃金524万円余を基礎とした事例………………………………………………101

第4章　会社役員

○概　説…………………………………………………………………………104

〔37〕 事故により傷害を負った会社代表取締役である被害者（症状固定時59歳・男）につき、被害者の行っていた各事業は極めて不確かなものであり、事故の年の申告所得額1,641万円余を逸失利益算定の基礎とすることはできないが、被害者が事故前の数年にわたって継続的に賃金センサスによる男子大卒の同世代の者の平均賃金をはるかに上回る年収を得ていたことがうかがわれるとして、年収額を1,000万円として逸失利益を算定した事例……………………………………………………105

〔38〕 同族会社の代表取締役の逸失利益につき、役員報酬に利益配当が含まれており、労働能力の対価部分は収入の6割として算定した事例……………109

〔39〕 テレビ番組等の企画・制作等を業務とする会社の会社役員につき、死亡直近の現実の役員報酬全額が基礎収入と認められ、生活費控除率を45%とするのが相当であるとされた事例………………………………112

〔40〕 69歳男性会社代表取締役につき、事故時の報酬のうち、月額30万円を基礎収入とし、また、厚生年金を受給していたことから、平均余命13年間の年金収入を認め、そのうち6年間は稼働収入も認め、生活費控除率を30%とした事例………………………………………………114

〔41〕 複数の小規模会社の役員を兼任する被害者につき、稼働状況、報酬額、他の役員の年収額と対比するなどして、現実の役員報酬額を基礎として算定した事例………………………………………………117

〔42〕 有限会社の代表取締役をしている被害者につき、当該有限会社と被害者自身が経済的に一体をなしていること、被害者が会社から受けていた報酬は全て労務の対価と認められるとして、被害者が死亡する前年に有限会社から受けていた報酬全額を基礎として算定した事例……………121

〔43〕 他人名義で役員報酬を受け取っていた被害者につき、他人名義の役員報酬も実質的には被害者本人の報酬と認定し、ただし、労務対価部分は役員報酬の約5割（賃金センサスの3割増程度）として基礎収入を算定した事例………………………………………………124

〔44〕 会社の従業員兼取締役につき、事故時の年収を基礎に算定し、将来の昇給・退職金については、不確定要素が大きいとして認めなかった事例………………………………………………126

〔45〕 77歳の有限会社役員につき、役員報酬が低額のため実額を基礎収入とし、退職慰労金等についてはこれを否定し、その上で年金所得を加算し、生活費控除率を40%と算定した事例………………………………128

〔46〕 事故により傷害を負った被害者（63歳・男・会社代表取締役）の給与収入の中には労働対価部分の占める割合は相当程度あったものと認めるのが相当であるとし、基礎収入の算定に当たっては月収額の6割に相当する51万円をもってするのが相当であるとされた事例……………131

〔47〕 父が実質的オーナーである会社の代表取締役で独身の被害者につき、報酬月額の70%を労働対価部分と認めて算定し、将来の役員退職慰労金について将来支払を受けられるか不確実であるとし損害として認定しなかった事例………………………………………………134

〔48〕 建築業経営者について、確定申告書上の所得以外の申告外所得の存在を認め、経費などが不明確であることから賃金センサス第3巻第16表における企業規模5ないし9人の建設業の学歴計・65歳以上男性労働者の平均年収を基礎収入と認定した事例………………………………138

〔49〕 役員報酬実額が同年齢の賃金センサスより低額である被害者（59歳・男・会社役員）につき、報酬実額を基礎収入として算定し、賃金センサスの金額を認定しなかった事例……………………………………140

〔50〕 自らが代表取締役を務めつつ、職人の差配、現場監督を行うほか、自ら鳶職として現場作業にも従事していた者の基礎収入に関し、事故前の会社からの給与額の65％を労働の対価部分と認定した事例………………142

〔51〕 会社役員（1級土木施工管理技士・監理技術者資格者）の逸失利益について、役員報酬月額100万円全額を労務提供部分と認定した事例…………145

〔52〕 50歳の会社役員につき、50〜60歳までは役員報酬のうち労務対価部分を基礎収入にし、60〜67歳までは同年代の賃金センサスを基礎収入とし、68〜80歳までは現時点で算定した年金受給見込額を基礎収入とし、67歳までの生活費控除率を30％、68歳以降は50％として算定した事例……………………………………………………………………………148

〔53〕 小規模会社の役員を務める被害者につき、現場作業を含め会社の業務全般を実際に行っていること、被害者死亡後売上高が大きく減少したことなどから、同年齢の賃金センサスを超える役員報酬全額を労務対価部分として算定した事例………………………………………152

〔54〕 会社役員で、経理・財務に関する業務に従事していた者について、役員報酬額と業務内容との関係性等に着目して、労務対価部分を認定した事例………………………………………………………………156

〔55〕 会社の事業である警戒船及び通船業務を一人で行っていた68歳の会社役員につき、会社に利益が生じた場合は内部留保していたことから、同年齢の賃金センサスをはるかに超える年額1,125万円の役員報酬全額を労務対価部分と認め算定した事例……………………………159

〔56〕 個人会社役員の逸失利益につき、財務政策上低く抑えた役員報酬額ではなく、賃金センサスにて算定した事例………………………………161

〔57〕 呉服店を経営する会社の代表者が、会社から支給される給与については事故前後で減収がなかったものの、賃金センサス男性学歴計70歳以上の平均年収額の70％を基礎収入とし、高次脳機能障害1級1号の認定を前提として社会生活水準の低下を考慮して労働能力喪失率を86％とした事例………………………………………………………………164

第5章　農業従事者

○概　説………………………………………………………………………166

〔58〕　妻と2人で農業兼酪農を営む被害者につき、同県内の同規模農家の
平均所得を参考に基礎収入を算定した事例………………………………167

〔59〕　一家で農業に従事する者について、農業収入全体と被害者自身の寄
与率を認定した上で基礎収入を認定した事例……………………………170

〔60〕　林業及び自家用農作物の栽培に従事していた被害者につき、判明し
ている所得は相当低額であるが、同年齢の平均賃金で算定した事例…………172

〔61〕　年金受給中の農業手伝いの83歳男性が死亡した際の労働能力喪失期
間の算出に当たり、年金収入の労働能力喪失期間は生存可能期間であ
る6年間としつつ、農業収入の労働能力喪失期間は3年間として差を設
けた事例……………………………………………………………………175

第6章　外国人

○概　説………………………………………………………………………177

〔62〕　観光目的で来日した外国人の逸失利益の算出について、第一審は本
国での収入を基礎に算出すべきと判断したものの、生活実態や支給さ
れている給与や福利厚生を詳細に検討し、日本での賃金センサスによ
るべきとした事例…………………………………………………………178

〔63〕　日本において在留期間の更新を継続していた中国人について、逸失
利益の算定を我が国の賃金センサスに基づいて算定した事例………………180

〔64〕　3か月の予定で研修滞在中の外国人獣医師の逸失利益について、日
本の賃金センサスによる平均給与額を基礎に算定すべきではないとし
た事例………………………………………………………………………182

〔65〕　短期滞在資格者である被害者の就労は違法就労であるものの、事故
時から3年間は日本国内の収入を基礎として算定した事例…………………185

〔66〕　外国より観光目的で来日し短期滞在中の建物作業員の逸失利益につ
いて、日本の賃金センサスによる平均給与額を基礎に算定すべきでは
ないとした事例……………………………………………………………188

〔67〕　大学院留学目的で来日中の外国人の逸失利益の算出について、国籍
にかかわらず被害者が将来どこでどのような職業に就く蓋然性が高い
かなど被害者の将来の労働形態を認定し逸失利益を計算すべきとし
て、被害者には日本で就職する蓋然性が高かったと認めることができ
ないため、母国の賃金センサスを基礎として算定した事例………………191

〔68〕 不法残留状態にある中国人の逸失利益について、症状固定日から2年間は日本における実収入を、その後67歳までは日本における実収入の3分の1を、それぞれ算定基礎とした事例‥‥‥‥‥‥‥‥‥‥‥‥193

〔69〕 不法残留外国人ホステスの逸失利益につき、事故後3年間は日本の賃金センサスの当該年齢の平均賃金としつつ、その後67歳までは母国女子の平均賃金を基礎に算定した事例‥‥‥‥‥‥‥‥‥‥‥‥196

〔70〕 就労ビザを有しない中国人留学生の逸失利益について、来日目的、在留期間更新の実績、及び本人の意思などから、大学院修了後10年間は日本における賃金センサス・男子労働者平均年収額で算出しつつ、それ以後は、中国にて就労すると考えるのが相当であるとして同年収額の3分の1が相当とした事例‥‥‥‥‥‥‥‥‥‥‥‥199

〔71〕 日本人の配偶者等の在留資格でゴルフのキャディーとして稼働していた外国人女性の逸失利益について、生活状況や来日の目的などからあくまで長期在留資格があるとしても、出稼ぎ労働であることを推測し、事故後10年間は日本における事故前収入を基礎に算出するが、それ以後は、事故前収入の約3分の1を基礎とするべきと認定した事例‥‥‥‥202

〔72〕 就労の在留資格はないものの、土木会社に勤務する外国人の逸失利益について、事故から3年間は日本国内での就労の蓋然性を認め、4年目以降は、母国のスリランカでの収入を推測して算定した事例‥‥‥‥‥‥205

〔73〕 将来は日本でプロ活動することを企図しながら、アルバイトに従事していた、メキシコ国籍の元プロサッカー選手につき、基礎収入を日本の賃金センサスの全男性平均の70％と算定した事例‥‥‥‥‥‥‥‥‥207

〔74〕 永住意思があり、かつ、永住の実現可能性が高い外国人被害者の死亡による逸失利益の算定に当たり、基礎収入を日本の賃金センサスを用いて認定した事例‥‥‥‥‥‥‥‥‥‥‥‥‥‥‥‥‥‥‥‥‥209

〔75〕 中国で出生し、同国で服飾デザイナーとして稼働した後、在留資格1年間として来日し、事故時日本で稼働していた婦人服デザイナーの基礎収入を算出するに当たり、事故後3年間は日本での収入が見込めるため日本における収入を基礎とすべきであるが、それ以後については、中国での賃金水準をも考慮して、賃金センサス男女計・学歴計・全年齢平均年収額の3分の1を基礎とすべきと判断した事例‥‥‥‥‥‥211

第7章 無職者・アルバイト等

○概　説‥‥‥‥‥‥‥‥‥‥‥‥‥‥‥‥‥‥‥‥‥‥‥‥‥‥‥‥‥213

〔76〕 66歳の町議会議員の逸失利益の算出に当たり、次回の選挙においても当選する可能性が高いことを根拠として、基礎収入を次回の任期中の報酬相当金額として認定した事例‥‥‥‥‥‥‥‥‥‥‥‥‥214

〔77〕 両親らのために家事をしていた独身女性の逸失利益につき、実収入
ではなく、女子平均賃金の4分の3に相当する金額を基礎に算定した事
例……………………………………………………………………………………216

〔78〕 ダイビングインストラクターを目指していた女性の被害者につき下
肢の醜状痕などを実質的に考慮して逸失利益を算定した事例……………218

〔79〕 大学卒業後アルバイトに従事していたが、中国留学を計画していて、
将来的には貿易関係の仕事に就くことを希望していたこと等を踏ま
え、大学卒男子全年齢平均賃金を用いて基礎収入を算定した事例…………221

〔80〕 バンド活動をしているアルバイト従事の被害者の基礎収入を算出す
るに当たり、アルバイトによる収入は賃金センサスの3割に満たない
ものの、被害者が若年であること、就労実態があること、被害者の就
労への意思などを考慮して、同基準の7割程度の収入の蓋然性を認定
した事例………………………………………………………………………………223

〔81〕 前年に定年退職した無職者で、特に再就職活動をしていた実績など
は認められないが扶養すべき家族がいた事案について、事故発生の
前々年度の年収を基礎収入として認定した事例…………………………………225

〔82〕 大学卒業後にアルバイトに従事していた被害者の従前の仕事内容た
る造園設計と、腕関節の参考運動である回内・回外運動の可動域制限
を考慮して、労働能力喪失率を20%とした事例………………………………228

〔83〕 戸籍上女性、心理上男性の性同一性障害者であるアルバイト従事の
被害者の後遺障害逸失利益の基礎収入を賃金センサス男性労働者全年
齢平均賃金の80%とした事例……………………………………………………231

〔84〕 無職で一人暮らしであったが症状固定後長男家族と同居し家事を分
担する等の就労の可能性がある被害者に、賃金センサス65歳以上女性
労働者の平均賃金の70%を基礎とした逸失利益を認めた事例……………233

〔85〕 7級相当の外貌醜状の症状固定時24歳無職女子の逸失利益について、
事故直前までホステス、音楽活動に従事していたことや、事故後、実
際に音楽活動を再開した等の事情に照らすと、稼働意欲を否定できず、
将来にわたって、平均賃金相当の収入を得る蓋然性があったと認定し、
基礎収入を全女子平均賃金で認定し、67歳まで労働能力喪失率20%で
認めた事例……………………………………………………………………………235

〔86〕 外貌醜状9級の症状固定時46歳無職男子の逸失利益について55歳ま
で労働能力喪失率10%、その後12年間を5%で認めた事例…………………238

〔87〕 農作業に従事し、収穫された作物を近隣や親戚に配るなどしていた
無職者について、年齢別平均賃金の30%を基礎収入として認定した事
例………………………………………………………………………………………241

第8章　その他

○概　説………………………………………………………………………243

第1　再就職内定者・休職者

〔88〕　有名私立大学を卒業して就職した後に、留学をしてMBAを取得し、
大卒男子平均賃金を上回る給与を得ていた被害者につき、再就職時に
年俸1,500万円等の条件で内定を得、翌年も同程度の年俸で契約更新
する可能性は低いとはいえず、後遺障害等級14級の労働能力喪失期間
5年間にも年間1,500万円の収入を得た蓋然性があるとして、逸失利益
を算定した事例………………………………………………………………245

〔89〕　近い将来タクシー会社を設立する確実な予定があったタクシー運転
手の基礎収入を算出するに当たり、タクシー会社からの給与収入の額
を基礎とせず、企業規模計・学歴計・全労働者の全年齢の平均賃金を
基礎とした事例………………………………………………………………248

〔90〕　事故時、休職中で復職の目処は立っておらず、事故後に仕事を辞め
た被害者について、事故と失職との因果関係を否定しつつ、休職前の
収入をもって基礎収入と認定した事例……………………………………251

第2　幼児・学生等

〔91〕　死亡した女子小学生（8歳）の基礎収入について、女子労働者の平均
給与額に限らず、家事労働相当額として年60万円を加算して算定した
事例……………………………………………………………………………254

〔92〕　事故後、高校を退学してスーパーに勤務していた被害者（症状固定
時17歳男性）について、基礎収入を賃金センサス学歴計・男子労働者
全年齢平均として、67歳まで79％の労働能力喪失を認めた事例………257

〔93〕　死亡した男子中学生（14歳）の基礎収入額算定について、被害者が
在籍していた中学校から大学への進学率が約80％であると認められる
としても、大学を卒業することの蓋然性が高度であるとは認められな
いとして、大学卒の賃金センサスによることを否定した事例…………260

〔94〕　女児（3歳）の後遺障害（下肢の露出面に掌大の醜い跡を残すもの、
14級5号）につき、逸失利益を認めず慰謝料算定の斟酌事由とした事例………263

〔95〕　死亡した男児（6歳）が、大半の卒業生が大学に進学している私立小
学校に合格し入学が決まっていたことから、諸般の事情を考慮し、基
礎収入を大卒男子労働者全年齢の平均年収とした事例…………………265

〔96〕　左足関節の機能に著しい障害を残す大学生につき、職業選択の範囲
が制限されること自体が労働能力の喪失にほかならないとした事例…………268

〔97〕 事故時及び症状固定時高校3年生であった被害者につき、事故の結果一浪せざるを得なかったと推認でき、事故がなければ22歳から就労できたといえるとした事例······················270

〔98〕 小学生（10歳）の後遺障害（左下肢の欠損等、併合3級）による逸失利益について、大卒者の平均賃金を基礎収入として、67歳まで100％の労働能力喪失を認めた事例······················273

〔99〕 意識障害、四肢麻痺等で後遺障害等級1級3号該当の16歳の高校生につき、推定余命を制限的に考えずに61年間とし、生活費控除も否定して逸失利益を算定した事例······················275

〔100〕 事故時大学生で、現時点において就職の見込みが立っていない男性の高次脳機能障害（5級）による逸失利益について60％の労働能力喪失を認めた事例······················277

〔101〕 死亡した女子中学生（14歳）の逸失利益算定について、基礎収入を女性労働者の全年齢平均年収ではなく、全労働者の全年齢平均年収とした事例······················280

〔102〕 死亡した女子小学生（10歳）の逸失利益算定について、基礎収入を全労働者の全年齢平均年収ではなく、女子労働者の全年齢平均年収とした事例······················284

〔103〕 音大付属高校に在籍しており、バイオリン演奏という専門的な技術を有していた女子高校生（15歳）が死亡した際の基礎収入額算定について、将来音楽関係の仕事に就く可能性が高く、このような職種において男女間の賃金格差は認められないとして、大卒男子労働者の平均賃金の9割を基礎収入とした事例······················288

〔104〕 死亡した女児（5歳）の逸失利益算定について、基礎収入を女性労働者の全年齢平均年収ではなく、全労働者の全年齢平均年収とした事例······················291

〔105〕 死亡した女子大学生（19歳）の逸失利益算定について、基礎収入を大卒女子全年齢平均賃金とした事例······················293

〔106〕 高次脳機能障害が残存した博士課程の大学院生の逸失利益につき、定年までは賃金センサスの1.4倍を、定年後67歳までは賃金センサスを算定基礎とした事例······················296

〔107〕 事故時大学生であった女性の後遺障害逸失利益について、労働能力喪失期間を15年（12級）、基礎収入を賃金センサス女性・大卒・全年齢の9割とした事例······················299

〔108〕 教職等の仕事に従事することを目的として教育学部に進学した大学生（19歳）が死亡した場合の逸失利益算定について、基礎収入は、教職員の給与を基準とせず、大卒男子労働者全年齢平均年収とした事例······················302

〔109〕 死亡した**男子高校生（17歳）**の逸失利益算定について、賃金センサスの大卒男性労働者全年齢平均年収を基礎に算定し、当時アルバイトをしていたため、高校卒業までのアルバイト収入を含めて算定した事例……………………………………………………………………………304

〔110〕 書道の才能があり、大学での課程を通じ更に高めて特別な技能として修得するに至った事故時**大学生**である女性被害者の基礎収入を、賃金センサス大卒女性労働者全年齢の1.1倍とした事例………………307

〔111〕 **高校生**である被害者の歯牙損傷（10級4号）に係る後遺障害逸失利益を、労働能力喪失率20％で67歳まで認めた事例……………………309

〔112〕 顔面部醜状痕（12級14号）、症状固定時**9歳女子**の逸失利益について労働能力喪失率を14％で認定した事例……………………………………311

〔113〕 事故時**予備校生**であった被害者の基礎収入を、賃金センサス男子大学・大学院卒平均賃金とした事例……………………………………314

〔114〕 7級の症状固定時**20歳女子大学生**の外貌醜状に基づく逸失利益を労働能力喪失率20％で67歳まで認めた事例……………………………316

〔115〕 左股関節の機能障害、左膝関節の機能障害、左足大腿部の醜状障害及び右足大腿部の醜状障害につき、併合10級の**22歳男性栄養士（事故時19歳の大学生）**の逸失利益を、労働能力喪失率27％で67歳まで認めた事例……………………………………………………………………318

〔116〕 併合4級の事故時**高校1年生女子**の逸失利益について、賃金センサス産業計、男女計、大学・大学院卒、全年齢平均年収を基礎収入として認めた事例……………………………………………………………………321

〔117〕 死亡した**短期大学生（18歳）**の逸失利益算定について、男女計・全年齢・全学歴計平均賃金を基礎収入とし、生活費控除率を45％とした事例………………………………………………………………………………324

〔118〕 将来調理師として稼働する蓋然性が高い**専門学校生（19歳）**が死亡した事案につき、調理師の平均年収は男性労働者の平均賃金を下回るものの、死亡時19歳という若年者であることなどを考慮し、男性労働者学歴計全年齢の平均賃金を基礎収入とした事例……………………327

〔119〕 **女児**の後遺障害につき、後遺障害別等級表・労働能力喪失率と異なる主張をした加害者の主張を排斥した事例……………………………………330

〔120〕 死亡した**男子高校生（15歳及び16歳）**の逸失利益算定について、特段の事情がない限り、男性学歴計全年齢平均賃金を基礎収入として逸失利益を算定するのが相当であるとした事例…………………………333

第3　家事従事者（主婦・主夫）

〔121〕　脊柱の変形障害、腰の痛み及びかたさの症状（8級）、右膝の痛み、かたさの症状（12級13号）の後遺障害（併合7級）を残す75歳女性の被害者につき、被害者の子2人と3人暮らしであること、被害者は家事に従事しつつ、被害者の子の介護も行っていること、被害者は事故時75歳であったことから、賃金センサス女性学歴計全年齢計355万9,000円の8割である284万7,200円を基礎とした事例……………………335

〔122〕　左下肢痛等（14級9号）の後遺障害を残す52歳男性の被害者につき、自営でパソコンメンテナンスサービス業のほか、新聞配達などのアルバイトに従事し、日中は家事を行っていたものの、妻も家事労働の一部を分担していたと推認されることから、賃金センサス女性労働者の全年齢平均賃金の8割である291万円余を基礎とした事例……………341

〔123〕　頸部痛、左右上肢のしびれ、体幹のしびれ、腰痛等の神経症状（併合14級）の後遺障害を残す37歳男性の被害者につき、症状固定時において無職ではあったものの、父として息子の面倒を見るため家事に従事していたとし、賃金センサス女性労働者の全年齢平均賃金364万円余を基礎とした事例……………………………………………343

〔124〕　頭部、後頸部、腰部などの疼痛（14級9号）の後遺障害を残す31歳女性の被害者につき、事故時家事に従事していたほか、求職中であったことから、賃金センサス女性・高専・短大卒30〜34歳平均賃金375万円余を基礎とした事例……………………………………………345

〔125〕　脊柱変形障害等（併合11級）の後遺障害を残す42歳女性介護ヘルパーにつき、事故時から特定の男性と婚姻する意思を有し、事故後同人と同居を開始して、その後現実に婚姻したことから、事故時主婦ではなかったものの、いわゆる兼業主婦であるとして、賃金センサス女性全年齢平均賃金353万円余を基礎とした事例……………………348

判例年次索引……………………………………………………………351

第1章　総　論

　本書は、死亡、及び、後遺障害に基づく逸失利益における基礎収入について、計算方法が簡明である給与所得者以外の者が、どのように算定されているかを事例を挙げて検討しています。

　ところで、後遺障害に基づく逸失利益の積算方法は、一般的には、
「基礎収入×労働能力喪失率×労働能力喪失期間に対応するライプニッツ係数」
にて、積算されます。

　労働能力喪失率は、各後遺障害の等級に応じて、労働省労働基準局長通牒（昭32・7・2基発551）別表の労働能力喪失率表が参考とされており、実務的には、大多数が、当該労働能力喪失率表どおりの認定がなされています。もっとも、被害者の職業、年齢、性別、後遺症の部位、程度、事故前後の稼働状況等を総合的に判断して、上記労働能力喪失率表を参考に、適宜、調整されているものも散見されるところです。

　また、労働能力喪失期間は、一般的には、症状固定日時点での年齢から一般的に就労可能年齢、具体的には定年退職とされる年齢までが目安とされており、本書発刊時では、67歳までの年数が基本とされています。もっとも、症状固定日から平均余命までの年数の2分の1の期間が、症状固定日から67歳までの年数より長い者については、症状固定日時点での年齢から平均余命までの年数の2分の1の期間を労働能力喪失期間として積算している事例が多いです。よって、50歳あたりを過ぎてくると、労働能力喪失期間については、個別に検討をする必要があります。ただ、被害者の職業、年齢、性別、後遺症の部位、程度、事故前後の稼働状況、健康状態、能力等に応じて、上記計算式によって求められる期間を参考に、適宜、調整されているものも散見されるところです。また、いわゆるむち打ち症等、他覚的所見が認められないものについては、後遺障害の等級に応じて、例えば、14級であれば5年、12級であれば10年等に短縮されていることが多いという実情もあります。

　なお、労働能力喪失期間が定められたとしても、後遺障害に基づく逸失利益は、事案が解決するときに、一括して受領することとされていることから、中間利息の問題が発生します。すなわち、将来もらえるはずの後遺障害逸失利益を、今まとめてもらうということになることから、将来利息を控除するべきであると考えられているということです。そして、将来利息の問題については、平成初期は、ホフマン式にするのか、ライプニッツ式にするのか等の議論がありましたが、判時1692号162頁に記載され

ているとおり、東京地方裁判所、大阪地方裁判所、名古屋地方裁判所の三庁共同提言により、ライプニッツ式にて積算するということとなりました。そこで、以降については、中間利息は、ライプニッツ係数にて求められているのが、ほとんどの裁判例です。また、中間利息控除の基準日についても、症状固定日から積算するということにて、実務は動いています。もちろん、このような計算にて求められていない裁判例もないわけではないですが、明らかに少数派であり、大多数の裁判例は、このような計算方法で求めています。

　以上から、「労働能力喪失率」、「労働能力喪失期間そのもの」及び、これに対応する「ライプニッツ係数」は、実態に応じて、適宜、調整される側面を有するものの、おおむねの裁判例は、上記のとおり積算されています。

　そして、いわゆる一般的な給与所得者の場合には、事故前年度の年収が明確に確定し、しかも立証が容易であることから、基礎収入は、前年度の年収にて積算されます。これは、将来、昇級する可能性があるという点と、更に定年退職後、減額する可能性があるという点の双方の側面を考慮した結果、基本的には、事故の前年度の年収をベースに積算するということが、公平であると考えられること等が理由です。

　しかしながら、給与所得以外の所得を得ている者（以下「給与所得者以外」といいます。）の場合、基礎収入をどのような理由で、幾らであると積算するのか、必ずしも明確ではありません。

　そこで、本書は、給与所得者以外の基礎収入について、どのように算定されているのかを、裁判例を紹介し、執筆者のコメントを付しました。

　もっとも、いずれも事例判例ですので、ご自身の事案と完全に一致するということはないでしょうし、また、判決文からは、必ずしも当事者の主張・立証全てを読み取ることはできません。

　よって、最終的には、ご自身にて主張・立証を尽くされるよう、適宜、ご対応いただく必要がありますが、参考になる裁判例も存すると思いますのでご参照ください。

第2章　事業所得者（個人事業者）

○概　説

　本章は、事業所得者の基礎収入認定事例を集めています。

　事業所得者の場合、一般的には確定申告が行われており、当該確定申告書は、事故とは無関係に国に提出されている信用度の高い書類であることから、その確定申告書を参考に算定します。

　そして、一般的には、確定申告書の売上から流動経費を控除した残額、すなわち、所得に固定経費を加算した額が基礎収入として積算されます。

　しかしながら、基礎収入、労働能力喪失率、労働能力喪失期間については、後遺障害の等級、内容、職種等に応じて、適宜、調整されますし、経費については、何が流動経費であり、何が固定経費であるのか、という議論もあるところです。

　よって、事案に応じて、一律に論ずるのではなく個別に検討する必要があります。

　なお、上記のとおり、事業所得者の基礎収入は、確定申告書をベースに認定されますので、申告外所得や、確定申告をしていない者の基礎収入については、必ずしも容易に認定されるわけではありません。

　なお、これらの者の所得については、賃金センサス等が参考にされる傾向にありますが、そもそも、申告外所得等を認めることはクリーンハンズの原則等に反し、主張自体が許されないのではないか、という議論があるばかりではなく、どのように申告外所得を認定することができるのか、という事実認定の問題もあります。申告外所得は、自らが国に提出した申告とは異なる所得であるため、仮に主張自体が許されると解したとしても（実務の大半は、主張自体が許されないとは解していません。）、容易に認定されるべきではなく、通帳や請求書、各種帳簿等から、客観的な証拠による明確な立証が必要であると考えられています。

　よって、これらのものについては、適宜、個別の対応が必要であるところです。

　なお、次章に自由業という区分がありますが、本書の想定している事業所得者とは、一般的には比較的「固い」職種と思われる事業を行っている者を想定しています。

　他面、自由業という区分は、一般的には、比較的、自由度が高いと思われる事業を行っている者を想定しています。

　もっとも、本書は、各区分に応じた職種について、「固い」とか「自由度が高い」ということを認定する趣旨ではありません。

　あくまで、検索を容易にする趣旨で分類分けした次第ですので、その点を付言します。

4　　　　　　　　第2章　事業所得者（個人事業者）

〔1〕　一級建築士事務所を独立開業した被害者の後遺障害（左右両膝の痛
　　み等、10級該当）による将来の逸失利益につき、性差が賃金センサス上
　　の賃金のように顕著な差異を生ずるものではなく、女子労働者ではな
　　く男子労働者の賃金センサスを基礎とすることが合理的であるとし
　　て、賃金センサス昭和60年第1巻第1表企業規模計・産業計・男子労働者
　　学歴計・旧大新大卒30～34歳の年収を基礎収入として認定した事例

（名古屋地判昭63・2・26交民21・1・219）

事件の概要

事故の状況：被害者が被害車両を運転して自車線内を正常に走行中、加害者運転の加
　　　　　　害車両が突然センターラインを越えて被害車両走行車線内へ進入し、被
　　　　　　害車両と正面衝突。
被　害　者：一級建築士・女性・症状固定時31歳（事故時29歳）
事 故 日 時：昭和58年12月18日・AM3：45頃
受 傷 内 容：両膝蓋骨開放性骨折、右足関節内果骨折、右大腿骨外顆剥離骨折、左頸
　　　　　　骨顆間部骨折、左後十字靱帯剥離骨折、歯槽骨々折
入通院状況：入院171日、通院685日（実日数295日）
後 遺 障 害：症状固定日昭和61年4月21日、10級11号（①左右両膝の痛み、特に左膝の
　　　　　　痛みが強い。②左膝の痛みの防止と靱帯損傷のため着地の際に膝が左右
　　　　　　に振れるのを防止するため、左膝部に装具を着けている（デスクワーク
　　　　　　及び自宅内移動の場合は装着しない。）。装具をつけていないと、痛みの
　　　　　　ため100mも歩けない。③左膝部の醜状痕。）

判 決 内 容

基礎収入	442万6,000円（賃金センサス昭和60年第1巻第1表企業規模計・産業計・男子労働者学歴計・旧大新大卒30～34歳の年収）

　被害者は昭和61年7月25日に一級建築士事務所の登録をして独立開業したこと、昭
和61年分の所得税の確定申告に際しては収入金額を447万6,000円として所得申告をし

ているが、昭和61年4月から12月の収入は489万1,000円、昭和62年1月から8月までの収入は371万3,800円であり、経費はその2割程度であることが認められる。

そして、既にみたように、後遺症の症状が昭和61年4月21日頃固定したものであるところ、被害者は右後遺症により一級建築士としての職務ことに現場における監理業務の遂行が困難であり、設計図の作成、監理についてはビル内の店舗新築、平家建て建物に限定されるなど相当程度業務内容が制約されることが認められ、したがって、独立開業している一般健常者の一級建築士に比し収入面においても相当の制約を受けるであろうことはこれを推認するに難くない。

以上の事実を前提として、被害者の症状固定時（昭和61年4月満31歳）以後の逸失利益につき検討すると、賃金センサス昭和60年第1巻第1表企業規模計・産業計・男子労働者学歴計・旧大新大卒30〜34歳の年収442万6,000円を基準（給与取得者の場合と異なり独立開業の一級建築士（資格は男女平等である。）であり、性差がセンサス上の賃金のように顕著な差異を生ずるものとはいい難いものであること及び前認定の収入実態からすると、女子労働者のそれによるよりも、男子労働者のそれを基準とすることの方が合理的である。）とするのが相当である。

| 労働能力喪失率 | 20% |

20%の得べかりし利益を失ったものと見るのが相当である。

| 就労可能期間 | 36年間（31〜67歳） |

67歳時まで36年間にわたり、その20%の得べかりし利益を失ったものと見るのが相当である。

コメント

本件の被害者は女性の一級建築士で、自ら一級建築士事務所を開業している者でしたが、建築士の仕事、収入に男女差はないとして、大学卒男子労働者の平均賃金を基礎収入として認定しました。

本件は、被害者は女性であり、有資格者であって、業務内容は性別によって異ならないとの事情の下において、男性の平均賃金を基礎収入として採用した事例です。

女性の被害者で、有資格者である場合や、特殊な技能に基づく業務であって、その業務内容が性別によって異ならない場合には、現実に得ている収入も高額である場合も多いため、本件のように男性の平均賃金を基礎収入として主張すべき場合は多くはないでしょうから、本件が参考になる場面は限定的といえると思います。

　本件が参考になる場面としては、例えば、被害者の女性が有資格者であるものの、年齢が低く、現実の賃金もまだまだ低額であった場合などにおいて、男女の平均賃金を基礎収入として主張するのではなく、男性の平均賃金を主張する場合などでしょう。

〔２〕 74歳のクリーニング店を営む被害者につき、被害者側は月額40万円の収入を主張したが、これは認められなかったものの、妻と二人暮らしでクリーニング店を営んでいたことは認められるとして、65歳以上男子の賃金センサスを基礎収入として算定した事例

（名古屋地判昭63・4・27交民21・2・449）

事件の概要

事故の状況：停車中の加害車両（普通乗用自動車）のドアが突然開けられたため、後方から進行してきた被害者運転の被害車両（原動機付自転車）がそれに衝突し、4日後に死亡。

被　害　者：クリーニング店経営・男性・74歳

事 故 日 時：昭和61年1月20日・PM1:40頃

判 決 内 容

基礎収入	295万0,100円（事故前年度（昭和60年度）の賃金センサス産業計・企業規模計・学歴計65歳以上男子の平均賃金）

　Ａら（被害者の相続人）は、被害者が月額40万円の収入を得ていた旨主張する。

　しかしながら、Ａらが提出する証拠によっても、1日1万円の収入があった事実を推認することはできないし、被害者の長男であるＡの供述のみでは、これを認めるに足りる証拠がない。

　もっとも、成立に争いのない書証、Ａ本人尋問の結果及び弁論の全趣旨によれば、被害者は、本件事故当時74歳であり、妻と二人暮らしであったこと、被害者は、クリーニング業（洗張等）を営み、少なくとも当該年齢男子の平均賃金（昭和60年度賃金センサス産業計・企業規模計・学歴計65歳以上男子の平均賃金）である295万0,100円程度の年収（1日当たり8,082円）を得ていたことが認められるので、上記金額が基礎収入と認められる。

生活費控除率	35%

　被害者が74歳であり、妻と二人暮らしであったこと、クリーニング業（洗張等）を営んでいたこと等、諸般の事情を考慮して、生活費控除率を35％と認めた。

就労可能期間	4年間（74～78歳、平均余命の半分）

　死亡当時74歳であり、事故当時の平均余命の半分である4年間を就労可能期間と認定した。

コメント

　本件は、妻と2人でクリーニング業を営んでいる高齢（74歳）の被害者が死亡した場合において、死亡逸失利益の算定方法を判断した事例です。

　自営業者などについては、申告所得を参考にするのが原則ですが、申告していない場合や申告額と実収入額が異なる場合には、立証があれば、実収入額が基礎収入として認められます。

　この点、本件は、被害者の相続人らが、被害者の実収入を立証しようとし、種々の証拠書類を提出したり、尋問を行ったりしましたが、裁判所は被害者側の主張額を立証するには足りる証拠はないと判断しました。

　しかしながら、被害者がクリーニング店を経営していたこと、妻と2人で生活する生計を支えるだけの収入があったことを踏まえ、事故前年度（昭和60年度）の賃金センサス産業計・企業規模計・学歴計65歳以上男子の平均賃金を基礎収入と認めた事例です。

〔３〕 鰻店を経営していた被害者の基礎収入につき、過去の店の売上金額を基礎に標準所得率及び被害者の寄与率を乗じた金額を認めず、事故前3年間の青色申告所得の平均額を基礎収入として算定した事例

(東京地判平9・12・9交民30・6・1724)

事件の概要

事故の状況：被害者が幹線道路を歩行中、同道路を進行してきた加害車両（四輪車）にはねられ死亡。

被　害　者：鰻店経営・男性・49歳

事故日時：平成6年6月11日・AM4:00頃

判決内容

基礎収入	434万2,877円（事故前3年間の申告所得の平均額）

　被害者の相続人らは、被害者が、本件事故当時、鰻店を経営しており、本件事故前の3年間、平均1,400万円の収入を得ていたものであり、右金額を基礎とし、生活費控除率について30%である旨を主張し、仮に、上記収入額が認められないとしても、被害者の経営する鰻店の本件事故前3年間の売上金額は、平均3,534万5,833円であり、右売上に対する標準所得率が35.5%であり、被害者の寄与率が70%を下らないから、被害者の基礎収入は、878万3,440円を下回ることはないと主張した。

　これに対し、裁判所は次のとおり認定した。すなわち、被害者は、大学卒業後、本件事故当時、肩書住所地において鰻店を経営し、被害者の妻A、長男B（平成6年1月5日婚姻）、長男の妻と共に稼働していたものであるが（なお、二男は、専門学校を卒業後、ホテルで板前の見習いをしていた。）、被害者の本件事故前の所得は、平成3年度が496万8,512円、平成4年度が505万7,966円、平成6年度が300万2,155円であるから、年間の平均434万2,877円を基礎収入とする。

　なお、事業所得者について青色申告決算書が存在する以上、これと異なる内容の所得を推認することは相当でないと判断した。

生活費控除率	40%

　被害者の扶養家族は、妻1名と認められるとして、生活費控除率を40％と認定した。

就労可能期間	21年間（49〜70歳）

　本件事故に遭わなければ、今後、70歳（証拠によれば、被害者の父（先代）は、79歳まで鰻職人として稼働していたことが認められ、これによれば、被害者についても、一般の稼働年齢の終期である67歳を超えて70歳程度まで稼働できたものと推認される。）までの21年間、少なくとも上記平均所得額と同額の収入を得ることができたと推認されるとして、70歳までを就労可能期間と認めた。

コメント

　自営業者などの基礎収入については、申告所得を参考にしますが、申告額と実収入額が異なる場合には、立証があれば実収入額を基礎収入と認めることができます。

　本件では、被害者の相続人らは、鰻屋の売上が高く、実際の収入は、申告額よりも多いことを主張し、平均年収について1,400万円を主張し（判決からは計算根拠は不明）、この主張が認められない場合の予備的主張として、過去の売上金額を基礎に標準所得率及び被害者本人の寄与率を乗じた金額を基礎収入として主張しました。具体的には、本件事故前3年間の鰻店の売上金額が、平均3,534万5,833円、同売上に対する標準所得率が35.5％、被害者以外に妻と長男夫婦が一緒に働いているが、鰻職人としての被害者の寄与率が70％を下らないと主張し、878万3,440円（3,534万5,833円×35.5％×70％）を主張しました。

　これに対し、裁判所は、本件につき、事業所得者について青色申告決算書が存在している以上、これと異なる内容の所得を推認することは相当でないと判断し、事故前3年間の申告所得額の平均額である、434万2,877円を基礎収入と認定しました。

　その意味では、本件は、申告額と異なる実収入額を立証できなかった事例として参考になります。

第2章　事業所得者（個人事業者）　　11

〔4〕　46歳の土木経営者の逸失利益につき、事故後に作成された確定申告
　　書記載の申告額は証拠からは認定できないとして、賃金センサスの平
　　均賃金を基礎に算定した事例　　　（大阪地判平10・2・13交民31・1・195）

事件の概要

事故の状況：被害者が幹線道路を歩行中、制限速度を大きく超過する速度で進行して
　　　　　　きた加害者運転の普通乗用自動車にはねられ死亡。

被　害　者：土木業者・男性・46歳

事故日時：平成8年7月7日・AM3:25頃

判　決　内　容

基礎収入	703万5,400円（平成6年度賃金センサス産業計・企業規模計・学歴計、男子労働者45歳から49歳までの平均）

　被害者は、事故当時46歳の健康な男性であり、平成元年頃、基礎土木業をなすA株式会社を設立し、相当程度の収入を得ていたが、平成6年同社が倒産してから、資産の売却によって債務を返済した後、「B」の屋号で、従業員10名余りを使用して基礎土木業を営んでいたこと、その営業収入（売上）が少なくとも年間4,000万円に及んでいたこと、毎月数十万円を妻に生活費として渡し、さらに子2名及び養父を扶養していたことが認められる。

　以上の被害者の事業規模、生活状況、家族の状況に照らすと、被害者が平成6年度賃金センサス産業計・企業規模計・学歴計、男子労働者45歳から49歳までの平均年収703万5,400円程度の収入を得ていたことが推認できるから、同年収を基礎とするのが相当である。

　なお、被害者の相続人らは、被害者の年収は1,653万5,177円に及ぶと主張し、営業収入を4,100万円余、所得を1,470万円余とする平成7年分の確定申告書、営業収入を3,700万円余、所得を1,000万円余とする平成8年分（ただし1月から7月まで）の確定申告書を書証として提出しているが、右書面は本件事故後作成されたものであり、他の証拠に照らしてこれを検討すると、その営業収入（売上）が申告額に達しているということは認められるとしても、その経費が確定申告書記載のものにとどまるというこ

とについては確信を抱かせるには足らず、賃金センサスを超える所得の立証としては不十分である。

生活費控除率	30％

　被扶養者は、妻、子2名、養父であることに鑑み、生活費控除率について30％と認めた。

就労可能期間	21年間（46〜67歳）

　死亡当時満46歳であって、就労可能年齢を67歳とし、就労可能期間を21年間と認めた。これに基づきホフマン方式で逸失利益を算定した。

コメント

　本件は、従業員10名余りを雇用して、土木業を営んでいた被害者の逸失利益の額についての裁判例です。自営業者などについては、基本的には申告所得を参考にしますが、本件では、申告額として提出した書証の確定申告書が本件事故後に作成されたものでした。そこで、裁判所は、他の証拠に照らし、営業収入（売上）は申告額に達していると認められるとしても、経費が確定申告書の記載にとどまるということについては、確信を抱かせるには足りないとし、被害者側提出の申告額を採用しませんでした。

　ただし、営業収入（売上）が4,000万円余りあること、妻子や養父を扶養していた事実等から、賃金センサス産業計・企業規模計・学歴計、男子労働者45歳から49歳までの平均年収703万5,400円を基礎収入として認定したものです。

　事業所得者の場合、原則として申告所得を参考にするものの、本件のように、事故後に作成された確定申告の場合、その申告額が基礎収入として認定されないことがありますので注意が必要です。

〔5〕　個人タクシー運転手の逸失利益について、事故後タクシー運転業を廃業せざるを得なかった事情は慰謝料で勘案することとして、たとえそのような事情があったとしても、事故前年度における必要経費控除後の所得額を基礎収入として労働能力喪失率14%と認定した事例

（東京地判平10・2・26交民31・1・262）

事件の概要

事故の状況：加害者運転の加害車両が、前方不注視により停車車両に追突させて同車を押し出し、さらに前方に停車中の被害車両に追突。

被　害　者：個人タクシー運転手・男性・症状固定時64歳

事 故 日 時：平成5年5月29日・AM1：16頃

受 傷 内 容：頸部挫傷、頸髄損傷、腰部挫傷等

入通院状況：通院平成5年5月29日〜平成6年2月28日（実日数89日）

後 遺 障 害：症状固定日平成6年2月28日、自動車保険料率算定会の事前認定は非該当、判決により12級12号が認定（右手及び右足の知覚鈍麻、両上肢の巧緻性の軽度障害）

判 決 内 容

基礎収入	391万7,520円（事故前年度における必要経費控除後の所得額を、概算稼働期間10か月とみなして10で除して算出した月額32万6,460円に12を乗じた金額）

　基礎とすべき所得金額は、被害者の本件事故前の収入状況に照らし、月額32万6,460円とするのが相当である。

労働能力喪失率	14%

　被害者には、本件事故後、右手及び右足の知覚鈍麻、両上肢の巧緻性の軽度の障害などが残存したが、これらはいずれも本件事故と相当因果関係がある後遺障害と認められ、その等級は12級12号に該当し、労働能力の14%を喪失したものと認めるのが相当である。

なお、被害者は、本件事故後（上記症状により、医師から、タクシーの運転は許可できない旨の診断を受けたことに伴い）個人タクシー運転手を廃業したが、そのような事情があっても、本件事故と相当因果関係のある労働能力の喪失割合としては、右認定した割合をもって相当と解する（なお、右事情は、後記コメントのとおり、慰謝料算定に当たって考慮した。）。

就労可能期間	8年間（平均余命の約2分の1）

被害者は、症状固定当時64歳の男性で、その平均余命は平成6年簡易生命表によれば17.40年であり、その約2分の1に当たる8年間にわたって就労が可能であったということができる。

コメント

本件は、事故前年度における必要経費控除後の所得額を基礎収入として認定した事案です。

事業所得者については、原則として、事故前の申告所得額を採用することとされていますので、典型的な認定方法を採ったものです。

本件では、事故による症状によって、医師からタクシーの運転を許可できないとの診断を下され、結果的に個人タクシー業を廃業することとなったことに伴い、労働能力喪失率100％を主張していましたが、裁判所はこの点を否定し、当該事情を、労働能力喪失率で判断するのではなく、慰謝料で考慮することとした点に特色があります。

なお、本件では、傷害慰謝料と後遺症慰謝料の合計額として400万円が認定されています。

また、本件事故の数年前から、本件事故による症状と類似の症状（右手右足の痺れ等）を訴えて通院を継続していたことに伴い、素因減額50％もなされています。

第2章　事業所得者（個人事業者）　　15

〔6〕　事故により後遺障害（左上肢及び左膝の神経症状により14級）を残した被害者（症状固定時50歳・性別不明・針灸・マッサージ業）の逸失利益算定に際し、後遺障害の内容、程度、仕事内容、事故前後における眼の障害内容の推移に鑑みて、17年間にわたり労働能力が20％喪失したものとされた事例　　　　　　　　　（大阪地判平12・1・27交民33・1・180）

事件の概要

事故の状況：加害車両が交差点を右折しようとした際、横断歩道を歩行者用信号に従い横断しようとして歩行中であった被害者に衝突。

被　害　者：針灸・マッサージ業・性別不明・症状固定時50歳（事故時49歳）

事 故 日 時：平成5年11月29日・AM7：40頃

受 傷 内 容：右脛骨骨折、左肩・左手部・右大腿打撲、頭部外傷Ⅱ型、前額部打撲創

入通院状況：入院50日、通院平成6年1月25日〜平成7年5月23日

後 遺 障 害：症状固定日平成7年8月25日、併合14級（左上肢、左膝につきそれぞれ14級10号。眼の障害（近視性乱視、網膜色素変性症）については、本件事故と相当因果関係があるものであるが、本件事故前からの障害の内容・程度に照らし、等級に該当するものとは認められないとされた。）

※眼科医の作成した後遺障害診断書には、「事故前の状態は進行性網膜色素変性症だが多少の視力はあり、又、視野測定も可能であった。事故による正確な障害部位の固定は視機能がほとんど残っていない状態であったので、極めて困難である。しかし、強い頭部と顔面の打撲が極くわずか残った網膜と視神経の機能に損傷を与え、視力低下をきたした蓋然性は極めて高い。又、打撲による調節力の消失も関連しているかもしれない。」と記されていた。

判 決 内 容

基礎収入	1,151万7,785円（修正申告後の事故発生年度の申告所得額）

①本件事故当時、被害者は、「Ａ」の屋号で針灸・マッサージ業を行っており、数名

の者を雇用しながら、自ら往診マッサージを中心とする仕事に従事していたこと、②被害者は、1か月に平均して20日間、往診マッサージを行い、これによる売上額は往診日1日当たり5万8,310円であったこと、③修正申告後の平成5年の申告所得額は1,151万7,785円であったことが認められる。上記事実を総合すれば、基礎収入額は、年額1,151万7,785円とするのが相当である。

労働能力喪失率	20%

　後遺障害の内容・程度のほか、被害者の仕事内容（自ら針灸・マッサージ業を行うが、Aの経営者でもあり、本件事故後も売上額は増大している。）、本件事故前後における眼の障害内容の推移（多少あった視力を完全に喪失したものであり、本件事故前後でいわば質的な相違がみられる。）に鑑みると、被害者は、本件事故の結果、症状固定後17年間にわたりその労働能力の20％を喪失したものと認められる。

就労可能期間	17年間（50～67歳）

コメント

　本件では、確定申告をした収入が過少申告であるとの主張をするだけではなく、実際に修正申告まで行っているところ、修正申告後の申告所得額を基礎収入として認めた事案です。

　申告外所得があることについての主張は、一種の自己矛盾を孕む主張であるところ、実際に修正申告を行って追加で納税したような事情がある場合には、その事情は相応に考慮されるものと考えてよいと思います。

　もっとも、修正申告をしただけで、当該修正申告後の申告所得額が基礎収入として認定されると判断するのも早計であって、実際の仕事内容や1日の売上、実際にかかると思われる経費の内訳等についてもある程度の立証がなされるべきでしょう。

〔7〕　土木建築請負業経営者の逸失利益について、申告所得額は低額であったものの、申告売上額、被害者本人尋問からうかがうことのできる被害者の生活レベル等から判断すれば、確定申告の所得額が被害者の所得金額を正確に反映しているものとは認め難いとして、年齢別賃金センサス男子労働者学歴計の8割を基礎収入として認定した事例

（大阪地判平13・6・28交民34・3・825）

事件の概要

事故の状況：加害車両が、約50km/hで直進中、対向方向から進行してきた被害者運転の自転車と衝突。

被　害　者：土木建築請負業経営者・男性・症状固定時41歳

事 故 日 時：平成10年9月1日・PM10：45頃

受 傷 内 容：頸髄損傷、脊髄性ショック、脳挫傷、頭蓋骨骨折左尺骨開放骨折、左大腿骨骨折等

入通院状況：入院240日、通院158日（実日数10日）

後 遺 障 害：症状固定日平成11年10月4日、1級3号（四肢不全麻痺、神経因性膀胱等）

判 決 内 容

基礎収入	527万8,080円（平成10年賃金センサス産業計・企業規模計・男子労働者・学歴計40歳から44歳の平均賃金の8割）

　被害者は、本件事故当時、「Ａ」の屋号で長兄、次兄、長男らを含む常雇いの従業員7名のほか、臨時雇いの従業員数名を雇い、土木建築請負業を経営していたものであり、平成9年度の所得税の確定申告においては、5,517万2,000円の売上に対し、5,382万5,501円（内給料賃金4,125万6,100円）の経費を要したとして、134万6,499円を年間所得として申告していた。

　被害者は、上記経費のうち、外注工賃として計上した827万5,000円については架空取引によるものであり、地代家賃のうち46万4,980円については自宅の家賃を計上したものであり、また、売上に関しても、知り合いの業者を応援した際の収入200万円から300万円分を計上していないことなどからすれば、実質的には年間1,000万円を下ら

ない所得があったと主張し、かつ、供述するが、これらの事実を認めるに足りる証拠はなく、その真偽は不明である。

　もっとも、前記のＡの事業規模や、被害者の申告売上額、あるいは被害者本人尋問からうかがうことのできる被害者の生活レベル等から判断すれば、確定申告の所得額が被害者の所得金額を正確に反映しているものとも認め難い。

　以上の事実を総合考慮すれば、被害者の基礎収入については、平成10年賃金センサス産業計・企業規模計・男子労働者・学歴計の40歳から44歳の平均賃金659万7,600円の8割に当たる527万8,080円程度と見るのが相当というべきである。

労働能力喪失率	100%

就労可能期間	26年間（41〜67歳）

コメント

　本件は、被害者の事故前年度の確定申告書上の所得額は134万6,499円であり、賃金センサスをベースとして平均賃金に比して相当低額であったところ、被害者から架空経費の計上や売上の計上漏れについて主張があった事案です。

　休業損害を認定する場合には、通常は、会計帳簿を作成する基礎となった伝票類などの裏付け資料を検討し、文書の体裁等を含めて慎重に吟味されることとなります。

　また、修正申告をした上で、追加納税した等の事情がない限り、上記の主張は自己矛盾を包含するものとなるので、認定が厳しくなる傾向にあります。

　もっとも、本件のように後遺障害の程度が重く、休業の要否があまり争点とならない上、休業期間が長期に及ぶ場合などには、大まかな認定がなされる場合がありますが、その場合も控えめに認定されるべきでしょう。

　逸失利益においては、将来の蓋然性という休業損害とは別個の考慮要素も働くことから、休業損害とは別異の認定があり得るといえます。

　本件では、休業損害の認定も、逸失利益の認定も同様に大まかな認定になっています。逸失利益については、この認定方法があり得ると思われる一方、休業損害については、被害者にとっては有利な認定ですが、判決文から読み取れる事情のみからすれば、やや説得力に欠ける側面があるといえるでしょう。

第2章　事業所得者（個人事業者）　　19

〔8〕 ペンション経営を計画していた被害者につき、同年齢より上の賃金センサスを基準に算定した事例　（大阪地判平15・9・5交民36・5・1225）

事件の概要

事故の状況：小型犬を連れて散歩していた被害者に、加害者運転の軽四輪自動車が衝突し、被害者が死亡。

被　害　者：ペンション経営予定者・男性・56歳

事 故 日 時：平成13年6月24日・PM4：30頃

判 決 内 容

基礎収入	352万9,760円（平成12年の賃金センサス産業計・企業規模計・学歴計・男子労働者の60歳ないし64歳の平均収入の80％）

　被害者は本件事故当時56歳で、昭和44年、妻Aと婚姻し、子B及びCをもうけたが、本件事故当時、子B及びCは、既に会社勤めをして独立していた。

　被害者は、長年、a市で「D書店」の屋号で書店を営んでいたが、50歳を過ぎれば、都会を離れて、「田舎暮らし」をし、その収入源として、ペンションを経営しようと計画し、平成4年頃から、対象となる土地を探し始め、平成7年1月3日に、b市の山林17,103㎡を購入した。

　そして、平成7年3月からは、1,450万円ほどをかけて、宅地造成、道路取付工事等を行い、平成7年5月造成工事は完成した。また、平成8年5月には、5,047万円をかけて建物の建築工事を始め、平成8年12月に建物Eが完成した。

　ところが、同年12月、被害者の父親F、平成9年11月には妻Aの母親Gが死去したため、計画は一時延期となり、ようやく平成12年1月から、被害者は、D書店の在庫整理を開始し、同年6月24日に同店を閉店し、同年7月、妻Aと共に建物Eに転居した。転居後も被害者は、薪小屋の建築など得意の木工技術で、建物E周辺を整備し、花壇や畑の手入れを行い、また、料理教室に通うなどしていた。建物Eには各部屋の家具も搬入され、友人が宿泊することもあり、妻Aは、書店時代に培った人脈からの来客を期待していた。

以上の事実が認められ、これらによれば、具体的なペンション経営の開始時期は明確ではないものの、遅くとも、本件事故から1年程度の期間中には、被害者が建物Eでペンション経営を開始する予定であったと認められる。

以上の認定事実によれば、被害者の逸失利益の基礎年収は、平成12年の賃金センサス産業計・企業規模計・学歴計・男子労働者の60歳ないし64歳の平均収入の80％に当たる352万9,760円とするのが相当である。

なぜなら、基礎収入額については、ペンションの具体的な経営開始時期、経営内容の詳細等は不明であること、職種別「個人企業の営業利益率表」の「旅館、その他の宿泊」の営業利益は年285万6,000円、「旅館」の営業利益は304万7,000円であること、建物Eの1日の宿泊可能人数は、最大でも10名程度であること、建物E近辺にペンション経営のための特別の立地条件が備わっているわけではなく、明らかとなっている集客の方法としては、知人の来客を得るというものにすぎないことに鑑みると、被害者の将来の年金収入を加味しても、その収入は一般に定年後である60歳ないし65歳の平均収入程度であり、また、この金額に達するまでには数年を要するものと考えられることから、上記12年間を通じてみれば、その80％程度の収入を得られる蓋然性が認められるからである。

生活費控除率	40％

被害者の子は既に独立しており、扶養家族は妻1人であることから、生活費控除率を40％と認めた。

就労可能期間	12年間（56～67歳）

死亡当時満56歳であって、67歳まで12年間を就労可能期間とした。

$$\boxed{\text{コ メ ン ト}}$$

逸失利益の算定は、原則として事故前の現実収入を基礎としますが、事故当時の収入がない場合や少ない場合でも、将来、収入を得られる蓋然性が立証されれば、それを基礎収入とすることもできます。ただし、将来の収入という不確定なことについての認定ですので、個々具体的な事情を総合的に考慮し、一定の収入を認定するということになります。

本件は、ペンション経営を予定、計画していた被害者の逸失利益をどのように算定するかについての裁判所の判断例になります。

まず、そもそも、被害者がペンション経営を具体的に計画していたことが認定できるかが問題となります。この点について裁判所は、被害者が、ペンションとして建物Eを建築したこと、経営していたD書店の在庫整理し、同店を閉店し、妻Aと共に建物Eに転居したこと、建物E周辺に花壇や畑を整備したこと、料理教室に通っていたこと、建物Eには各部屋の家具も搬入されていたこと等、諸々の事実関係をきめ細やかに認定し、遅くとも、本件事故から1年程度の期間中には、被害者が建物Eでペンション経営を開始する予定であったと認定しました。

その上で、ペンション経営を行った場合の基礎収入額についても、様々な事情を考慮して判断しています。すなわち、職種別「個人企業の営業利益率表」の「旅館、その他の宿泊」及び同「旅館」の営業利益の金額を参考にした上で、建物Eの1日の宿泊可能人数が最大で10名程度であること、近辺にペンション経営のための特別の立地条件が備わっているわけではないこと、集客の方法としては、知人の来客を得るというものにすぎないこと、経営開始時期、経営内容の詳細等は不明であること等に鑑み、一般に定年後である60歳ないし65歳の平均収入の80％程度の収入を得られる蓋然性を認め、基礎収入を認定したものです。

現在の収入と異なり、将来の収入を認定することは容易ではないため、諸般の事情を総合的に考慮して判断されています。

22　　　　第2章　事業所得者（個人事業者）

〔9〕　材木仕入れ販売業を営む個人営業者の後遺障害逸失利益計算におい
　　　て、申告外所得が存在する蓋然性が認められた事例

（大阪地判平18・2・10交民39・1・156）

事件の概要

事故の状況：加害車両は一時停止後、左右の安全を確認して交差点を左折しようとし
　　　　　　たところ、被害者が運転する自転車と接触して、被害車両は右側に転倒
　　　　　　（加害者側は事故発生を認識しておらず、事故は発生していないとして
　　　　　　債務不存在確認訴訟を提起）。

被　害　者：材木商・男性・71歳

事故日時：平成14年11月8日・AM9:45頃

受傷内容：両膝関節挫傷

入通院状況：通院6か月

後遺障害：症状固定日平成15年5月31日、14級10号「局部に神経症状を残すもの」（右
　　　　　膝の痛み、可動域のわずかな制限）

判決内容

基礎収入	385万3,800円（年齢別平均賃金）

　証拠によれば、被害者の平成13年分の確定申告における所得額が170万円であるこ
と、平成9年3月25日に1,500万円、平成12年11月21日に450万円を借り入れるなどし、
平成14年11月時点で借入残額がおよそ1,400万円で、月々22万円、年額260万円余りを
返済している状態であったこと、本件事故当時、妻と孫2人の4人で生活していたこと
が認められるところ、月々の返済額や扶養家族の人数に鑑みると、確定申告の所得額
である年170万円で生活して行くことは困難であり、少なくとも、年齢別平均賃金の
385万3,800円程度の収入はあったものと認められる。

労働能力喪失率	5%

　被害者の主訴としては痛みが続いており、その後の治療でも軽快することがないま

ま経過していること、症状固定時にわずかではあるが可動域の制限も認められること、MRI画像によると、右膝に変性所見が認められることに鑑みれば、後遺障害の程度としては、局部に神経症状を残すものとして14級10号に該当すると認めるのが相当である。

加害者は、被害者の右膝にはもともと変性所見があったのであるから、素因減額をすべきと主張するが、右膝の変性は加齢性のものと解されること、本件事故直後の診断では特に異常はないと診断されていたこと、本件事故以前に右膝の痛みを訴えて治療を受けるなどしていなかったことに鑑みると、素因減額の対象となるような疾病であったとは認められない。

後遺障害の程度からすると、被害者は5%の労働能力を喪失したものと認めるのが相当である。

就労可能期間	5年間

後遺障害の程度からすると、被害者は5年間にわたり、労働能力を喪失したものと認めるのが相当である。

コ　メ　ン　ト

本件は、確定申告書の所得額が前年度の確定申告での所得額が170万円であるところ、年齢別平均賃金額の385万3,800円を認定した事案です。

本件のように事業所得者である被害者側から、申告外所得がある旨の主張がなされることがあります。

このような主張が一概に排斥されるわけではなく、個々の事例に応じて検討されているものであることを確認できます。

一般的には、事業の内容、証拠上明らかな売上と売上原価及び経費の存在、被害者の生活状況等を参照し、反対当事者の応訴態度なども踏まえて認定がなされていくこととなるでしょう。

本件では、借入金額に対する月々の返済金額と返済の履行状況、家族構成・家族の人数等に照らし、申告所得額以上の所得があった蓋然性を認め、年齢別平均賃金で認定しています。

24　　　第2章　事業所得者（個人事業者）

〔10〕　クリニック開業医につき、事故前年度の確定申告書額を基礎としつ
　　　つ、事故の年に売上が増加していることを斟酌して基礎収入を前年度
　　　の申告額に1割を加えた額として算定した事例

（大阪地判平18・6・21判タ1228・292）

事件の概要

事故の状況：路上にしゃがんでいた被害者に加害者運転の大型貨物自動車が衝突して
　　　　　　被害者が死亡。

被　害　者：クリニック開業医・男性・38歳

事 故 日 時：平成14年11月9日・AM2:48頃

判 決 内 容

基礎収入	3,047万5,981円（事故前年の平成13年度の所得に1割を加えた金額）

　被害者は医師であり、整形外科及び内科の個人病院であるAクリニックを開業して
3年目であったこと、同クリニックにおいてリハビリ担当の理学療法士3人、看護師4、
5人、事務員7、8人を雇い病院を運営し、毎日200名程度の患者が来院していたこと、
本件事故の前年である平成13年度の被害者の所得は2,770万5,438円であったが、平成
13年分の経費に計上されている固定資産除去損534万6,530円は診療所移転に伴い従前
の診療所で計上されていた内装工事費用などの未償却額を除去処理したものであるこ
と、本件事故が発生した平成14年11月9日以前までの平成14年度の被害者の所得は
2,230万2,671円であったが、平成14年分の経費には医師会加入費、開業費、礼金の未
償却部分を診療所の閉鎖に伴い損失処理をした固定資産除去損273万2,782円、診療所
閉鎖に伴い従業員に対して支払われた退職金238万3,589円が計上されていること、被
害者は地域医療の向上と高齢者医療の充実のため老人介護施設を開設しようとしてい
たことがそれぞれ認められる。

　被害者のAクリニックにかかる営業所得（青色申告特別控除額控除前）は、平成13
年度が2,591万5,438円、平成14年度（ただし同年11月9日まで）が2,024万5,897円であ

り、また、給与所得は、平成13年度が234万円、平成14年度が204万3,200円であることがそれぞれ認められ、また、Aクリニックの平成14年1月から事故前の10月までの売上は前年度である平成13年の同期間の売上に比べ4割強増えていることが認められる。

基礎収入の算定に当たっては、事故発生に近い時点での現実の所得でかつ将来にわたりその所得が得られる蓋然性が高いものを基礎にすることが望ましいといえるが、本件においては平成14年度の確定申告額に基づいて基礎収入を算定することは困難である（Aクリニックの営業収入は平成14年11月9日までのものであるが、経費については、Aクリニックの営業期間におおむね対応すると考えられる科目もあれば、一方で退職金等や減価償却費（このうち平成14年に全額償却したもの）のように、被害者の死亡に営業中止という特殊事情に由来するものもあり、本件事故がなければ要したであろう経費の算定は著しく困難である。）。

そうすると、本件においては、平成14年度の確定申告額に次いで本件事故に近い平成13年度の確定申告額を基礎としつつ、一方で平成14年度に売上が増していることをも考慮して、他方で、Aクリニックの建物を賃貸して収入を上げていることをも斟酌して、基礎収入を算定するのが相当である。

前記のとおり、平成14年の売上は、前年度に比べ4割強増えていることが認められるが、Aクリニックは、本件事故時点で、開設後3年が経過したところであり、売上額の推移については流動的な面が大きいといわざるを得ないから、4割の増加をそのまま基礎収入に反映させるのは相当ではない。これらの事情を考慮すると、基礎収入は、平成13年度の所得2,770万5,438円にその1割を加えた金額である3,047万5,981円とするのが相当である。

生活費控除率	30%

妻と子がいるため、生活費控除率として収入の30%を認めた。

就労可能期間	29年間（38〜67歳）

死亡当時満38歳であって、67歳までの29年間を就労可能期間とした。

$$\boxed{\text{コ メ ン ト}}$$

　基礎収入の算定に当たっては、事故発生に近い時点での現実の所得で、かつ将来にわたりその所得が得られる蓋然性が高いものが基礎とされることが原則です。

　本件は、被害者が38歳で、クリニックを開業してから3年目であったことから、年々収入が上がることも予想できますので、事故日と最も近い時期の所得を基礎として、検討されるべきであるとされました。

　そこで、まずは、事故時の平成14年度の所得を基礎に算定しようとしましたが、被害者は年度の途中で事故に遭い死亡し、被害者が経営するＡクリニックは営業中止となりましたので、平成14年度の所得の算定（特に経費の算定）が困難であるため、その前年度の平成13年度の所得を基礎とすることとされました。

　その上で、平成14年の事故日までの収入が、前年度に比べ4割増えていること、開設後3年が経過したところであり、売上額の推移については流動的な面が大きいといわざるを得ないことから、4割の増加をそのまま基礎収入に反映させるのは相当ではないとし、しかしながら、売上が増額していることに着目し、平成13年度の収入に1割を加えた金額を基礎収入として認定したものです。

第2章　事業所得者（個人事業者）　　27

〔11〕　個人事業主（プログラム開発等）の逸失利益について、事故前3年間
　　の青色申告特別控除前の所得金額の平均額に自宅家賃の半額を加算し
　　た額で認めた事例　　（東京地判平21・12・24交民42・6・1678）

事件の概要

事故の状況：道路端の路上駐車車両の車列間から被害車両（二輪車）が発進したとこ
　　　　　　ろ、車線内を走行して間近に接近してきていた加害車両と接触。
被　害　者：プログラム開発等・男性・症状固定時36歳
事故日時：平成16年1月15日・PM10：55頃
受傷内容：右急性硬膜外血種、脳挫傷、頭蓋骨骨折
入通院状況：入院67日、通院平成16年1月15日～平成18年4月26日（実日数44日）
後遺障害：症状固定日平成18年3月27日、併合2級（3級3号「神経系統の機能又は精
　　　　　　神に著しい障害を残し、終身労務に服することができないもの」(高次脳
　　　　　　機能障害）、10級11号「関節の機能に著しい障害を残すもの」(右下肢機
　　　　　　能障害）、12級相当（右下肢醜状障害）、14級11号「男子の外貌に醜状を
　　　　　　残すもの」(頭部右側醜状痕））

判決内容

基礎収入	711万3,643円（事故前3年間の青色申告特別控除前の所得金額の平均額に自宅家賃の半額を加算した額）

　被害者の青色申告特別控除前の所得金額は、平成13年が783万0,846円、平成14年が685万9,156円、平成15年が486万8,929円であったこと、平成15年の青色申告特別控除前の所得金額は、翌年受講を予定して支払済であった経営セミナーの費用194万9,715円が経費として計上されたため、前年及び前々年と比較して低額化したこと、もっとも、被害者は、本件事故による受傷のためこの経営セミナーを受講せず、その費用の返還を受けたこと、被害者は、本件事故発生前は自宅を事業所としており、税務処理上その家賃の半額59万4,000円を経費として毎年計上していたことが認められる。

　被害者は、消極損害算定のための基礎収入を認定するに当たっては、平成15年の青色申告特別控除前の所得金額に返還を受けた経営セミナーの費用を加算した金額を、

同年の所得金額として検討すべきであると主張する。しかし、被害者が経営セミナーの費用の返還を受けたのは結果的にそのようになったにすぎない上、数年に1回の割合でこの程度の業務改善を図るための経費の支出が必要となるのは個人事業主として当然とも考えられるから、返還を受けたセミナー費用を平成15年の所得に加算して計算することはしない。

他方、自宅家賃の半額は、被害者がプログラム開発等の業務に従事する個人事業主であって自宅を事業所としていたことから、税務処理上経費として計上されていたにすぎず、実質的には被害者の所得と認めるのが相当なものである。

労働能力喪失率	100%

就労可能期間	31年間（36〜67歳）

最後の症状固定診断当時36歳から就労可能終期67歳まで31年間を就労可能期間とした。

コメント

本件は、事故前3年間の青色申告特別控除前の所得金額の平均額に、自宅家賃の半額を加算した額を認定した事案です。

事業所得者については、原則として、事故前の申告所得額を採用することとされています。

また、年によって所得額の差が大きい場合には、事故前数年の平均の金額を採用することが一般的です。

本件では、高額な経営セミナー費用を経費としていた平成15年度の申告所得額が、事故前3年間で特に低かったため、事故前3年間の平均額を採用しました。

また、本判決では、経費として計上していた自宅家賃の半額について、「税務処理上経費として計上されていたにすぎず、実質的には被害者の所得である」として、これを加算して基礎収入を算出しました。

第2章　事業所得者（個人事業者）　　29

〔12〕　飲食店経営者の逸失利益について、申告所得額は低額であったものの、申告所得額に固定経費（地代家賃）を計上した金額が事故時の学歴計全年齢女子平均賃金を上回ること、未成年の子2人を扶養していたこと等から、学歴計全年齢女子平均賃金を基礎収入として認定した事例

（大阪地判平22・3・15交民43・2・332）

事件の概要

事故の状況：被害者が、徒歩で信号のある交差点の道路を横断中、交差点を走行してきた加害車両に衝突された（特に双方の対面信号の表示に関し争いがある。）。

被　害　者：飲食店経営者・女性・症状固定時52歳（事故時49歳）

事 故 日 時：平成14年6月12日・AM3：03頃

受 傷 内 容：頭部・顔面打撲、頭皮・顔面挫創、眼窩骨折、歯牙損傷、右鎖骨骨折、左上腕骨骨折（開放性）、腰椎横突起骨折、骨盤骨折、膀胱破裂

入通院状況：入院80日、通院約27か月（実日数248日（入院中通院を含む。））

後 遺 障 害：症状固定日①整形外科平成16年2月3日、②眼科平成16年12月18日、③歯科口腔外科平成16年8月27日、④瘢痕平成16年7月13日、併合6級（7級（外貌醜状）、14級（神経症状）、12級と14級（眼科））

判 決 内 容

基礎収入	349万9,900円（平成20年学歴計全年齢女子平均賃金）

　判決では、まず、逸失利益に関する判断の前に、休業損害に関して、次の事情に言及し、平成14年学歴計全年齢女子平均賃金351万8,200円をベースとして休業損害を認めている。

(1)　休業損害の認定に関する判示の詳細

　被害者は、ビルの2階でラウンジ風の飲食店を、1階で鍋料理専門店を、それぞれ経営していたところ、本件事故により、平成14年8月1日以降休業しそのまま廃業せざるを得なくなった。

本件事故後も、1階は平成15年11月18日まで、2階は同年1月31日までは賃借を継続していた。

廃業に当たって空家賃、原状回復、借入金返済、機器リース料返済等多額の負担が発生した。

平成13年の被害者の申告所得（申告書は平成14年1月6日受付）は291万7,710円であること、平成14年の申告所得（本件事故日である平成14年6月12日分まで。申告書は平成15年4月3日受付）は202万4,927円である。

被害者は、本件訴訟において、申告所得は利益を圧縮しているので不正確であり、実際の売上と利益は更に多額であると主張し、その裏付けとなるという資料を作成している。

少なくとも、被害者が、その飲食店経営に当たり、税務申告書より多額の固定経費、借入金やリース料を支払っていたこと、被害者は、平成16年7月14日から平成19年6月5日まで生活保護を受けたことが認められる。

そうすると、被害者には、申告所得額を超える可処分所得があり、本件事故による休業により、固定経費など一定の財産的損害が発生したことは一応推認されるが、被害者の事業所得を正確に認定することは困難であり、空家賃などの期間も、飲食店再開を望む心情は理解できなくはないが、本件事故と相当因果関係があるとはいい難い。

しかし、申告所得額に固定経費（地代家賃）を計上した金額が事故当時の平成14年学歴計全年齢女子平均賃金351万8,200円を上回ることは認められること、未成年の子2人を扶養していたこと、そして、確定申告とは異なる所得額を主張することについては信義則上も問題があることに鑑みると、被害者の営業損害については、平成14年学歴計全年齢女子平均賃金351万8,200円をもって基礎収入として、休業損害を算定することとする。

(2)　逸失利益の認定に関する判示の詳細

(1)で認めたとおり、被害者が本件事故時に営んでいた事業の状況と生活状況に照らせば、被害者は労働可能年齢まで全年齢女子平均賃金を得る蓋然性を認めることができ（居酒屋風の飲食店であれば高年齢化と所得の減少との因果関係は余り考えられない）、家族の成長はあるものの、後遺障害逸失利益の基礎収入においては平成20年学歴計全年齢女子平均賃金349万9,900円を得る蓋然性を認めることができる。

労働能力喪失率	60%

被害者の後遺障害の程度は、外貌醜状7級、神経症状14級、眼科12級と14級の併合6

級である。その後遺障害の内容から、労働能力喪失率は60%であると判断される。

　被害者の後遺障害等級が併合6級と認定されたことには、外貌醜状の占める比重が大きく、外貌醜状は、労働能力に直接影響しないという加害者の主張も一定の考慮が必要ではあるが、本件事故による被害者の外貌醜状の程度は著しいものであり、被害者は飲食店を経営する接客業であり、業務の遂行に与える影響も大きいことからすると、労働能力に対する影響も無視できず、その他の神経症状も、事故の程度と被害者の年齢に照らしても、外貌醜状とは別個に労働能力に対する影響も考えることができ、本件事故と相当因果関係にある損害としての後遺障害の程度は、前記認定のとおりであると判断される。

就労可能期間	17年間

　平均余命の2分の1を就労可能期間とした。

コメント

　本件は、被害者の事故前年度の申告所得は291万7,710円、事故発生年度の本件事故日までの申告所得額は202万4,927円であり、賃金センサスをベースとする平均賃金に比して低額であったものの、学歴計全年齢女子平均賃金で基礎収入を認めた事案です。

　被害者は、本件訴訟において、申告所得は利益を圧縮しているので不正確であり、実際の売上と利益は更に多額であると主張し、その裏付けとなるという資料を作成したようです。

　また、少なくとも、被害者が、その飲食店経営に当たり、税務申告書より多額の固定経費、借入金やリース料を支払っており、申告所得額に固定経費（地代家賃）を計上した金額が、本件事故発生当時の平成14年学歴計全年齢女子平均賃金351万8,200円を上回っているという事情がある事案でした。

　判決では、未成年の子2人を扶養していたことについても言及して、学歴計全年齢女子平均賃金を基礎収入として認めています。

　判決では、確定申告とは異なる所得額を主張することについては信義則上も問題があるという基本的な考え方に言及しつつも、様々な事情を考慮した姿勢が示されており、最終的に基礎収入が平均賃金となる場合でも、どのような事情を主張立証すべきであるかということの参考になる事例といえます。

32 第2章 事業所得者（個人事業者）

〔13〕 音響機器を自ら設計、製造、販売する者の逸失利益について、申告所
得額は低額であったものの、専従者給与は本件では被害者の収入と評
価すべきであることや取り扱う商品の評価等に照らして、賃金センサ
ス平成22年・第1巻第1表の産業計・企業規模計・学歴計・男子全年齢平
均賃金である523万0,200円の60％を基礎収入として認定した事例

（東京地判平24・7・18交民45・4・846）

事件の概要

事故の状況：片側1車線の道路において、被害者が運転する被害車両（原動機付自転車）
が道路左側を走行し、その右側方を加害者が運転する加害車両（普通乗
用自動車）が並走していたところ、被害車両が道路左端の縁石に接触し
て転倒した（具体的な態様については争いがある。）。
被　害　者：個人事業主（音響機器設計、製造、販売）・男性・症状固定時57歳
事 故 日 時：平成20年5月6日・PM5:25頃
受 傷 内 容：右肩甲骨骨折、右股関節挫傷、頸椎捻挫等
入通院状況：以下のとおり通院
　　　　① 　A病院　　　平成20年5月6日（実日数1日）
　　　　② 　B病院　　　平成20年5月7日〜平成22年5月17日（実日数40日）
　　　　③ 　C整骨院　　平成20年8月17日〜平成21年12月5日（実日数274日）
　　　　④ 　D整骨院　　平成22年3月24日〜同年5月15日（実日数41日）
後 遺 障 害：症状固定日平成22年5月17日、10級10号「1上肢の3大関節中の1関節の機
能に著しい障害を残すもの」（右肩関節の可動域制限）

判 決 内 容

基礎収入	313万8,120円（賃金センサス平成22年・第1巻第1表の産業計・企業規模計・学歴計・男子全年齢平均賃金である523万0,200円の60％）

(1) 事故前年度の平成19年分の所得は200万7,601円にとどまる。

(2) 被害者の母親は、確定申告書上は事務に従事していたとされているが、本件事故

第2章　事業所得者（個人事業者）　　33

当時81歳であったこと、被害者が、一人で音響機器の設計、製造、販売を行っていたことが認められ、これらの事情に照らし、専従者給与50万円は、固定費というよりも、被害者自身の収入として評価するのが相当である。

(3)　被害者が設計、製造していた音響機器は、専門誌等から高い評価を受けていたこと、被害者は、本件事故当時、平成19年より企画設計していた新設計スピーカーシリーズの販売を控えていたこと、平成19年以降、a社における音響機器の販売が功を奏し、売上が拡大し、国立環境研究所からも新規の受注を受けるようになっていたことが認められる。

　以上のことを併せ考えると、生涯を通じての収入としては、平成19年分の所得よりも収入が増加することが十分予想されたというべきであり、賃金センサス平成22年第1巻第1表の産業計・企業規模計・学歴計の男子労働者の全年齢平均賃金である523万0,200円の60％程度の収入を得る蓋然性があったと認めるのが相当である。

労働能力喪失率	30％

被害者には、本件事故により、右肩関節の機能障害、右上肢痛の後遺障害が残存したこと、その後遺障害の程度は後遺障害等級表10級10号に該当するが、被害者の職業は、音響機器の設計、製造等であり、本件事故後、音響機器の設計時の製図作業、組立作業に支障が生じているほか、重量のある機器の製造作業、工具を使用した精密な作業が困難になったこと、現実に被害者の所得は本件事故後に激減していることが認められ、被害者の労働能力喪失の程度は、自動車損害賠償責任保険における労働能力喪失率表における後遺障害等級10級に対応する労働能力喪失率27％を上回るというべきである。もっとも、被害者は、本件事故後に発生した別件事故で左肩を受傷し、左肩関節可動域制限等の症状が残存しており、その部位、症状の内容に照らし、この症状も、音響機器の設計、製造作業に支障をもたらしているものと推認される。

　以上の事情を総合すると、本件事故による後遺障害に起因する労働能力喪失率は30％と認めるのが相当である。

就労可能期間	10年間（57〜67歳）

症状固定時57歳であるから、労働能力喪失期間は、就労可能年齢（67歳）までとした。

$$\boxed{\text{コ メ ン ト}}$$

　本件は、被害者の事故前年度の申告所得は200万7,601円であり、賃金センサスをベースとする平均賃金に比して低額であったものの、それよりも高い、賃金センサス平成22年・学歴計・男子全年齢平均賃金である523万0,200円の60％程度の313万8,120円を基礎収入として認めた事案です。

　本件で被害者は、確定申告の売上原価が、実際の売上原価よりも高く申告されているところ、実際はそれほどの売上原価はなかったため、所得も申告額よりも高額であると主張しました。

　具体的には、期首棚卸高＋当期仕入高－期末棚卸高＝売上原価とすべきであるのに、被害者の平成19年分確定申告書の売上原価1,572万5,397円は、同年に仕入れた部品等の仕入代金の総額をそのまま計上しており、同年分の売上原価を、費用収益対応の原則により、売上高を構成する製品に使用された部品等の仕入代金を計算する方法で算出し直すと、売上原価は849万8,969円となるため、所得はその差分（1,572万5,397円－849万8,969円）高額になると主張し、被害者も上記主張に沿う陳述ないし供述をしていました。

　しかし判決では、この主張について、的確に裏付けるに足りる帳簿等の客観的資料は提出されていないとして一蹴されています。

　もっとも、被害者が製造していた商品の専門誌における評価、新規受注先、新商品の販売を控えていたこと等の事情に照らして、生涯を通じての収入としては、事故前年度の申告所得額を上回る蓋然性を認め、賃金センサスを参照して基礎収入を認定しました。

第2章　事業所得者（個人事業者）　　35

〔14〕　ミニコミ紙の制作を始めたばかりの被害者につき、最初の9か月は赤字であったが、直前の2か月は黒字で収入は増加する見込みであったこと、以前に経営していた新聞販売店の事故前3年間の平均収入が、同年齢の賃金センサスを上回っていたことから、同賃金センサスを基礎として算定した事例

（大阪地判平24・11・27交民45・6・1356）

事件の概要

事故の状況：加害車両（中型貨物自動車）が、赤信号で交差点に進入し、左方から進行してきた被害車両（原動機付自転車）と衝突し、被害者が死亡。
被　害　者：ミニコミ紙の制作業・男性・43歳
事 故 日 時：平成20年7月30日・AM3：53頃

判 決 内 容

基礎収入	647万2,100円（平成20年賃金センサス産業計・企業規模計・学歴計・男子労働者年齢別（40歳ないし44歳）平均賃金）

　被害者は、平成15年2月から平成19年8月31日までの間、新聞販売店を経営し、同年9月1日からは、ミニコミ紙の制作事業を行っていた。その所得額は、平成17年分が685万円、平成18年分が1,044万円、平成19年分が722万0,491円であった。また、被害者は、Aの下で、新聞配達業務に従事していたところ、その給与は、平成20年5月分が8万3,417円、同年6月分が5万8,619円、同年7月分が5万9,033円であった。上記ミニコミ紙制作事業の収支を、平成19年9月から平成20年7月までの11か月間分でみると、439万4,109円の赤字であるが、同年6月分は61万7,829円、同年7月分は30万9,512円の黒字であった。

　死亡逸失利益の算定に当たり、その基礎収入は、原則として、事故時の実収入額によるべきところ、被害者は、本件事故の前年に新規事業を始めており、当該収入は今後増加する見込みがあったと認められること、平成17年ないし平成19年における被害者の平均収入額は、817万0,163円であり、平成20年の賃金センサス産業計・企業規模計・学歴計・男子労働者年齢別（40歳ないし44歳）平均賃金647万2,100円を相当程度

上回っていることを考慮すれば、被害者の死亡逸失利益を算定するに当たり、その基礎収入は、上記平均賃金を採用することが相当である。

生活費控除率	40%

　被害者は、本件事故当時、妻B及び子Cと同居していたが、妻Bは、平成19年8月31日までは、被害者が経営していた新聞販売店の従業員として、同年9月末以降は製パン会社のパート従業員として勤務し、その所得は、同年分が420万0,695円、平成20年分が79万0,024円であった。子Cは、平成19年12月末までは、コンビニエンスストアのアルバイトとして勤務し、その同年分の所得は150万5,768円であり、平成20年中は無職であった。子Dは、平成20年7月頃までは、被害者と同居していたが、その後一人暮らしを始めた。子Dは、平成19年8月31日までは、被害者が経営していた新聞販売店のアルバイトとして、同年9月頃からは、スーパー銭湯にアルバイトとして勤務し、その所得は、平成19年分が266万1,770円であり、平成20年分が186万0,675円であった。

　以上のとおりの被害者の家族の稼働状況や生活状況等を考慮すると、生活費控除率は40%とするのが相当である。

就労可能期間	24年間（43～67歳）

　死亡当時満43歳であって、労働可能期間は67歳までの24年間と認定した。

コメント

　基礎収入は、事故時の実収入額に基づいて算定されるのが原則です。本件の被害者は、事故当時、ミニコミ紙の制作事業を営んでいましたが、事故の1年弱前から始めたばかりであり、しかも、ミニコミ紙制作事業開始の平成19年9月から事故当時の平成20年7月までの収入は赤字であったため、これを見ると基礎収入額は0円と認定される可能性があります。

　しかしながら、ミニコミ紙の事業開始当初は、準備のための費用もかかるでしょうから、赤字であったこともやむを得ないとし、他面、事故直前の2か月を見ると黒字に転換しており、収入が増加傾向にあることから、今後、収入増が期待できる可能性が高いことを認めました。

また、ミニコミ紙の制作事業を開始する前は、新聞販売店を経営しており、当時は、同年齢の平均賃金額を160万円程度上回っていたことから、新たに始めたミニコミ紙制作事業においても、同年齢の平均賃金を上回る収入が期待できるとして、その基礎収入として上記平均賃金を採用するとの判断をしました。

ミニコミ紙制作事業を始めたばかりですので、将来どの程度の収入になるか、具体的金額は予想し難く、当該ミニコミ紙制作事業が、他の同業者と比較することも困難であるため、基礎収入として、平成20年賃金センサス産業計・企業規模計・学歴計・男子労働者年齢別（40歳ないし44歳）の平均賃金と認定したものと考えられます。

〔15〕 比較的高齢の個人事業主（トラック運送業）の逸失利益について、申告所得額は低額であったものの、道路運送業者一般における変動経費率を資料から認定し、事故発生年度の実際の売上に変動経費率を乗じて得られた経費額を売上から控除して所得額を認定した事例

(大阪地判平26・6・26交民47・3・784)

事件の概要

事故の状況：加害者の運転する加害車両が誤って対向車線に進出し、対向進行してきた貨物自動車の右側部に自車右前部を衝突させ、その貨物自動車を歩道上に横転させた上、同歩道上を走行していた被害者の運転する自転車にその貨物自動車を衝突させて、被害者の自転車もろとも被害者を転倒させた。

被　害　者：自己所有のトラックを用いて運送業を営む個人事業主・性別不明・症状固定時65歳

事 故 日 時：平成22年8月16日・PM5：59頃

受 傷 内 容：頭部外傷、頭蓋骨骨折、外傷性くも膜下出血、脳挫傷、気脳症、急性硬膜下血腫

入通院状況：入院149日、通院（実日数）4日

後 遺 障 害：症状固定日平成23年4月27日、5級2号（注意力障害、記銘力低下、多弁等の異常行動）

判 決 内 容

基礎収入	578万1,235円（被害者の事故前約7か月の所得額を当該日数（212日）で除して得た日額に365を乗じた額）

(1) 本件事故以前、被害者は、ａ社との間で、自己が所有する4トントラックを用いて同社の運送業を請け負う旨合意するとともに、ａ社から、①毎月57万5,000円、②時間超過があれば1時間当たり3,000円、距離の超過があれば100km超過分につき1km当たり50円の割増金（①、②のいずれについても消費税相当分5％は別途加算する。）、③被害者が高速道路を利用して高速代金を立て替えた場合は立替額の

支払をそれぞれ受ける旨合意した。

(2)　ａ社作成の毎月の支払明細書によれば、平成22年1月から同年7月までの間における被害者の収支合計及び売上金額に占める比率は、以下のとおりとなる。

　①　売上金額　499万3,275円　100.0%

　②　変動経費　40万9,767円　　8.2%

　　　燃料費　　18万5,070円　　3.7%

　　　修繕費　　22万4,697円　　4.5%

　③　固定経費　34万9,189円　　7.0%

　　　自動車税　　　　　8,750円

　　　任意保険料　27万6,920円

　　　貨物保険料　3万4,615円

　　　自賠責保険料　2万8,904円

　　　減価償却費　　　　　0円

　④　所得金額　423万4,319円　84.8%（1日当たり1万9,973円（小数点以下四捨五入））

(3)　一方、被害者は、確定申告を行っており、平成20年分及び平成21年分の申告所得金額は、いずれも205万円であった。

(4)　被害者の基礎収入は、売上金額から相当額の経費を控除した上で算定されるべきである。

(5)　売上金額から控除されるべき経費について検討するに、被害者の主張によれば、平成22年1月から同年7月までの間における所得率は、84.8%に及んでいるところ、これは、貨物自動車を用いた道路運送業者一般における49.0%を大幅に上回っている。

　　とりわけ、燃料費は、売上金額の3.7%にとどまっているのに対し、道路運送業者一般では15.6%にも及んでいる。

　　被害者が主張する経費は、ａ社が作成した支払明細書の記載に基づくというにすぎず、被害者において、経費について会計帳簿等の資料を作成していなかったとうかがわれる以上、トラックを用いて運送業を営む事業者において通常発生すべき変動経費として、少なくとも資料（全日本トラック協会発行の経営分析報告書（平成22年度決算版・一般貨物運送事業損益明細表（近畿地区））における変動経費率25.7%に相当する額が計上されるべきである。そうすると、被害者の変動経費（燃料費と修繕費の合計）は、128万3,272円となる。

　　499万3,275円×0.257＝128万3,272円（小数点以下四捨五入）

また、平成22年1月から同年7月までの間、被害者は振込手数料として毎月420円を負担していたことが認められるから、これも変動経費に含まれると解するのが相当である。したがって、被害者の変動経費の合計額は、128万6,212円となる。

128万3,272円＋420円×7か月＝128万6,212円

(6)　さらに、固定経費は、前記(2)認定のとおり34万9,189円となる。

(7)　以上によれば、平成22年1月から同年7月までの間（212日間）における被害者の所得金額は335万7,874円（1日当たり1万5,839円）となる。

逸失利益における基礎収入＝休業損害で算出した日額（1万5,839円）×365日

労働能力喪失率	79％

本件事故当時、被害者が自らトラックを運転して運送業を営んでいたところ、上記後遺障害によって自動車の運転はもはや困難となったことに照らせば、後遺障害等級5級2号に相当する79％の割合で労働能力を喪失したものと判断するのが相当である。

就労可能期間	9年間（65〜74歳）

症状固定時65歳であるから、平均余命の約2分の1の期間を就労可能期間とした。

$$\boxed{コ メ ン ト}$$

1　本件の被害者は、特定の会社（a社）から仕事を請け負うトラック運送業を営む個人事業主でした。被害者の事故前年度及び前々年度の申告所得はいずれも205万円でしたが、被害者は、事故発生年度の7か月間の売上から経費を控除した所得額は423万4,319円であると主張しました。

　その被害者が主張した所得額及び経費の額の根拠資料としては、a社の作成する毎月の支払明細書のみという状況でした。

　しかし、このa社の作成する支払明細書ベースの経費率は、被害者の営む道路運送業者一般の経費率に比して明らかに低すぎる状況にあることが加害者側の立証で明らかになりました。

　判決では、賃金センサスによるのではなく、業界の一般的な変動経費率について、資料（本件では、全日本トラック協会発行の経営分析報告書（平成22年度決算版・

一般貨物運送事業損益明細表（近畿地区））が用いられました。）を基に算出し、被害者の実際の約7か月間の売上について、当該経費率を乗じることで当該期間の変動経費の額を算出しました。

　その上で、当該期間に対応する固定経費も売上から減じて、当該期間の所得額を算出した上で当該期間の日数で除して日額を算出し、365を乗じて年収に引き直すという方法を採用しました。

2　本件のように、比較的高齢の個人事業主の方について、本件のような計算方法を用いて実態に即して基礎収入を判断することができれば、賃金センサスを用いるよりも将来得る収入としての蓋然性は高く、被害者にとっても加害者にとっても説得力があると思われます。

〔16〕　事故前年度に事故とは無関係の病気等で申告所得額が低かった歯科医の逸失利益について、所得の減少は受傷及び疾患等の一時的な事情によるものであるとして、事故前3年間の申告所得額に専従者給与額を加算したものの平均を基礎収入として認定した事例

(東京地判平26・12・24交民47・6・1597)

事件の概要

事故の状況：被害車両が片側2車線道路の第2車線を直進していたところ、その前方で、路外にある駐車場へ後退進入するため切返し中であった加害車両が、被害車両の進路を妨害し、被害車両と加害車両が衝突。

被　害　者：歯科開業医・男性・症状固定時52歳

事 故 日 時：平成21年8月29日・PM2:30頃

受 傷 内 容：頸髄損傷、四肢麻痺、左膝挫傷（神経損傷）、頸髄損傷による神経因性膀胱の傷害

入通院状況：入院144日、通院平成22年1月19日～同年5月19日

後 遺 障 害：症状固定日平成22年8月2日、3級3号「神経系統の機能又は精神に著しい障害を残し、終身労務に服することができないもの」（脊髄障害、膀胱直腸障害）

判 決 内 容

基礎収入	1,391万5,204円（事故前3年間の申告所得額に専従者給与を加えた額の平均額）

(1)　前　提

ア　被害者は、本件事故とは無関係の靱帯損傷のほか、尿管結石、腎梗塞、腎動脈瘤の発症によって、次のとおり休診や、就業不能診断を受けていた。

平成18年3月23日から同年7月18日までの間休診した。

平成19年5月9日から同月30日までの間、医学的に就業不能と診断され、就業復帰見込みが同年6月13日頃とされた。

平成19年7月2日から平成20年2月27日までの間、医学的に就業不能と診断された。

イ　被害者自身が長期間診療を行うことができなかったことから、歯科医院の患者数が減少し、平成18年以降、被害者の経営する歯科医院の売上は減少した。

　　また、保険点数（レセプト平均点数）が高得点となると、行政から個別指導ないし集団指導を受けることになるところ、被害者の歯科医院は、平成19年には、保険点数が高得点であることについて口頭注意を受け、平成20年には、代診の医師が保険点数を十分に意識せずに診療を行ったこともあって、集団指導を受けた。

　　そのため、被害者は、平成19年及び20年については、保険点数を抑えるため、1日当たりの患者数を意識的に減らしていた。

(2)　確定申告の内容

　　平成18年度から平成20年度（事故前3年間）の被害者の売上、所得及び専従者給与は、次のとおりであった。

　　　平成18年度　　売上　　5,974万5,580円

　　　　　　　　　　所得　　1,322万4,092円

　　　　　　　　　　専従者給与　　810万円

　　　平成19年度　　売上　　4,515万1,318円

　　　　　　　　　　所得　　　204万9,753円

　　　　　　　　　　専従者給与　　765万円

　　　平成20年度　　売上　　4,290万0,599円

　　　　　　　　　　所得　　　342万1,768円

　　　　　　　　　　専従者給与　　730万円

(3)　平成17年以前の被害者の所得は、次のとおりであった。

　　　平成17年度　　1,438万5,546円

　　　平成16年度　　1,191万1,969円

　　　平成15年度　　1,011万9,012円

　　　平成14年度　　　406万6,374円

　　　平成13年度　　1,409万9,832円

　　　平成12年度　　1,601万1,929円

　　　平成11年度　　2,659万1,176円

　　　平成10年度　　2,368万3,825円

　　　平成9年度　　　2,222万7,104円

　　　平成8年度　　　1,548万3,402円

　　　平成7年度　　　　842万9,596円

　　　平成6年度　　　1,233万3,247円

　　　平成5年度　　　　771万5,295円

(4)　被害者の歯科医院の所得の推移によれば、平成18年度の所得は、本件事故前数年間の所得の中でも比較的高い水準のものといえるが、被害者の所得が平成18年度の水準まで回復する蓋然性があったとは認められない。

　　もっとも、被害者は、平成18年以降、靱帯損傷のほか、尿管結石、腎梗塞、腎動脈瘤の発症によって歯科医師として従事できない時期が続き、復帰後も、被害者が診療を離れていたことの影響から、保険点数を抑えるため意図的に患者数を減らすことを余儀なくされたのであるから、本件事故の前年である平成20年度の所得が平成18年以前よりも低額にとどまったのは、上記の受傷及び疾患等の一時的な事情によるものというべきである。にもかかわらず、平成18年度より大幅に低い平成20年度の所得を被害者の基礎収入として被害者の将来にわたる逸失利益を計算するのは、損害の公平な分担の見地から相当とはいえない。

　　そこで、被害者が診療に復帰した平成20年度は平成19年度より所得が上昇していること、平成17年以前においても一度減少した所得が増加に転じたこともあることなどを考慮し、被害者は、稼働可能年齢である67歳に至るまで、平成18年度から平成20年度の3年間の所得の平均額程度の所得を得られた蓋然性があると認めるのが相当である。また、専従者給与は被害者の所得と同視するのが相当であるから、これを基礎収入に加算するのが相当である。

労働能力喪失率	100%

就労可能期間	15年間（52～67歳）

症状固定時52歳であるから、67歳までの15年間を就労可能期間とした。争いはない。

コメント

1　本件の被害者は、歯科医院を営む歯科医でした。被害者の事故前年度及び前々年度の申告所得はいずれもそれ以前よりも低いものでしたが、その原因は、被害者が、事故とは無関係の病気を患ったため、職務に従事することができない期間が生じていたからでした。

被害者は、事故発生の年の3年前の水準（比較的他の年度と比して高額）程度まで収入が回復する蓋然性があるため、事故の3年前の年収を基礎収入とすべきであると主張する一方、加害者側は、事故前年度の所得額を基礎収入とすべきであると主張しました。

これに対し、裁判所は、「事故前3年間の所得の平均額程度の所得を得られた蓋然性があると認めるのが相当である。また、専従者給与は被害者の所得と同視するのが相当であるから、これを基礎収入に加算するのが相当である」旨の判断をしました。

2　本件のように、事故前に事故とは無関係に被害者側の一時的な事情による所得額の減少が生じていた場合において、その減少が一時的なものであることを立証すれば、比較的幅のある期間の所得の平均額が基礎収入として採用されることが確認できる裁判例です。

また、裁判所の判断において、「専従者給与は、被害者と生計を同じくする被害者の妻に対する給与であり、節税目的で計上されたにすぎないものと推認することができるから、これは被害者の所得と同視するのが相当である」と判断されていることも押さえておくべきであるといえるでしょう。

46　　　第2章　事業所得者（個人事業者）

〔17〕　期間が定められた契約に基づき、放送受信料の集金等を業として行
　　う個人事業主の逸失利益について、症状固定から7年間は、629万2,600
　　円（平成24年の賃金センサス男子学歴計55歳から59歳の平均賃金）、そ
　　の後4年間は362万4,300円（平成24年賃金センサス男子学歴計65歳ない
　　し69歳平均賃金）を基礎収入として認定した事例

（名古屋地判平27・1・8交民48・1・8）

事件の概要

事故の状況：被害者側の進路上に一時停止標識の設置された交通整理の行われていな
　　　　　　い交差点において、被害車両と加害車両との間に生じた出会い頭の事故
　　　　　　（事故態様の詳細については、当事者間に争いがあった。）。
被　害　者：個人事業主（放送受信料の集金人）・男性・症状固定時61歳（事故時56歳）
事 故 日 時：平成20年8月24日・PM0:05頃
受 傷 内 容：右脛骨近位端骨折、右腓骨骨折、右膝関節滑膜炎
入通院状況：入院112日、通院A病院平成20年11月10日〜平成22年3月29日（実日数134
　　　　　　日）、Bクリニック平成21年1月29日〜平成22年3月31日（実日数59日）、
　　　　　　C病院平成22年3月2日〜平成24年9月18日（実日数81日）
後 遺 障 害：症状固定日平成24年9月18日、10級11号「1下肢の3大関節中の1関節の機
　　　　　　能に著しい障害を残すもの」（右膝関節の機能障害。右膝痛、右足部痛等
　　　　　　については派生関係）

判 決 内 容

基礎収入	①　症状固定から7年間　629万2,600円（症状固定時である平成24年の賃金センサス男子学歴計55歳から59歳の平均賃金） ②　その後4年間　362万4,300円（平成24年賃金センサス男子学歴計65歳ないし69歳平均賃金）

（1）　業務内容

　被害者は、放送受信料の集金、放送受信契約の締結及び放送受信契約者の転入に伴
う住所変更手続（契約取次）等を業務としていた個人事業主であった。

第2章　事業所得者（個人事業者）　　47

　主たる業務は、転居者の有無など契約内容の変更の確認や未契約者とa協会との契約締結の取次ぎ等であり、歩合給も主として契約した顧客数に基づき算定されていた。
(2)　確定申告の内容
　被害者の平成17年の事業収入は700万2,597円、平成18年の事業収入は801万5,054円、平成19年の事業収入は750万2,386円であり、いずれもちょうど40％をその他経費として差し引いた上で、課税されるべき所得金額は、平成17年は420万1,559円、平成18年は480万9,033円、平成19年は450万1,432円として申告された。
　なお、本件事故の生じた平成20年は555万0,527円の事業収入を得ており、同様に課税所得は333万0,316円として申告された。
(3)　上記を踏まえた裁判所の判断内容
　被害者は、自らの経費について、業務をする上での直接的な費用は被害者の車両に要するガソリン代くらいであり、平均すれば月に1,000円程度であるので、事業収入自体が現実の収入であるとする。
　しかしながら、被害者の確定申告に際し、一定の経費率を用いての申告が許容されていた。
　そうすると、被害者の主張するように事業収入が直ちに被害者の基礎収入であるとみることはできない。
　もっとも、実質的には本来家計から支出されたものが経費としても計上された可能性があるから、直ちに申告所得が実際の収入であるということも相当ではない。
　そこで、後遺障害逸失利益については、a協会との契約更新が見込まれる間は症状固定時である平成24年の賃金センサス男子学歴計55歳から59歳の平均賃金である629万2,600円を基礎収入と認めるのが相当である。
　なお、a協会との契約更新の可能性についての判断は後述のとおりである（就労可能期間の欄参照）。

労働能力喪失率	27％

就労可能期間	11年間（ただし、当初7年間とその後の4年間につき、現在の業務を継続している蓋然性の差に鑑みて基礎収入に差額を設けている）

　被害者は、本件事故がなければ平成25年3月31日まで引き続き、委託業務に従事していたものと認められる。

また、平成25年3月31日時点で被害者はいまだ61歳であり、平成28年3月31日時点でも64歳であること、a協会における給付金の規定をみると65歳以上になっても委託契約を継続している者があることを念頭に置いた規定となっていること、実際に70歳程度まで就労している者の存在がうかがわれること、被害者とa協会の委託契約は本件事故時まで3度にわたり更新されていることなどを考慮すると、更に2度にわたり更新され、平成31年3月末まで委託契約が継続していた蓋然性は相当程度にあったものと認められる。

したがって、症状固定から7年間については、現在の職業に引き続き従事できたものとして逸失利益を算定すべきである。

さらに、症状固定時61歳の被害者については平成24年簡易生命表男性によるとその平均余命は22.1年であり、症状固定時から約11年は就労可能であったものと見込まれる。

上記の7年間が経過した後の4年については、a協会との委託契約更新の蓋然性は高くないが、就労している可能性はあり、その基礎収入については、平成24年賃金センサス男子学歴計65歳ないし69歳平均賃金の362万4,300円を用いるのが相当である。

$$\boxed{\text{コ メ ン ト}}$$

1　本件の被害者は、放送受信料の徴収に関して、受信料を徴収する協会と契約を締結して歩合で報酬を受け取る個人事業主でした。

本件では、被害者が症状固定時に61歳と比較的高齢で、就労可能期間を平均余命の約半分である11年で認定しましたが、当該期間について、「現在の業務を継続している蓋然性（協会との業務委託に関する契約が更新される蓋然性）」が高い期間と低い期間で分けて、基礎収入をそれぞれ別々に定めました。

すなわち、当初7年間については、現在の契約がそのまま更新される蓋然性が高いと認定して、現在の売上を参考にして設定された高めの基礎収入を認定し、その後の4年間については、現在の業務を継続している蓋然性が高いとはいえないものの就労の可能性自体はあるとして、低めの基礎収入を設定しました。

2　本件は、期間が限定された契約（更新される可能性あり）に基づいて業務を行う個人事業主の場合について、当該契約が更新される続ける可能性を具体的に年齢等に照らして検討した上で、就労可能期間内においても、「現在の収入を参考にした金額を基礎収入として設定すべき期間」と「現在の収入を参考とすべきでない期間」に分けて認定することがあることを示した事例です。

第3章　自由業

○概　説

　本章は、自由業に勤める者の基礎収入認定事例を集めています。

　自由業に勤める者の場合も、基本的には、確定申告がなされていることが多いですから、事業所得者と同様、確定申告書により、適宜、基礎収入が算定されます。

　その意味では、本書において、自由業として区分された者も、事業所得者として区分された者も、おおむね同じであるといえます。

　しかしながら、本書は、事業所得者と、自由業とを、比較的「固い」と思われる職種であるか、それとも比較的「自由度が高い」と思われる職種であるかにより選別しています。つまり、自由業に区分された者の方が、所得に規則性を見つけにくいということです。

　具体的には、毎年の収入が大きく変動する、又は確定申告等をしていないなどの事情が、事業所得者に比べ多くなっています。

　そうすると、基礎収入の認定において、第2章の事業所得者（個人事業者）の基礎収入の認定よりも、より一層、詳細な事実認定が必要となるところであり、裁判所の裁量の範囲も、それに伴い大きくなっているように思われます。

　いずれにせよ、本章に記載された職種の基礎収入の認定においては、事例ごとの個別の対応の必要性が非常に高いものですので、注意が必要です。

〔18〕 箏曲の師範であるとともに、夫の鋤金具（仏具金具）制作手伝いをし
ていた被害者の死亡逸失利益につき、師範の収入項目ごとに実態に即
した算定を行った事例 （京都地判昭62・5・6交民20・3・623）

事件の概要

事故の状況：加害者が加害車両（普通乗用自動車）を停車させ、運転席ドアを開けた
　　　　　　ところ、右後方から進行してきた被害車両（自転車）左前部が衝突し、
　　　　　　被害者が脳挫傷を負い、事故の翌日死亡。
被　害　者：箏曲師範、鋤金具制作手伝い・女性・54歳
事故日時：昭和59年12月5日・AM10：08頃

判　決　内　容

基礎収入	箏曲師範としての以下の合計額209万0,050円 ① 月謝180万円（月謝収入300万円、経費率4割控除） ② 免許料の師範収入分14万0,050円 ③ 演奏会収入分15万円（演奏会収入年間75万円の2割） ④ 家業の鋤金具制作手伝い分の基礎収入は0円

（1） 月　謝
　被害者は、箏曲の組織であるA会に所属し、昭和30年頃から弟子をとって琴及び三
絃を教えるようになり、本件事故当時も35名を超える弟子を抱え、昭和58年度は300万
4,000円程度の、本件事故前1年間（昭和58年12月から昭和59年11月まで）は318万円程
度の上記弟子からの月謝による収入を得ていたこと、箏曲関係の仕事は、60歳前後が
働き盛りで、体力的な限界もあって弟子の数は次第に減少すること、ただし、弟子の
中からいわゆる職格者（師匠以上の者）が増えるにしたがってその収入は安定してく
ること、近年は箏曲関係において弟子の数が伸び悩む傾向にあること等の事実が認め
られる。
　かかる事実を併せ考慮すると、被害者は死亡後も、少なくとも年間300万円の月謝に
よる収入を得ることができたものと推認できる。

他方、証拠によれば、上記収入のうち少なくとも4割は経費に要すると認められるから、結局、就労可能期間中の被害者の得べかりし年間収益は180万円ということとなる。

(2) 免許料

証拠によれば、被害者は、本件事故当時、いわゆる免許料の師匠収入分として、年間14万0,050円の収入があったことが認められる。

(3) 演奏会などの収入

証拠によれば、被害者は本件事故前の1年間に演奏会の出演料やラジオ出演、レコードの吹込料として75万円程度の収入があったことが認められる。

もっとも、演奏会の出演料は、先方に渡す御祝金のほか、琴や三味線で世話になる楽器屋に祝儀を渡したり、その都度髪を結ったりすることで、あまり手元に残らないと認められる上、ラジオ出演やレコードの吹込は定期的なものとはいえないことからすれば、前記収入の約2割に当たる年額15万円をもって逸失利益と認めるのが相当である。

(4) 錺金具制作手伝い

証拠によれば、被害者の夫であるBは、被害者の父親Cの仕事を受け継いで、社寺で使用される錺金具の制作に従事し収入を得ているものであるが、家内工業的色彩が強い職種で、被害者も女学生の頃から父親Cを手伝い仕事の内容にある程度精通していたこと、そこで、被害者は、箏曲の仕事の合間をぬって、月、水、木曜日の家事を済ませた後の空いた時間に、夜の10時から11時頃まで夫Bの仕事を手伝っていたことが認められる。

前記認定の事実によれば、錺金具の制作による収入のうち被害者の寄与分については、逸失利益として認められてしかるべきである。

ところで、証拠によれば、被害者は死亡当時、税務申告上、夫Bの上記事業収入から月額10万円の専従者給与を受けていたことが認められるところ、夫Bは、被害者が実際に上記給与の支払を受けていた旨供述する。しかしながら、夫Bと被害者が夫婦であったことからすれば、同供述はにわかに措信し難い上、証拠によれば、昭和58年においては、上記給与金額は一律16万円であったものが、翌59年には一律10万円になっていると認められることなどに照らせば、10万円という金額は税務申告上の技術的処理のための数字といわざるを得ず、これを直ちに被害者の労働の対価とみることはできない。

そこで、錺金具制作による全収入は必ずしも明らかではないけれども、被害者の生活は箏曲関係の仕事及び主婦としての仕事がその中心をなしていたもので、錺金具の制作は空いた時間における手伝い程度でありその収益に占める寄与はそれほど高いと

は思われないことを考慮すると、被害者の上記寄与相当額は、同人の生活費の一部にあてられたというべく、損害算定上、その評価については、生活費の控除を2割にとどめることをもって足るものと解せられる。

生活費控除率	20%

　被害者の稼働状況、生活状況、錺金具の制作の寄与等を考慮し、生活費控除率は2割と判断した。

就労可能期間	16年間（54～70歳）

　被害者は死亡時54歳であり、生前健康体で活発に仕事をこなしていたことが認められる上、一般に琴など芸事の個人教授については比較的高齢まで就労が可能であると解せられるものの、50～60歳まで琴や三絃の教授を続けてきた人はそのまま続けてやっていく人が多い一方、70歳くらいになると、体力的な理由から琴や三絃の教室を構えるのを辞める人もあることが認められることに照らすと、被害者は、70歳まで就労が可能であったと認められるものの、それを超えて就労できたとの立証はいまだないというべきである。

```
コ　メ　ン　ト
```

　本件は、箏曲の師範という職業について、証拠に基づき詳細に認定した事例と評価できます。基礎収入は原則として、死亡時の現実収入を基礎としますが、本件のような芸事の場合、申告をしていない場合や申告所得がその実態と異なる場合も少なくありません。

　そこで、本件では、師範の収入の項目ごとに、書証及び関係者の証言等に基づき、より実態に即した認定を行いました。

　まず、①月謝については、収入（月謝の合計）は証拠から直接認定できましたが、経費率については、関係者の証言などから通常4割程度と認定し、これを控除した額を所得と認定しました。

　次に、②免許料の師範収入分は、実際の金額が証拠により認定できたものと思われます。

さらに、③演奏会の所得については、収入は比較的証拠で明らかになるものの、経費率については、御祝金、ご祝儀などの支出、出演の都度髪を結ったりする身支度に費用がかかることなど、詳細な事実を認定し、取得価格の2割を所得と認定しました。

申告をしていない、していたとしても申告が不十分である場合、その職業の慣習や決まりごとなどを踏まえることで実態に即した認定ができることの参考になる事例だと思われます。

なお、④家業の手伝いによる所得の認定については、現実に被害者が家業の鋸金具制作を手伝っていたことは認めたものの、被害者の生活は筝曲と主婦としての仕事がその中心であること、空いている時間に手伝いをしている程度であること、毎月定額の専従者給与を受けていることから、基礎収入には算定しないと判断しました。

とはいえ、手伝いをしていることについては、他の生活状況と相まって、生活費控除率を低く認定することでバランスをとっていると解されます。

54　　　　第3章　自由業

〔19〕　植木や盆栽の手入れを行う仕事に従事していた高齢者（82歳・男）の
　　　　後遺障害（併合7級）の逸失利益につき、事故時の収入全てにつき症状
　　　　固定後1年間について認めた事例　　（千葉地判平6・10・27交民27・5・1500）

事件の概要

事故の状況：被害者運転の被害車両（原動機付自転車）が交差点に進入した際、左方
　　　　　　から進行してきた加害車両（自家用普通乗用自動車）と衝突。

被　害　者：高齢者向け職業紹介業より紹介を受けた植木や盆栽の手入れを行う業務
　　　　　　に従事・男性・症状固定時83歳（事故時82歳）

事故日時：平成3年4月21日・AM11：45頃

受傷内容：全身打撲・挫創、左足大腿骨頸部・幹部骨折、左下腿骨骨折、左手第一
　　　　　　指末節骨・中指骨折等

入通院状況：入院49日、通院316日（実日数110日）

後遺障害：症状固定時平成4年4月21日、併合7級（左下肢機能障害・筋力低下、左手
　　　　　　指関節機能障害、右股関節機能障害）

判決内容

基礎収入	72万円（現実収入）

　被害者は、高齢者のための職業紹介組織に入り主として植木や盆栽の手入れの仕事
をして1か月6万円ほどの収入を得ており、同様の得べかりし収入を喪失したと認める
のが相当である。

労働能力喪失率	100％

　被害者は、本件事故による傷害及びこれに続く後遺障害のためこの仕事をすること
ができなくなったことを認めることができる。

就労可能期間	1年間 （83〜84歳）

1年間程度は同様の得べかりし収入を喪失したと認めるのが相当である。

コメント

　本件は、高齢者に関する事案で、被害者は高齢者向けの職業紹介組織を介し、植木や盆栽の手入れを行う仕事をしていましたが、本件事故によって、左下肢の三大関節に広く可動域制限が残ったことから、当該職務に従事できなくなりました。

　労働能力喪失率については、原則として、労働省労働基準局長通牒別表労働能力喪失率表を参考として定められますが、被害者の職業、年齢、性別、後遺症の部位、程度、事故前後の稼働状況等を総合的に判断して具体例にあてはめて評価されます（『赤い本』2018年版上巻89頁）。

　そして、本件事案については、1年間に限ってではありますが、就労不能として100％の労働能力喪失率が認定されました。

　この点、判旨に詳細は明示されていないものの、業務内容や左下肢に重度の機能障害が生じている点、さらには、被害者が高齢であった点が加味され、このような認定がなされたものと思われます。

　また、労働能力喪失期間が1年と認定されていますが、症状固定時の年齢が67歳を超える者については、原則として平均余命の2分の1を労働能力喪失期間と認定されますので（『赤い本』2018年版上巻89頁）、このような点も考慮し、1年間という限定的な認定を行ったものと考えられます。

第3章　自由業

〔20〕　下請け縫製業者の後遺障害による逸失利益につき、7年間、50%の労働能力喪失を認めた事例　　　（大阪地判平7・3・22交民28・2・458）

事件の概要

事故の状況：加害車両が被害車両に追突。

被　害　者：下請け縫製業者・女性・症状固定時64歳

事 故 日 時：平成4年6月7日・PM9：20頃

受 傷 内 容：頸挫傷、腰挫傷、右膝打撲、頭部打撲

入通院状況：入院47日、通院平成4年6月7日～平成6年5月10日

後 遺 障 害：症状固定日平成5年12月末日（裁判所の認定による）、12級10号「局所に頑固な神経症状を残すもの」（頸部痛、腰痛）

判 決 内 容

基礎収入	228万3,996円（月額19万0,333円×12か月）

　被害者は、業務用ミシンを使って工場の下請けとして縫製業を営み、1日に10時間ないし12時間程度稼働して1か月平均19万0,333円を得ていた。

　症状固定時の月額所得19万0,333円を基礎に逸失利益を算定した。

　19万0,333円×12か月＝228万3,996円を基礎収入として算定する。

労働能力喪失率	50%

　業務用ミシンは振動が大きく、被害者は本件事故による受傷後取り扱える状態ではない。

　業務用ミシンを使用して縫製業を営むことはほとんど困難になったこと、症状固定時の被害者の年齢が64歳であり、就労先を得ることは困難であること、家事労働は同居の娘がしていることなどの事情を勘案する。

就労可能期間	7年間（64～71歳）

第3章　自由業　　　　57

$$\boxed{\text{コ　メ　ン　ト}}$$

　本件は、MRI検査で他覚的所見が確認できるとして12級10号を認定し、この認定等級に対しては高めの労働能力喪失率（50％）を認めたり、入院の必要性を認めたりしました。

　これらの認定は、個性的なものであるという印象です。

　一方で、被害者の治療の遷延化については、経年性の頸椎・腰椎の変化の寄与を認め、公平の見地から、民法722条2項を類推適用し、全体の3割の減額を認めてバランスをとったものです。

　こちらについても、事案の結論の妥当性を図ろうとしたものと思われ、結果として結論を妥当な方向に導く認定となっていますが、そもそも損害を大きく認定した部分が既に個性的であって、経年性の変化を捉えて3割の素因減額というのは、あまり一般的ではないように思います。

　このような認定をした事例もある、という程度に捉えておくべきだろうと思います。

　基礎収入に関しては、本件のように、被害者が時間給労働、アルバイトのような形態で就業している場合においては、平均月額所得に12を乗じて基礎収入を算出する方法がとられることがあります。

58　　第3章　自由業

〔21〕　クラブの雇われママの他覚的所見のない頭痛等の神経症状（14級10
　　号該当）につき、労働能力喪失期間を7年間とした事例

（東京地判平10・1・27交民31・1・63）

```
事件の概要
```

事故の状況：加害者が運転する普通乗用車が交差点にて右折した際、対向から直進し
　　　　　　てきた被害者が同乗していた普通乗用車に衝突。

被　害　者：クラブの雇われママ・女性・症状固定時40歳（事故時39歳）

事 故 日 時：平成6年7月12日・AM3:30頃

受 傷 内 容：右腓骨骨折、左第7肋骨骨折、胸部打撲、頭部外傷、前額部挫創頸部打撲
　　　　　　等

入通院状況：入院34日、通院状況不明

後 遺 障 害：症状固定日平成7年12月末日、14級10号（神経症状）、12級14号（外貌醜
　　　　　　状。ただし外貌醜状による労働能力喪失は否定されている。）

```
判 決 内 容
```

基礎収入	363万3,700円（賃金センサス平成7年女子労働者学歴計40歳ないし44歳の平均収入）

　被害者は、本件事故当時（39歳）、Aの経営するクラブの雇われママとして勤務して
いたところ、被害者の本件事故以前の収入を証するに足りる客観的証拠はないから、
被害者の基礎収入としては、賃金センサス平成7年女子労働者学歴計40歳ないし44歳
の平均収入である363万3,700円を基礎とする。

　なお、被害者には、外貌醜状の後遺障害が認められるが、この点が被害者の労働能
力の喪失をもたらすことを認めるに足りる的確な証拠はないから、これを前提とする
逸失利益は、認められない。

労働能力喪失率	5%

就労可能期間	7年間（40〜46歳）

　他覚的所見の認められない後遺障害等級表14級10号の頭痛、頸部痛については、労働能力喪失期間を7年間とするのが相当である。

コメント

　本件は、いわゆるクラブの雇われママであった被害者に関する事案で、被害者は、事故前3か月間の収入額を採用すべきと主張し、具体的収入額に関する主張立証を行いましたが、被害者主張は採用されなかったものの、裁判所は、平均賃金センサス学歴計女子年齢別を採用しました。

　なお、休業損害算定の際には、賃金センサス平成6年女子労働者学歴計35歳ないし39歳が用いられており、後遺障害逸失利益における基礎収入との間で、参考とする平均賃金センサスの年齢帯が異なっており、細かな考慮が見られます。

　また、本事例における被害者の負傷内容を細かく見ますと、骨折症を負ってはいますが、後遺障害として残存している症状は、頸部痛や頭痛等の自覚症状であり、骨折箇所とリンクしない上に、骨折部位についてはほぼ軽快しているとの判示もありますので、胸部打撲などから生じた他覚的所見の認められない神経痛が残存しているのではないかと推察されます。

　この点、労働能力喪失期間につき、他覚的所見の認められない神経障害の後遺障害の場合には、むち打ち症に起因する神経障害の事例に代表されるように、労働能力喪失期間が制限される事例が見られますが、14級の場合には、およそ5年程度を目安に制限されています（小林邦夫裁判官「むち打ち症以外の原因による後遺障害等級12級又は14級に該当する神経症状と労働能力喪失期間」『赤い本』2007年版下巻75頁以下、栗宇一樹＝古笛恵子『交通事故におけるむち打ち損傷問題〔第二版〕』194頁以下（保険毎日新聞社、2012））。反面、本事例では、労働能力喪失期間を7年間と認定していますので、若干の特殊性が垣間見えます。

　この点についての理由は、判旨において明確には触れられていませんが、例えば、事故によって負った症状の内容や、通院治療経過等に鑑み、5年よりも長く認定した可能性があります。

　なお、被害者は、顔面部に長さ約6cmの線上瘢痕が残りましたので、後遺障害等級12級14号に該当するとの判示がなされていますが、一方で、労働能力の喪失をもたら

すことを認めるに足りる的確な証拠はないとして、外貌醜状による後遺障害逸失利益の発生は否定されています。

　外貌醜状による後遺障害逸失利益を否定した理由の中で、「的確な証拠」がないとの指摘がありますので、被害者側の立証が奏功しなかったために認定されなかった可能性もありますが、被害者の職業性質に鑑みれば、他の事案との比較においても、外貌醜状による業務への支障は認められる余地が十分にあると思われます。そのため、例えば、線上瘢痕の位置や性状など、外貌醜状が業務に影響をしないと評価される、判旨に上げられていない、消極事情が、審理の最中に提示されたことが推察されます。

第3章　自由業　　　61

〔22〕　漁師の逸失利益における基礎収入の算定に関し、被害者が主張する、
　　　申告所得額と異なる収入額に基づく請求を排し、事故前年の申告所得
　　　により算定した事例　　　　　　　　　（大阪地判平13・3・15交民34・2・393）

事件の概要

事故の状況：直進走行中の被害車両（原動機付自転車）に対し、後方から同方向に向
　　　　　　かって進行してきた加害車両（軽四貨物自動車）が接触し、被害者が路
　　　　　　上に転倒。

被　害　者：漁師・男性・症状固定時66歳（事故時65歳）

事故日時：平成9年4月2日・AM11：35頃

受傷内容：頭部打撲、頸部捻挫、右上下肢挫傷、右腰部打撲等

入通院状況：入院5日、通院は以下のとおり
　　　　　　①　a診療所　　　　平成9年4月2日〜同月8日（実日数4日）
　　　　　　②　b整形外科　　　平成9年4月9日〜同年8月8日（実日数100日）
　　　　　　③　c接骨院　　　　平成9年8月8日〜平成10年2月13日（実日数91日）
　　　　　　④　D病院眼科　　　平成9年4月15日〜平成11年7月27日（実日数41日）
　　　　　　⑤　D病院整形外科　平成10年1月12日〜同年4月15日（実日数7日）
　　　　　　⑥　E医院　　　　　平成9年12月11日〜平成11年7月31日（実日数321日）

後遺障害：症状固定日平成10年12月9日、14級相当（眼球運動障害、下肢のしびれ及
　　　　　び知覚鈍麻の神経症状）

判決内容

基礎収入	138万6,174円（事故前年度の確定申告額）

　被害者（昭和7年1月2日生。本件事故当時65歳。）は、A組合の組合員で漁師として
稼働していた者であり、子のBと2人で小型底引き漁船に乗り、平成8年には2人で年間
990万1,246円の水揚げ高があり、収入は同人と折半していたこと、本件事故後、被害
者は、複視のほか、腰痛及び右下肢痛等により、漁船に乗って漁に出ることが全くで
きなかったため、Bのみが漁に出るようになり、被害者は、本件事故からおよそ2年後
頃からようやく浜での軽作業に従事するようになったこと、その結果、平成9年の水揚
げ高は853万6,404円、同10年の水揚げ高は806万3,732円に減少したこと、上記水揚げ

高を上げるためには燃料費、漁網代、漁船の購入・維持費等の経費を必要とするところ、被害者は、平成8年度の確定申告において、水揚げ高の約71％に相当する額を経費として認められ、経費控除後の申告所得は138万6,174円であったことの各事実が認められる。

　以上の事実に鑑みれば、被害者の基礎収入額については、事故前年度の申告所得額である138万6,174円とするのが相当である。被害者は、現実に要する経費は水揚げ高の3割程度にすぎないから、被害者の基礎収入は少なくとも346万5,436円程度になると主張し、証人Cは、これに沿った証言をするが、その証言内容自体、必ずしも明確な根拠に基づくものと認めることはできず、他に税務申告時に認められた経費が明らかに過大なものであって、被害者が申告所得を上回る収入を得ていたことを認めるに足りる証拠はないから、被害者の主張は採用することができない。

労働能力喪失率	10％

　被害者は、本件事故直後から、右上肢下肢の痺れや腰部痛を訴え、治療経過を経て、平成10年2月にD病院整形外科に入院して検査した結果、頸椎症性脊髄症及び腰部脊柱管狭窄症と診断されたこと、同症状の主たる発症の原因としては、被害者が以前に交通事故を受傷した際の頸椎第5番、6番の癒合変形の既往症、頸椎第4番、5番の後方へのずれによる骨棘の突出及び不安定性、腰部脊柱管狭窄等の加齢的変性が影響しているものと考えられるが、本件事故との因果関係を完全には否定できないこと、しかしながら、同病院の医師は、本件事故から前記検査までに約10か月を経過していたため、本件事故と前記症状との因果関係は不明といわざるを得ないと考えて、後遺症診断書を作成しなかったこと、被害者は、その後、平成11年7月までE医院に通院して理学療法、投薬治療等を受けているが、下肢痛、知覚障害等の症状の改善はほとんど見られないことの各事実が認められる。

　これらの後遺障害の内容や被害者の仕事の性格等を総合して勘案すると、労働能力喪失率を1割と解するのが相当であるというべきである。

就労可能期間	5年間（66〜70歳）

　後遺障害の内容や被害者の仕事の性格等を総合して勘案すると、喪失期間を5年間程度と解するのが相当であるというべきである。

第3章　自由業　　63

コ　メ　ン　ト

　本件は、漁師業に従事していた被害者に関し、被害者が確定申告時に、経費の水増しを行ったとして、いわゆる申告外所得の主張を行ったが、主張が排斥され、事故前年度の申告所得額に基づき、基礎収入額が認定された事案になります。

　申告外所得の主張については、一律に主張が排斥されるわけではありませんが、一度行った税務申告と異なる主張をすることが自己矛盾を含む主張となり、現に確定申告を行っている事業所得者との間で均衡を失することとなってしまう等の理由から、認定が厳格なものとなってしまいます（森冨義明＝村主隆行編著「裁判実務シリーズ9　交通事故関係訴訟の実務」134頁以下（商事法務、2016））。

　本件においても、被害者は、申告時に経費を多く申告していると主張し、申告所得額の約2.5倍の金額が実際の所得額であると主張しましたが、証拠方法が人証のみであったこともあり、客観的証拠に乏しかったことが影響したのか、立証が十分でないとされ、実際の確定申告額をベースに認定される結果となりました（なお、申告外所得が認定された事例を、**参考裁判例**として後記します。）。

　そのほか、労働能力喪失率については、自賠責保険の認定が14級相当であるのに対し、後遺障害等級表記載の、自賠責保険の後遺障害等級13級相当の労働能力喪失率よりも高めの数値である、10％と認定されています。

　これは、眼球運動障害のほか、自賠責保険の判断において認定されなかった、神経症状についても、裁判所が後遺障害であると追加認定したことから、労働能力喪失率も高く認定されたものと考えられます。

　また、漁師という職業上、眼は重要な要素と考えられますし、神経症状が業務に影響を与えることも、業務内容からすれば、容易に想像できますから、このような点も、裁判所が、労働能力喪失率を算定した要素になっているものと思われます。

＜参考裁判例＞

○54歳男性の電気工事業者に関し、確定申告額が100万円程度であったが、事故前の現実の売上や経費に関する立証を踏まえ、基礎収入額を550万円と認定した事例（大阪地判平13・2・15交民34・1・224）

○56歳男性の集金及び契約取次委託事業従事者に関し、業務内容や経費申告に関する主張を考慮し、賃金センサスを用いて、申告所得額以上の金額で基礎収入を認定した事例（名古屋地判平27・1・8交民48・1・8）（**事例〔17〕**参照）

〔23〕　民謡及び三味線師範である被害者の死亡逸失利益につき、65歳以上女性労働者平均賃金を基礎にその7割5分を基礎収入として算定した事例

(東京地判平14・1・22交民35・1・68)

事件の概要

事故の状況：被害者が横断歩道上を横断していたところ、渋滞中で交差点内に一時停止していた加害車両（大型貨物自動車）が、発進して衝突し、被害者が死亡。

被　害　者：民謡及び三味線師範・女性・77歳

事故日時：平成11年7月16日・AM10:03頃

判決内容

基礎収入	①　220万3,875円（平成11年賃金センサス女性労働者中卒65歳以上の平均年収額の75％）（死亡時から83歳まで）
	②　51万7,700円（国民年金受給額）（83歳を超え平均余命まで）

　被害者は、本件事故当時、余暇を利用してゲートボールを楽しむなど77歳の健康な女性であったが、約30年間共同生活をしていた被害者の子Aがツアーコンダクター等の仕事で多忙であったこともあり、家事を担当していたこと、また、被害者は、民謡師範としても芸名を有し、三味線師範としても芸名を有しそれぞれ活躍し、本件事故当時においても多数の弟子の指導をしていたこと、さらに、被害者は、民謡師範及び三味線師範として、それぞれ自分の芸名の一部を用いる名称の会をそれぞれ統率し、弟子を育成していたことなどの事実が認められる。

　以上認められる被害者の生活状況、これまでの就労実績に照らすと、就労が可能であると認められる83歳までの6年間の所得は、賃金センサス平成11年第1巻第1表企業規模計・中卒・65歳以上の女性労働者の平均賃金年額である293万8,500円を基礎とすることができる。しかしながら、本件においては被害者の民謡及び三味線師範としての収入につき的確な立証がないこと、被害者の年齢等を考慮すると控え目に認定せざるを得ず、上記年額の7割5分の220万3,875円を下回らない年収を得ることができたものと認めるのが相当である。

また、既に受領を開始している国民年金51万7,700円については、これに加算して、基礎収入とする。

生活費控除率	① 死亡時の77歳から就労可能な83歳まで：30%
	② 83歳を超え平均余命までの6年間：60%

(1) 死亡時の77歳から就労可能な83歳までの6年間は、①平成11年賃金センサス女性労働者中卒65歳以上の平均年収額の75%である220万3,875円と②年金51万7,700円の合計額を基礎収入とし、生活費控除率を30%とする。

(2) 83歳を超え平均余命までの6年間は、②年金51万7,700円のみを基礎収入とし、生活費控除率を60%とする。

就労可能期間	6年間（平均余命の半分）

死亡当時満77歳であって、平均余命である12年間の2分の1に当たる6年間を就労可能期間とする（基礎収入の欄の①と②の合計額を基礎収入とする期間）。なお、②年金収入については、平均余命までを認定する。

$$\boxed{コ メ ン ト}$$

本件は、被害者が77歳と高齢ですが、民謡・三味線の師範として、芸名まで与えられており、事故当時も多数の弟子がいたことが認められることなどから、民謡・三味線の師範として稼働していたこと、また、同居の子Aが仕事で多忙のため、被害者が家事を担当していたこと、をそれぞれ認定しています。

そこで、基礎収入のうち、労働に基づく所得については、被害者の学歴、年齢に照らし、平成11年賃金センサス女性労働者中卒65歳以上の平均年収額293万8,500円を基礎にしたものの、民謡・三味線の師範としての収入を的確に立証できる証拠がないこと、被害者の年齢が77歳と高齢であることを考慮し、上記金額の75%の220万3,875円を基礎収入と認定したものです。

また、高齢者であるため、就労可能期間は、平均余命の半分の6年と認定しました（当時77歳女性の平均余命が約12年間であるため）。

生活費控除率も就労可能期間については30%と認定し、年金収入のみとなる就労可能期間経過後から平均余命までの6年間は、60%と認定しました。

66　　　　第3章　自由業

〔24〕　プロの囲碁棋士の逸失利益につき、正座できないこと、集中力を欠
　　　くようになったことなどを考慮して、労働能力喪失率を算定した事例

（東京地八王子支判平14・9・26交民35・5・1276）

事件の概要

事故の状況：被害者が横断歩道を自転車で横断中、右折してきた加害車両（普通乗用
　　　　　　車）に衝突された。

被　害　者：プロの囲碁棋士・女性・症状固定時53歳

事 故 日 時：平成11年9月21日・PM7：50頃

受 傷 内 容：頸部捻挫、左膝打撲、左肩・左肘打撲、左足関節捻挫

入通院状況：以下のとおり通院

　　　　①　A病院　平成11年9月21日〜同月22日（実日数2日）

　　　　②　B病院　平成11年9月24日〜平成12年3月28日（実日数7日）

　　　　③　C病院　平成11年9月29日（実日数1日）

　　　　④　D病院　平成11年10月2日〜平成12年3月31日（実日数143日）

　　　　⑤　E耳鼻咽喉科　平成11年10月26日〜同月29日（実日数2日）

後 遺 障 害：症状固定日平成12年3月31日、14級10号「局部に神経症状を残すもの」（左
　　　　　　膝、左足部痛、頸部、背部痛、左肩部痛）

判 決 内 容

基礎収入	452万3,094円（事故前年度の確定申告額）

　被害者の平成10年分の所得税の確定申告に係る所得は、452万3,094円である。

　被害者は、この他に申告外収入として、毎年少なくとも200万円、多いときには450
万円くらいの収入があった旨を陳述するが、他方で、きちんとした記録をつけていた
わけではないので、具体的な金額が幾らであったかは、はっきりとは分からないとも
陳述しており、こうした申告外収入を裏付ける資料も何ら提出されていないから、被
害者の本件事故前の収入としては、上記申告所得のみを認めることとする。

　また、被害者は、棋士としての職のほか、家事労働にも従事しているが、被害者の
上記申告所得は、女子労働者の平均年収額である345万3,500円（賃金センサス平成11

第3章　自由業　　67

年女子労働者学歴計）を上回るから、このような場合には、現実の収入を基礎として
逸失利益の額を算定すべきである。

労働能力喪失率	14%

　被害者の症状固定時における傷病名が、頸部捻挫、左膝・左肩・左肘打撲、左足関
節捻挫であり、自覚症状として、左膝、左足部痛、頸部から背部痛、左肩部痛残存、
後遺障害の内容として、精神・神経の障害で、他覚症状はない（XPにて骨折はなく、
左膝、足関節とも可動域制限や動揺性はない、頸部は他動的には回旋可能で、神経麻
痺症状はなく、病的反射もない）が、上記自覚症状が残存した、とされていること、
被害者の後遺障害が、自動車保険料率算定会立川調査事務所長により、後遺障害等級
14級10号に認定されたこと、しかし、被害者が、症状固定後も、左膝、左足、頸部か
ら左肩、左背中、左腕から左手などに痛みが強く残っており、首が特に左へ動かしに
くくなり、時々頭痛やめまいがする状態であり、それが平成12年6月下旬頃まで続いて
いたこと、こうした症状は、その後かなり緩和されてきたが、被害者は、平成14年4月
の時点においても、左膝と左足首が痛く、普通に正座することも、徒歩十数分以上の
距離を歩くこともできず、首を左右に動かすと、首や背中などが痛くて、重苦しくな
り、時々頭痛やめまいがする状態が続いていることは、いずれも認定事実のとおりで
ある。

　そこで、これらの事実と、被害者がプロの棋士であり、プロ同士の手合において長
時間正座ができないことで致命的な影響を受けていること、また、被害者は、首の痛
みや頭痛、めまいなどにより、集中力や思考能力にも事欠ける状態であることを併せ
考慮すれば、被害者の本件事故による後遺障害は、局部に頑固な神経症状を残すもの
に匹敵するというべきであり、その労働能力喪失率は、後遺障害等級12級に対応する
14％と認めるのが相当である。

就労可能期間	5年間（53〜57歳）

　被害者の痛みなどの症状が、かなり緩和されてきつつも、本件事故後2年半余りを経
過しても依然として残存していることなどを考慮すると、その労働能力喪失期間は5
年とすべきである。

第3章　自由業

$$\boxed{\text{コ　メ　ン　ト}}$$

　本件は、女性プロ囲碁棋士であった被害者に関する事案で、職業特性に鑑み、労働能力喪失率を後遺障害等級表記載の数値よりも高く認定した事案になります。

　後遺障害の内容としては、神経症になりますが、その影響から長時間の正座ができなくなり、痛みの影響で集中力や思考能力に欠ける状態となってしまいました。

　囲碁棋士という職業上、このような状況は、勝敗等に大きく影響を与えるものと判断されたものと考えられますが、認定された後遺障害等級は14級でしたが、労働能力喪失率は、12級相当の14％と認定されました。

　そのほか、申告外所得の主張を行い、確定申告額よりも高額の基礎収入を認定すべきとの主張がなされていますが、立証が尽くされていないとして、否定されています。

　また、労働能力喪失率については、12級相当の認定がなされましたが、他方で、労働能力喪失期間については、5年と認定されていますが、これは、他覚的所見のない神経症状であることが影響したものと考えられ、症状自体に着目した判断と思われます。

第3章　自由業　　69

〔25〕　喫茶店経営者の後遺障害による逸失利益につき、平成14年賃金セン
　　　サス産業計・規模99人以下・調理師男性労働者の全年齢平均賃金を参
　　　照して、月額29万1,800円（年額350万1,600円）を基礎収入とした事例

（名古屋地判平17・10・5交民38・5・1386）

事件の概要

事故の状況：被害車両が停車中の加害車両（フォークリフト）の爪部分に衝突。

被　害　者：喫茶店経営者・男性・症状固定時55歳（事故時54歳）

事故日時：平成13年7月10日・PM3：30頃

受傷内容：脊髄損傷等

入通院状況：入院130日、通院（実日数）217日

後遺障害：症状固定日平成14年10月22日、併合5級（6級5号（脊柱の障害）、9級10号
　　　　　（神経系統の機能の障害）、12級5号（骨盤骨の変形障害））

判決内容

基礎収入	月額29万1,800円（年額350万1,600円）（平成14年賃金セン サス産業計・規模99人以下・調理師男性労働者の全年齢平 均賃金）

　平成12年度の確定申告書の所得金額は92万5,974円とされており、減価償却分を合わせても144万3,429円にとどまる。

　被害者側は、被害者の確定申告額は、節税対策を講じた上での金額であり、実際の所得はこれを上回ったと主張し、被害者も、「喫茶店の売上げは年間約1,000万円、営業経費を差し引いた粗利益は600万円から700万円であった」旨の供述をするが、被害者の供述以外にこれを立証する証拠はない。

　しかし、被害者は喫茶店の仕事をする前は、手取り約40万円の収入があったこと、被害者が妻との生活を維持するためには、確定申告書記載の収入額では不十分であると推認され、被害者が借入金等により生活を維持していたことをうかがわせるような事情もない。これによれば、被害者は、本件事故当時、前記の確定申告書記載の金額以上の収入があった可能性が高い。しかし、被害者の実際の収入を明らかにする証拠

はないことから、平均賃金を用いることとし、平成14年賃金センサス産業計・規模99人以下・調理師男性労働者の全年齢平均賃金月額29万1,800円（年額350万1,600円）を基礎となる収入とするのが相当である。

労働能力喪失率	79%

就労可能期間	13年間（55～67歳）

コメント

　本件は、被害者が、自身の確定申告における所得額が過少申告であるとして、実際にはこれよりも高額の所得があると主張した事案です。

　原則として、このような主張をする者は、修正申告をした上で、追加納税した等の事情がない限り、上記の主張は自己矛盾を包含するものとなるので、認定が厳しくなる傾向にあります。

　本件では、被害者のこのような主張について、「いわゆる所得隠しと評価されても仕方がないような方法であり、税務署に対しては、故意に所得を低く申告しながら、裁判所に対しては、税務申告以上の所得を申告するのは許されないとも考えられる。しかし、交通事故に基づく損害賠償請求の裁判において、逸失利益等の基礎となる収入の算定は、原則として被害者の実際の収入を基礎とすべきであり、仮に、税務申告上において所得隠しが行われているのではないかと疑われるとしても、それは、損害賠償請求とは別に修正申告等の税務申告上の手続で処理されるべきものであると考えられ、本件において、被害者が、税務申告上の所得額と異なる所得の申告をすることが信義則に反し許されないとまでは認められない。」として、現実の収入額と近いと見込まれる賃金センサスを用いることとしています。

第3章 自由業　　71

〔26〕 ラーメン店経営会社の代表取締役の後遺障害による逸失利益につ
　　 き、事故年度の市民税等課税証明における給与所得額を基礎として、7
　　 年間、14％の労働能力喪失を認めた事例

(東京地判平18・2・6交民39・1・125)

$$\boxed{\text{事件の概要}}$$

事故の状況：被害車両が道路右側部分を走行していたところ、加害車両が右折し、被
　　　　　　害車両と衝突。
被　害　者：ラーメン店経営会社の代表取締役・男性・症状固定時37歳
事 故 日 時：平成14年1月24日・PM1:20頃
受 傷 内 容：頸椎捻挫、頭部打撲、左肘・腰部・左大腿打撲、右足関節部打撲擦過傷
入通院状況：通院（実日数）69日
後 遺 障 害：症状固定日平成14年8月20日、14級10号「局所に神経症状を残すもの」（頸
　　　　　　部、腰部の神経症状）、12級12号「局所に頑固な神経症状を残すもの」（両
　　　　　　膝の神経症状）
　　　　　　（後遺障害等級認定票では、14級10号「局所に神経症状を残すもの」（頸
　　　　　　部痛、頭痛、左上肢のしびれ等）と判断されていた。）

$$\boxed{\text{判 決 内 容}}$$

基礎収入	600万円（事故年度の市民税等課税証明における給与所得額）

　役員報酬は、被害者が経営する会社の確定申告書の決算報告書上は、平成12年5月か
ら平成13年4月までの1年間が560万円、平成13年5月から平成14年4月までの1年間が
520万円とされているが、本件事故前にはラーメン店の業務は主に被害者が行ってい
たと認めることができ、前記決算報告書には、実際には被害者の収入とも見られる妻
の役員報酬200万円ないし240万円が計上されていること、市民税等の課税証明（平成
14年度）によれば、被害者の年間の給与収入は600万円とされていることに鑑みれば、
基礎収入は600万円とするのが相当である。

労働能力喪失率	14%

　ラーメン店を経営し、自ら調理等に従事していたことに鑑みれば、14%とするのが相当である。

就労可能期間	7年間（37〜44歳）

　14級10号に該当する頸部、腰部の神経症状のほか、両膝の後遺障害が器質的な傷害によるものであると認められること、現在も後遺障害のために寝違えたような首の痛みが頻繁に発現しており、事実上の運動制限がある。頭痛も頻繁に発生し、左上肢を動かすと痛みが生じるため、高い所の物を取るなどの作業に支障が生じている。腰痛があり、仰向けで寝られない、ひどいときには立ち仕事ができない、両膝は、曲げ伸ばしをすると激痛が走る、しゃがむと立ち上がれない、長い距離歩くことができないなどの状態であるというような症状を訴えていることからすれば、短くとも、症状固定後7年程度は、労働能力への影響が存在するものと認められる。

$$\boxed{\text{コ メ ン ト}}$$

　本件は、事前になされた損害保険料率算出機構での後遺障害認定では頸部痛、頭痛、左上肢のしびれ等の訴えについては14級10号が認定され、膝については後遺障害非該当との認定がなされていたところ、これを訴訟では採用せず、頸部、腰部の神経症状についてはそれぞれ14級10号、両膝の神経症状についてはMRI検査で他覚的所見が確認できるとして12級12号を認定しました。

　一方で、労働能力喪失期間については、被害者は症状固定時37歳でしたが、7年間に制限して認めており、当該期間に制限する根拠として具体的な理由は述べられていません。

　基礎収入に関しては、本件事故前にはラーメン店の業務は主に被害者が行っていたと認定し、実質的には被害者の収入であると認められる妻の役員報酬なども考慮した上で、事故発生年度の市民税等の課税証明書を参照して定められました。

第3章　自由業　　73

〔27〕　自営で花屋を開いていた被害者が、事故前年度の確定申告書を提出
　　　していなかったものの、被害者側の立証を考慮して、賃金センサスの
　　　全産業・企業規模別計の高専・短大卒の女性労働者全年齢の平均賃金
　　　を得ることができる高度の蓋然性を認めた事例

（東京地判平18・3・14交民39・2・326）

事件の概要

事故の状況：信号機が設置されているが、夜間は信号機による交通整理の行われてい
　　　　　　ない見通しの利かない交差点において、交差点を直進通過しようとした
　　　　　　加害車両が、加害車両の進行方向から見て交差道路の右方から進行して
　　　　　　きた被害車両と衝突し、被害者が負傷するとともに加害車両が損傷。
被　害　者：花屋・女性・症状固定時30歳
事　故　日　時：平成13年3月14日・AM1：05頃
受　傷　内　容：頭蓋骨骨折、脳挫傷、外傷性頸部症候群、左足関節内果骨折及び右手関
　　　　　　節挫傷
入通院状況：入院1日。a大学病院に、平成13年3月17日から平成14年6月26日まで通
　　　　　　院（脳神経外科と整形外科に3日重複して通院したので、実日数は29日で
　　　　　　ある。）したほか、bクリニックに平成13年11月17日から平成14年3月1日
　　　　　　まで通院（実日数7日）し、同年6月26日症状固定した。その後、被害者
　　　　　　は、a大学病院に同月27日から同年10月23日まで通院（実日数6日）し、
　　　　　　bクリニックに同年7月12日から同年10月11日まで通院（実日数6日）し
　　　　　　た。
後　遺　障　害：症状固定日平成14年6月26日、併合11級「嗅覚脱失及び精神・神経系統の
　　　　　　後遺障害が残存するもの」（12級相当（嗅覚脱失）、12級12号（頭部等の
　　　　　　疼痛を内容とする精神・神経系統の障害））

判　決　内　容

基礎収入	383万3,400円（症状固定時の年度の賃金センサスの全産業・企業規模別計の高専・短大卒の女性労働者全年齢の平均賃金）

　基礎収入については、被害者の平成12年分の申告所得が実収入であることの証明が

ないといわざるを得ず、被害者主張の年収425万円を基礎収入であると認めることは
できない。

　ところで、被害者は、後遺障害逸失利益の基礎収入として平成14年度賃金センサス
の全産業・企業規模別計の高専・短大卒の女性労働者全年齢の平均賃金である383万
3,400円を主張するところ、休業損害の基礎収入としては上記平均賃金の8割である
306万6,720円の限度で基礎収入として認められ、平成11年7月に花屋を開店した直後
の売上は少額であり、平成12年分の売上については、確定申告書上の売上があったこ
とを認めるに足りる証拠はない。しかし、花屋の売上が顧客の増加によって前年より
も大幅に増えたと認められること、被害者が、Aに就職し、平成9年（被害者25歳から
26歳時）には平成14年度賃金センサスの全産業・企業規模別の高専・短大卒の女性労
働者の25歳から29歳の平均賃金である351万6,800円よりも高額である年収387万円を
得ていたこと、被害者が、現在、Aでアルバイトとして稼働しているところ、仮に、
被害者が健康であり、花屋の営業による所得がAにおける給与所得よりも低額である
ならば、被害者が全国的に有名である花の専門学校を卒業しており、花屋を閉店して
Aに正社員として復帰できる蓋然性もあると認められることなどからすれば、将来に
わたって少なくとも平成14年度賃金センサスの全産業・企業規模別計の高専・短大卒
の女性労働者全年齢の平均賃金である383万3,400円を得ることができる高度の蓋然性
があると認められるので、この金額を後遺障害逸失利益の基礎収入として認める。

労働能力喪失率	①　症状固定後10年間は20% ②　その後、就労可能年齢である67歳までの27年間は 14%

　労働能力喪失率については、被害者が本件事故による嗅覚脱失（後遺障害等級12級
相当）及び頭部外傷（脳挫傷痕）に基づく精神・神経系統の障害（後遺障害等級12級
12号）の後遺障害により併合11級の等級認定を受けたこと、嗅覚脱失については、全
く嗅覚が失われ、錯覚臭もある状態であり、精神・神経系統の障害については、頭部
に疼痛が生じたり、足が痛んだりするものであること、被害者が、本件事故当時、花
屋を自営していたところ、花屋を閉店し、平成17年2月からAでアルバイトとして稼働
し、花を生けたり、ウェディング関係のブーケを作る仕事などに従事していること、
被害者が、現在も、季節の変わり目や多少疲れがたまった場合のほか、錯覚臭が2、3
日続いた場合などには、吐き気がするなど、体調が悪くなることがあること、そのた

め、被害者のAにおける稼働が、週2回の予定であるものの、体調がよくない場合には週1回となることもあること、被害者は、花を扱う仕事上、嗅覚がないために困ることはあるが、ある程度花の臭いは分かっており、品種改良による新しい花などについては同僚に尋ねるなどして仕事をこなしていること、被害者は、元婚約者の訴外B及びBの母と同居していたところ、嗅覚がなく、味覚にも影響が出ているため、料理はできるものの、料理に関し、Bの母と言い争いとなることが多々あったほか、冷蔵庫から生ゴミの臭いがするのを放置してしまったり、掃除に関し、湿った臭いや漂白剤の臭いのする台ふきでテーブル等を拭いたりし、Bの母に叱られるなど、家事労働にも少なからず影響を受けていると認められることを総合考慮すると、被害者は、症状固定時において労働能力の20％を喪失したものと認められる。

　嗅覚脱失及び精神・神経系統の後遺障害が脳挫傷痕に基づく器質的なものであることからすれば、後遺障害が回復する可能性は認め難いが、精神・神経系統の障害については、頭部等の疼痛が後遺障害の内容であると認められるので、慣れなどによる労働に対する影響が徐々に逓減していくものと考えられる。

就労可能期間	37年間（30～67歳）

　症状固定時30歳から就労可能年齢である67歳までを就労可能期間とした。

コメント

　本件では、被害者が事故前年度の確定申告書を期限内に提出されておらず、申告期限から4年以上が経過した本件訴訟提起後に提出した確定申告書を証拠として提出し、これに基づく基礎収入の認定を求めました。

　しかし、被害者からは、その確定申告書上の記載の裏付け資料などが提出されなかったため、裁判所はこれを採用しませんでした。

　そして、休業損害算定にあっては、平均賃金の8割である306万6,720円の限度で基礎収入と認めました。

　一方で、逸失利益の基礎収入算定に当たっては、①花屋の売上が顧客の増加によって前年よりも大幅に増えたと認められること、②平成9年（被害者25歳から26歳時）には平成14年度賃金センサスの全産業・企業規模別の高専・短大卒の女性労働者の25歳から29歳の平均賃金である351万6,800円よりも高額である年収387万円を得ていたこ

と、③被害者が全国的に有名である花の専門学校を卒業しており、健康であれば花屋を閉店してAに正社員として復帰できる蓋然性もあると認められることから、上記高専・短大卒の女性労働者の全年齢平均賃金の10割の額である383万3,400円を基礎収入として認めました。

休業損害と逸失利益の基礎収入の認定額がずれることがあり、逸失利益の基礎収入にあっては、将来平均賃金を超えて収入があった蓋然性の立証を要することになりますので、過去に平均賃金以上に稼いでいた時期がある、などの事実の立証も考慮されることが分かる事例です。

なお、嗅覚脱失等の症状や職業特性等に鑑み、労働能力喪失率を具体的かつ詳細に検討しており、その点でも参考となる事例といえます。

第3章　自由業　　　77

〔28〕　画家である被害者が、確定申告書上の金額が僅少で経費率の立証も
　　不十分であったことから、売上の6割を基礎収入として認めるととも
　　に、被害者の職業・年齢と後遺障害の影響を考慮して、併合12級の後遺
　　障害に対し労働能力喪失率を50%と認めた事例

（大阪地判平18・6・16交民39・3・786）

事件の概要

事故の状況：加害車両が信号機によって交通整理の行われている交差点を青信号に従
　　　　　って西から北へ左折したところ、交差点の北側の横断歩道を西から東へ
　　　　　横断中だった被害車両（自転車）に衝突し、被害車両が転倒。
被 害 者：画家・男性・症状固定時61歳
事 故 日 時：平成13年1月31日・PM3：20頃
受 傷 内 容：右肩・右肘・右膝打撲
入通院状況：通院（実日数）78日
後 遺 障 害：症状固定日平成13年7月31日、併合12級（12級12号「局部に頑固な神経症
　　　　　状を残すもの」（右手指症状）、14級10号「局部に神経症状を残すもの」
　　　　　（右肩関節運動機能障害）。なお、自賠責保険は、右肩関節運動機能障害
　　　　　につき、12級12号該当性を認め、併合11級と判断していた。裁判所もこ
　　　　　の点を考慮し、後遺障害慰謝料を11級相当額で認容している。）

判 決 内 容

基礎収入	510万6,000円（事故前年度の売上の60%）

　証拠によれば、平成12年の被害者の画家としての売上が851万円であったことが認
められる。被害者が売上の立証のため提出する証拠は、筆跡も別々であり、記載内容
について被害者の供述との整合性も認められることから、信用性は認められる。
　これに対し、経費については十分な立証がなされたとはいえないし、証拠によれば、
新築祝いに被害者の絵をプレゼントしている工務店勤務の者から依頼を受けていると

思われる画商に売上の多くを依存していること、平成12年度の確定申告はしばらくぶりになされたものであり、申告所得額も275万円と低額であったこと、平成12年度以前には絵の売上は年間600万円程度であったことが認められ、自分の作品を売って生活できるようになったとはいえ、被害者は画家としてはまだ無名であって、売上も継続的な購入が期待できる顧客は少ない上、特定の顧客への依存度が高く、今後も同様の売上を確保できるかははっきりしていないことに鑑みれば、売上の60％に当たる年収510万6,000円を基礎収入として採用するのが相当である。

労働能力喪失率	50％

(1)　自覚症状

　右手が思うように使えない、絵を描けない、書字困難、箸・包丁・鉈・金槌が使えない、右肩・右膝の不安定、階段を下りるときに疼痛、脱力感、駆け足不能、自転車で少しの上り坂がこげない、500m以上の連続歩行で疼痛出現。

(2)　他覚症状

- ・握力　（右）16.5kg、（左）37.0kg
- ・ピンチ力（拇指示指側面）　（右）1.2kg、（左）7.8kg
- ・ピンチ力（拇指示指指先）　（右）0.4kg、（左）5.0kg
- ・徒手筋力テスト　肩関節屈伸・内外転（右）41、（左）4
- ・上腕周囲径（右）29.0cm、（左）29.0cm
- ・前腕周囲径（右）26.5cm、（左）26.5cm
- ・右手拇指・示指・中指々尖知覚鈍麻（＋）
- ・第5・6頸髄神経領域に低下
- ・作業療法による精査で手指巧緻運動検査で（右）5分21秒、（左）4分と右で遅延
- ・持続力テストで右上肢挙上1分15秒（左3分以上）で遂行不能、箸作業は従来右利きにもかかわらず、右手障害期間が長く利き手交換練習により左手の操作性が勝っていた、右では小さいものや重いものを箸でつまむことが不能、持久力に乏しく検査中短時間で右上肢に脱力感を生じた。
- ・頸椎X線にて第417頸椎椎体後方から骨棘（＋）
- ・EMGにて右三角筋・撓側手根伸筋に脱神経電位を軽度認める
- ・右膝は前後不安定性を認め、MRIにて後十字靭帯損傷認め、関節液の貯留も認める

第3章　自由業　　　79

　本件事故後、被害者は利き手である右手に思うように力が入らなくなり、職業画家として絵を描くことはできなくなってしまった。現在は左手で絵を描けるように訓練中である。

　また、右足に体重がかけられず、歩行も短距離しかできず、立ち続けることも5分くらいしかできない。

　被害者は画家としての能力を喪失していると認められ、被害者の年齢、経歴、後遺障害の程度を考えると、被害者が就くことができる職業もかなり限られることを考慮すれば、喪失した労働能力の割合は一般的な事例と比較して大きく評価するのが相当である。しかしながら、右手指、右肩の機能も一部失われたに留まり、身体全体の機能のかなりの割合がいまだ維持されていることを考慮すれば、労働能力喪失率は50％と認めるのが相当である。

就労可能期間	9年間

　労働能力喪失期間については、画家としての作業の身体能力への依存度が低いことは確かであるが、もともと、画家としての作業が可能であるか否かとは別に、継続してゆくことが困難な職業であり、被害者については、顧客は個人的なつながりのある者に限られており、作業が可能な状態であれば当然に画家としての職業を全うできる蓋然性までは認められないから、平均余命の2分の1に当たる9年間と認めるのが相当である。

$$\boxed{コ　メ　ン　ト}$$

　本件は、画家であった被害者が後遺障害によって絵を描くことができなくなったという事案です。

　まず、基礎収入については、画家としての売上の立証がなされていたものの、確定申告における申告所得額は低額で、経費についての立証も不十分であったこと、画家としてはまだ無名であって、売上も継続的な購入が期待できる顧客は少ない上、特定の顧客への依存度が高いことなどから、売上の6割を基礎収入として認定しました。

　次に、労働能力喪失率については、被害者は画家としての能力を喪失していると認められ、被害者の年齢、経歴、後遺障害の程度を考えると、被害者が就くことができ

る職業もかなり限られること、身体全体の機能のかなりの割合がいまだ維持されていることを考慮して、50%と認定しました。

　また、労働能力喪失期間に関しては、確かに画家に関しては定年退職などは観念できませんが、もともと、画家としての作業が可能であるか否かとは別に、継続してゆくことが困難な職業であり、被害者については、顧客は個人的なつながりのある者に限られており、作業が可能な状態であれば当然に画家としての職業を全うできる蓋然性までは認められないとして、通常どおり平均余命の半分を認定しました。

〔29〕　ペットショップ経営者である被害者が、事故前年度の確定申告書を
　　　事故前に提出していなかったものの、長年経営が続いていたペットシ
　　　ョップの経営者であることを考慮して男性学歴計の平均賃金を基礎収
　　　入と認めた事例　　　　　　　　　　　　（神戸地判平20・1・29交民41・1・102）

事件の概要

事故の状況：被害者が足踏み式自転車に乗車して走行中、加害者が運転する原動機付
　　　　　　自転車と衝突。

被　害　者：ペットショップ経営・男性・症状固定時44歳

事 故 日 時：平成13年10月26日・AM9：10頃

受 傷 内 容：頭部外傷（逆行性健忘、四肢筋力低下）、脳挫傷、頸部捻挫、胸腹部・左
　　　　　　肘打撲

入通院状況：A病院に平成13年10月26日から同年11月24日まで及び同月30日から同年
　　　　　　12月10日まで入院し、その後平成14年5月28日まで通院した（平成16年7
　　　　　　月7日から断続的にC病院に通院しているが、これは、症状改善のため又
　　　　　　は悪化防止のためではなくて、B助教授の意見を聴くためではあるが、
　　　　　　事前認定や紛争処理委員会の決定を受け、これらが妥当なものであった
　　　　　　かどうかについて第三者の意見を聴く必要があったこと、これらとB助
　　　　　　教授との意見が異なる微妙な事案であったことを踏まえると、C病院へ
　　　　　　の通院も本件事故と相当因果関係があるというべきである。）。

後 遺 障 害：症状固定日平成14年4月15日、9級10号「神経系統の機能又は精神に障害
　　　　　　を残し、服することができる労務が相当な程度に制限されるもの」（解離
　　　　　　性健忘、特定不能の認知障害）

判 決 内 容

基礎収入	555万4,600円（平成14年の産業計・企業規模計・学歴計の男性労働者の平均賃金）

　被害者は、平成12年分の収入の根拠として平成12年所得税の確定申告書を挙げるが、
作成日が平成14年1月30日と本件事故後である上、逆行性健忘に罹患している者が本

件事故前の売上、費用について正確に把握できるのかが疑問であるといわざるを得ない。

被害者は大学を卒業しているが、将来にわたって40から44歳の大学卒業男性の平均賃金を取得していた蓋然性を認めるに足りる証拠はない。しかし、休業損害の場合と同様、経営者であること、16年以上経営が続いていたことに照らすと、本件事故に遭わなければ症状が固定した平成14年の産業計・企業規模計・学歴計の男性労働者の平均賃金555万4,600円を就労可能年齢の67歳までの23年間得ることができたであろうとみるのが相当である。

労働能力喪失率	35%

被害者の後遺障害は等級表9級に該当するから、労働能力の喪失は35%である。

就労可能期間	23年間（44～67歳）

症状固定時44歳から就労可能年齢である67歳までを就労可能期間とした。

コメント

本件では、被害者が事故前年度の確定申告書を期限内に提出されておらず、本件訴訟提起後に提出した確定申告書を証拠として提出し、これに基づく基礎収入の認定を求めました。

しかし、被害者は、後遺障害として自身が逆行性健忘に罹患しているとも主張していたため、裁判所はこれを採用しませんでした。

一方で、逸失利益の基礎収入算定に当たっては、店の規模は不明であるものの①ペットショップの経営者であること、しかも②16年以上経営が続いていたことから、事故が発生した年度の、産業計・企業規模計・学歴計の男性労働者の平均賃金を基礎収入と認めました。

本件では、理由付けはごく簡単に、経営が長く続いていたことをもって、基礎収入を男性労働者の平均賃金と認定しました。

本件から、経営者として、店舗の経営を継続してきた年数は、基礎収入算定に当たっての、一つの重要な指標になるものと考えることができます。

〔30〕 顔面醜状の症状固定時22歳ホステスの逸失利益について、35歳までは現実収入で、それ以降は女性平均賃金で認めた事例

(名古屋地判平21・8・28交民42・4・1118)

事件の概要

事故の状況：加害車両（自家用普通乗用自動車、被害者が同乗）が前方車両を追い越すために対向車線に進入したところ、対向車両が走行してきたためこれを避けようと自車線に戻る際に、ハンドル操作を誤り、加害車両を蛇行させて再度対向車線に進入し、対向車線を走行中の対向車両に、加害車両を正面衝突させ、同乗していた被害者が負傷。

被　害　者：ホステス・女性・症状固定時22歳

事 故 日 時：平成16年2月12日・AM8：15頃

受 傷 内 容：右股関節脱臼、顔面の外傷性瘢痕、外傷性歯牙破折

入通院状況：入院53日、通院は以下のとおり

　　① 　A病院整形外科及び同歯科

　　　㋐ 　脱臼治療　平成16年3月11日〜同年5月18日（実日数4日）

　　　㋑ 　瘢痕治療　平成16年3月19日〜平成17年3月18日（実日数12日）

　　　㋒ 　歯牙治療　平成16年2月12日〜同年3月9日（実日数4日）

　　② 　B歯科医院

　　　平成16年6月18日〜同年7月16日（実日数5日）

後 遺 障 害：症状固定日平成17年3月18日、7級12号「外貌に著しい醜状を残すもの」

　　　　　　（顔面醜状痕）

判決内容

基礎収入	① 　35歳まで　477万1,280円（事故時の現実収入） ② 　35歳以降　343万4,400円（賃金センサス平成17年第1巻第1表女性労働者全年齢（学歴計・企業規模計・産業計））

　被害者は、本件事故により、後遺障害等級7級に相当する顔面醜状痕を負ったと認められるところ、被害者が本件事故当時に就いていたホステスという職業は、容貌が非常に重要な意味を持つから、被害者が上記のとおりの顔面醜状痕を負った以上、ホス

テスの職業を継続することは客観的にも困難であると解される。そして、被害者が本件事故まで1年以上継続してホステスとして稼働しており、その後もホステスの職業を継続していく意向であったこと、本件事故による受傷がなくても被害者が早期にホステスを辞めたであろうと推認し得る具体的な事情は認められないこと等からすると、少なくとも35歳まではホステスとして稼働し、本件事故当時と同程度の収入を得ることができたと解するのが相当である。

　また、35歳以降についても、被害者の顔面醜状痕が前記のとおり広範囲にわたっていること、顔面醜状痕の存在により被害者が現に精神的負担を感じていること、顔面醜状痕の存在によって、女性である被害者の選択し得る職業が制限されたり、被害者の就労意欲等に影響を与えたりする可能性があると考えられることなどを考慮すれば、36歳から67歳までの32年間については、女子の平均収入を基礎に、認めるのが相当である。

労働能力喪失率	① 35歳まで　56% ② 35歳以降　25%

　現に事務職に転職して本件事故当時の半分以下の収入となっていることや、現在は契約社員であって安定した就労状態であるとはいい難いことなども併せ考慮すると、症状固定時（22歳）から35歳までの13年間については、本件事故当時の収入を基礎に、56%の労働能力の喪失を認めるのが相当である。

　35歳以降についても、被害者の顔面醜状痕が前記のとおり広範囲にわたっていること、顔面醜状痕の存在により被害者が現に精神的負担を感じていること、顔面醜状痕の存在によって、女性である被害者の選択し得る職業が制限されたり、被害者の就労意欲等に影響を与えたりする可能性があると考えられることなどを考慮すれば、36歳から67歳までの32年間については、25%の労働能力の喪失を認めるのが相当である。

就労可能期間	45年間　（22〜67歳）

コメント

　本件は、ホステス業に従事していた被害者に関する事案で、被害者には、左右の瞼からおでこ、左頬等に瘢痕ケロイド拘縮の後遺障害が残り、醜状障害として後遺障害等級7級12号と認定されました。

第3章　自由業　　　　85

　そして、逸失利益に関して争点となり、被害者は、事故時に就労していた、ホステス業を基準とし、当時の現実収入を基準として、就労可能年終期にわたり認定されるべきだと主張したのに対し、加害者は、ホステス業は職業柄、長期間、継続して従事するものでなく、離職率も高いことなどを主張して、制限的に認定されるべきだと主張を行いました。

　逸失利益の算定となる基礎収入は、原則として事故前の現実収入を基礎としますが、将来、事故前の現実収入から、将来、収入額が変動するような事情があれば、変動事情を加味して、基礎収入額を変動的に定めることがあります。

　本裁判例は、ホステス業という特殊性に鑑み、被害者がホステス業を終身継続するという認定は行いませんでしたが、事故前に1年程度ではありますが、ホステス業を継続していたことや、被害者が22歳と若年であったことに鑑み、少なくとも35歳までは継続していたであろうと認定しました。

　また、醜状障害の性質上、外貌が業務に影響を与えるようなものでなければ、逸失利益の発生自体否定されることもありますが、本件では、ホステス業という業務の性質が考慮されているほか、被害者の醜状痕が広範囲にわたっていることから、精神的負担が認められることも加味して、36歳以降も逸失利益の発生を肯定しています。

　さらに、労働能力喪失率については、醜状障害の場合、後遺障害等級表記載の労働能力喪失率どおりに認定されず、労働能力への影響を限定的に捉え、労働能力喪失率が低く認定されることも多いのですが、本件では、ホステス業に従事していたと推定された、35歳までは、後遺障害7級相当そのままの56％と認定されています。

　この点については、醜状痕が広範囲にわたっていたことや、事故後事務職に転職したため、収入が事故前から半減したという実際の状況についても補強的に加味し、認定がされたものと考えられます。

第3章　自由業

〔31〕　14級の症状固定時25歳男性調理師の逸失利益について男性全年齢平
　　均賃金で67歳まで認定した事例　　　　（東京地判平22・1・18交民43・1・1）

```
事件の概要
```

事 故 の 状 況：右折進行中の加害車両（タクシー）と対向直進中の被害車両（普通自動
　　　　　　　　二輪車）とが衝突。
被　　害　　者：調理師・男性・症状固定時25歳（事故時21歳）
事 故 日 時：平成15年8月30日・AM0：40頃
受 傷 内 容：右橈骨遠位端粉砕骨折、右尺骨茎状突起骨折、両下腿挫創、頭蓋底骨折、
　　　　　　　　脳挫傷、両肺挫傷、右耳小骨離断
入通院状況：入院140日、通院（実日数）30日
後 遺 障 害：症状固定日平成20年7月15日、14級相当「難聴に伴い常時耳鳴のあること
　　　　　　　　が合理的に説明できるもの」（難聴、耳鳴り）

```
判 決 内 容
```

基礎収入	554万7,200円（症状固定診断当時の賃金センサス平成19年男性労働者全年齢平均賃金）

　本件事故発生当時、調理師専門学校を卒業して就労を開始したばかりの満21歳の男
性であり、253万2,735円（＝日額6,939円×365日）程度の年収を得られる見込みがあ
った。この年収は、賃金センサス平成19年20歳から24歳まで男性労働者平均賃金313
万7,100円の約81％にとどまるが、その乖離は、さほど大きくなかった上、被害者が就
労を開始したばかりであったことを考慮すれば、短期的に解消されることが期待でき
たであろうものと考えられる。

　また、被害者本人尋問の結果によれば、被害者は、平成21年6月当時（満27歳）、調
理師として就労して27万円程度の月収（年収換算で324万円）を得ていたことが認めら
れる。この年収は、賃金センサス平成19年25歳から29歳まで男性労働者平均賃金399
万6,200円の約81％にとどまるが、その乖離も、さほど大きくなかった上、被害者が本
件事故後入院を繰り返すなどして継続的に就労してこなかったことや後遺症の存在を
考慮すれば、将来的にはある程度解消されていくことが期待できるものと考えられる。

第3章　自由業　　87

　結局、被害者の年齢、職業、本件事故前後の就労状況、収入状況、年齢別平均賃金との乖離の程度及び原因等を総合的に考慮すれば、被害者には、生涯を通じて男性労働者全年齢平均賃金程度の収入を得られる蓋然性があったと認めるのが相当である。

労働能力喪失率	5%

就労可能期間	42年間（25〜67歳）

　右耳小骨離断との受傷に起因する症状と捉えられる難聴及び耳鳴りを残存していること、担当医師は、原告の症状につき将来的に残存したままとなるとの意見を有していることが認められる。このような症状が被害者の労働能力を左右することは明らかというべきである上、神経症状一般と同視して数年程度で症状が改善されるものと取り扱うことはできない。

コメント

　被害者が、本件事故発生当時、実際に得ていたのは253万2,735円程度の年収であり、本人尋問の行われた平成21年6月当時（満27歳）、調理師として就労して27万円程度の月収（年収換算で324万円）を得ていたことが確認されています。これらの収入は、男性労働者の年齢別平均賃金の約81％程度の水準であったものの、この水準であれば、平均賃金との乖離も大きくないと判断し、また、本件事故後入院を繰り返すなどして継続的に就労してこなかったことや後遺症の存在を考慮すれば、生涯を通じて男性労働者全年齢平均賃金程度の収入を得られる蓋然性があったと判断された事案です。

　被害者が比較的若年で、現実に得ている年収が年齢別平均賃金水準とそれほど乖離していない場合には、将来的に全年齢平均賃金を得る蓋然性があると判断する傾向が見受けられます。

　なお、労働能力喪失期間について、判決では、右耳小骨離断との受傷に起因する症状と捉えられる難聴及び耳鳴りの残存に関して、神経症状一般と同視して数年程度で症状が改善されるものと取り扱うことはできないとして、就労可能年数分認めています。

〔32〕 給与が現金支給で給与明細のないダンサーである被害者について、一定の収入があり、生活を営み、貯蓄をしていたことは認められるなどとして学歴計・女性年齢別平均賃金を基礎収入と認めた事例

（大阪地判平22・11・1交民43・6・1401）

事件の概要

事故の状況：被害者が加害者の運転する加害車両に同乗していたところ、加害者がハンドル操作を誤り、加害車両を道路左側の縁石・ガードレール等に衝突させ、路上に転覆させた。

被　害　者：ダンサー・女性・症状固定時35歳（事故時35歳）

事 故 日 時：平成20年5月29日・AM4：50頃

受 傷 内 容：頸椎捻挫（第7頸椎骨折）

入通院状況：入院7日、通院（実日数）42日

後 遺 障 害：症状固定日平成21年2月28日、14級9号「局部に神経症状を残すもの」（頭重、頸部痛、頸～肩筋緊張感等）

判 決 内 容

基礎収入	385万1,400円（平成20年賃金センサス第1巻第1表産業計・企業規模計・学歴計・女性35～39歳平均賃金）

　証拠によれば、被害者は、昭和48年○月○日生（事故当時35歳）であり、24、5歳以降、ダンサーとして働き、その間、労働条件を書面で説明されたことはなく、税務申告をしたことはなく、健康保険は、子供のために入ったが、その際、収入所得は低くしたこと、平成19年9月から平成20年5月24日までAにおいて、ストリップダンサーとして働き、同年6月1日より同程度の収入が見込まれるショーパブに勤務する予定であったこと、A勤務時代、劇場からの支給される給与（現金支給であり、給与明細書も給与所得の源泉徴収票もない）以外に、祝儀を直接客から受けることができ、被害者の記録によれば、被害者の平成21年1月から同年5月までの勤務日数は、合計93日、収入は合計417万5,000円であったこと、被害者は、子供が20歳となる40歳になればダン

第3章　自由業　　89

サーをやめ、自分でネイルサロンなどを開業しようと希望し、貯金をしていたことなどが認められる。

　前記認定事実からは、被害者は一定の収入があり、生活を営み、貯蓄をしていたことは認められるが、税務申告をしたことがなく、公的な証明等の証拠がなく、健康保険の加入に当たっても実収入とは低い額を申告していたのであるから、本件において、被害者がその実収入を主張すること自体に信義則上も問題があることに鑑み、平成20年賃金センサス第1巻第1表産業計・企業規模計・学歴計・女性35～39歳平均賃金年385万1,400円（1日1万0,511円）をもって基礎収入と判断する。

労働能力喪失率	5%

　後遺障害等級14級であると認め、5%と判断する。

就労可能期間	5年間（35～40歳）

　後遺障害の内容等を考慮し、40歳までの5年間（ライプニッツ係数4.329）と判断する。

┌─────────┐
│　コメント　│
└─────────┘

　本件は、ストリップダンサー等として稼働していた被害者の事案です。

　被害者はダンサーとして働く間、労働条件を書面で説明されたことはなく、税務申告をしたこともなく、健康保険は、子供のために入ったものの、その際、収入所得は低く申告していたという状況でした。

　被害者は、劇場からの支給される給与（現金支給であり、給与明細書も給与所得の源泉徴収票もない）以外にも、祝儀を直接客から受けることができたと主張して、被害者自身が作成していた記録（勤務日数は合計93日、収入は合計417万5,000円であったから、1日当たりの収入は4万4,892円であったとの記録）に基づいて、請求をしました。

　裁判所は、被害者は一定の収入があり、生活を営み、貯蓄をしていたことは認められるが、税務申告をしたことがなく、公的な証明等の証拠がなく、健康保険の加入に当たっても実収入とは低い額を申告していたのであるから、本件において、被害者が

その実収入を主張すること自体に信義則上も問題がある、と判示して、結局、事故の発生した年度の学歴計・女性35〜39歳平均賃金をもって、基礎収入と認定しました。

本件の被害者は、給与は現金支給の職業であって、給与明細等の記録がないために立証は困難であったと思われます。業界の実態としての収入減（祝儀を直接客から受け取ることができたこと）や、自身が作成していた記録、子供と生活している実態などを主張することで、平均賃金を基礎収入とする認定を得た事案であり、同じように給与明細等が出ない職業の被害者の基礎収入立証における一つの参考になります。

第3章　自由業　　91

〔33〕　後遺障害等級併合12級の競輪選手（症状固定時45歳）の逸失利益に
　　　つき、50歳までは競輪選手としての年収を基礎に14％の労働能力喪失
　　　率で、50歳から67歳までは全男性の平均賃金を基礎に14％の労働能力
　　　喪失率で、算定した事例　　　　　（京都地判平24・12・19交民45・6・1532）

事件の概要

事故の状況：被害車両（自転車）が信号機のない交差点を進行中、交差道路から走行
　　　　　　してきた加害車両が被害車両に衝突。
被　害　者：競輪選手・男性・症状固定時45歳（事故時43歳）
事 故 日 時：平成19年8月2日・AM7：40頃
受 傷 内 容：右大腿打撲、頸椎捻挫、左橈骨遠位端骨折、左豆状骨骨折、左肘擦過傷、
　　　　　　左殿部擦過傷等
入通院状況：入院29日、通院533日
後 遺 障 害：症状固定日平成21年2月18日、併合12級（12級13号「局部に頑固な神経症
　　　　　　状を残すもの」（左膝関節痛、違和感、内側圧痛）、14級9号「局部に神経
　　　　　　症状を残すもの」（左橈骨骨折、左豆状骨骨折後の左手関節痛等））

判 決 内 容

基礎収入	①　症状固定時から5年間…589万4,240円（事故前年の推定所得） ②　その後67歳までの17年間…529万8,200円（平成21年賃金センサス第1巻第1表産業計・企業規模計・男・学歴計・全年齢平均賃金）

　被害者は、症状固定時45歳であるが、被害者は、本件事故がなければ、症状固定時
から10年間競輪選手が続けられたものとして逸失利益を主張する。

　しかし、A級で55歳以上の選手が15名いることが認められるが、被害者が55歳まで
選手として稼働する蓋然性があったというためには、ある年度に45歳であったA級3
班の選手のうち9割ないし8割が10年後も選手を続けていたなどの事実が認められるこ

とを要するというべきところ、このような事実を認めるべき証拠はない。さらに被害者の場合、本件事故前、Ａ級3班で3年間成績が下降していたこと、被害者の得点順位が明らかにされておらず、成績が下位でなかったと認めることも困難なことなども考慮し、症状固定時から5年間は競輪選手として稼働した蓋然性があると認めるが、それを超えて競輪選手を継続した蓋然性が高いとは認められない。

症状固定時から5年間の逸失利益算定に当たっては、本件事故前年の平成18年の前記推定所得589万4,240円を基礎収入とするのを相当と認める。

症状固定5年後（50歳）から67歳まで17年間の逸失利益については、競輪選手以外の職業に就くことを前提に、平成21年賃金センサス第1巻第1表産業計・企業規模計・男・学歴計・全年齢の平均賃金529万8,200円を基礎収入とする。

労働能力喪失率	14％

被害者には、併合12級相当の後遺障害が残存し、これにより労働能力の14％を喪失したものと認める。被害者は、労働能力喪失率を40％と主張するが、本件事故前年の平成18年の獲得賞金が736万7,800円であるのに対し、症状固定の前年平成20年の獲得賞金は720万6,000円で、3％も減少していないことからすると、被害者の上記主張は採用できない。

就労可能期間	22年間（45〜67歳）

コメント

本件は、競輪選手の被害者に関する事例で、競輪選手という職業が終身続けられるものではなく、一定年齢で引退を余儀なくされるものであることから、主に逸失利益のうち、基礎収入額が争点となりました。

競輪選手（男子）の制度を簡単に説明しますと、実力に応じて、Ｓ級・Ａ級の2つのクラスに分けられ、さらに、それぞれの級の中で3班に分けられます。

そして、最も下位のクラスであるＡ級3班に所属する選手については、悪い成績が続くなど、一定の条件を満たした成績下位者が、強制的に選手登録を抹消され、引退を余儀なくされます（これを代謝制度と呼ぶそうです。）。

第3章　自由業　　93

　このような制度の下、事故時43歳、症状固定時45歳であった被害者は、本件事故が
なければ、10年間競輪選手が続けられたものとして、逸失利益算定の基礎収入につい
て、事故前の収入を採用するよう主張しましたが、45歳であったＡ級3班の選手のうち、
8割、9割が10年後も選手を続けていた等、被害者が、55歳まで選手を継続するであろ
う蓋然性の高さについて立証がなされておらず、また、本件事故当時Ａ級3班に所属し
ており、事故前から成績が下降していた事実が認められること等を考慮して、事故後
5年間に限って、競輪選手として稼働した蓋然性を肯定し、事故前の実収入を基礎収入
としました。
　スポーツ選手の事案については、一定年齢で引退し、基礎収入額が変動する可能性
が高く、本件のような考慮がなされる必要が生じます。
　なお、労働能力喪失率についても、膝に関する後遺障害であり、競輪選手という職
業に鑑みれば、通常よりも労働能力喪失に与える影響が大きいとの趣旨だと思われま
すが、被害者は労働能力喪失率を40％と主張しました（通常は14％）。しかし、裁判所
は、事故前と事故後とで被害者の獲得賞金数がほぼ減少していないことを考慮し、後
遺障害等級表12級相当である、14％と認定しました。

〔34〕 僧侶の後遺障害逸失利益算定に当たり就労可能年数を67歳までではなく、平均余命の2分の1の期間までとして算定した事例

(大阪地判平27・7・3交民48・4・836)

事件の概要

事故の状況：被害者が運転する被害車両（原動機付自転車）が、交差点に進入した際、対向から走行してきた加害車両が右折し、被害車両に衝突。

被　害　者：僧侶・男性・症状固定時42歳（事故時40歳）

事 故 日 時：平成23年1月24日・AM11:15頃

受 傷 内 容：右頸骨開放骨折、顔面骨骨折、頭蓋底骨折、顔面挫創、嗅覚味覚障害、聴覚障害

入通院状況：入院115日、通院状況不明

後 遺 障 害：症状固定日平成25年6月19日、併合8級（外貌醜状、嗅覚障害、局部の神経症状）

判 決 内 容

基礎収入	619万5,000円（事故前年度の現実収入）

労働能力喪失率	14%

　被害者は、後遺障害のうち顔面骨折後の左上口唇から鼻唇溝にかけての知覚鈍磨によって読経に影響が生じているほか、右開放性頸骨骨折後の下腿開放創部の症状により長時間の正座が困難となり、被害者の僧侶としての就労に影響を及ぼしていると認められる。また、頭部外傷後の右頭頂から右側頭部にかけての頭痛についても集中力に影響し、瘢痕や嗅覚脱失についても、就労に大きな支障を来すとまでは認められないものの、多少の影響が生ずることは否定できず、就労可能期間について14%の労働能力を喪失したと認められる。

就労可能期間	32年間（42〜73歳）

　被害者の就労可能期間については、被害者の父や祖父も67歳を超えて就労したことが認められるが、一般的に、年齢を重ねるにつれて体力が衰え、病を患う可能性も高くなることからすれば、本件事故がなかったとした場合に、被害者がその死亡直前まで就労する蓋然性が高いとまでは認められず、被害者の就労可能期間は、一般的な就労可能期間である67歳から、最も遅い鼻唇溝瘢痕拘縮についての症状固定時を基準とした平均余命である80歳までの間の2分の1に相当する73歳までの32年間とみるのが相当である。

コメント

　本件は、僧侶の被害者に関する事案ですが、労働能力喪失率、就労可能年数の判断において、職業上の性質が加味されており、特殊性が認められます。

　労働能力喪失率については、原則として、労働省労働基準局長通牒別表労働能力喪失率表を参考として定められますが、被害者の職業、年齢、性別、後遺症の部位、程度、事故前後の稼働状況等を総合的に判断して具体例に当てはめて評価されます（『赤い本』2018年版上巻89頁）。

　本件では、被害者の後遺障害等級は、併合8級と認定されていますので、8級相当ですと45％の労働能力喪失率となりますが、複数の後遺障害が認められた結果の併合等級であることや、個々の症状に鑑みれば、口唇の知覚鈍麻が読経に影響を与え、下腿の神経症状が長時間の正座を困難とさせ、就労状況に影響を与えている反面、醜状障害や嗅覚障害が就労に大きな影響までは及ぼすものではないと認定されたことが影響し、労働能力喪失率の認定が14％に留まったものと考えられます（なお、14％は12級相当の数値であり、知覚鈍麻や下腿の神経症状は12級相当の後遺障害と考えられますので、知覚鈍麻や下腿の神経症状をベースに認定したとも思われます。）。

　また、就労可能期間についても、原則として67歳までとしつつ、労働能力喪失期間の終期については、職種、地位、健康状態、能力等により異なった判断がされることがあります（『赤い本』2018年版上巻89頁）。

　被害者は、僧侶という職業柄、死亡直前までの長期稼働が一般的であると主張し、

平均余命までの認定を求めましたが、裁判所は蓋然性が高いとまではいえず、平均余命までの認定はできないとしつつも、職業上の特殊性や、実際に、被害者の家族が67歳を超えて就労していた事実等を考慮し、一般的な就労可能期間（67歳）から症状固定時年齢を前提とした平均余命（80歳）までの間の2分の1に相当する期間までを就労可能期間として認定しました。

就労可能期間を67歳を超えて認定した事例であり、特殊性が認められる事例といえます。

第3章　自由業　　97

〔35〕　会社代表者として給与所得を得たり、他社の業務委託を請け負ったりする一方で、自身が開発したヒットアプリの売上に伴う収入をも得ていた者の後遺障害による逸失利益につき、変動の大きいヒットアプリの売上による所得増加を期間を限定して基礎収入に反映させた事例

(名古屋地判平27・7・28交民48・4・912)

事件の概要

事故の状況：信号機による交通整理が行われていない十字路交差点において、東西に延びる道路を西進していた被害車両（自転車）と、南北に延びる道路を南進していた加害車両が出会い頭に衝突。

被　害　者：会社代表者・アプリ開発者・男性・症状固定時32歳

事故日時：平成24年10月11日・PM6：10頃

受傷内容：びまん性軸索損傷

入通院状況：入院47日、通院201日（実日数19日）

後遺障害：症状固定日平成25年6月26日、5級2号「神経系統の機能又は精神に著しい障害を残し、特に軽易な労務以外の労務に服することができないもの」（びまん性軸索損傷に基づく高次脳機能障害による記憶障害、感情障害（抑うつ）、意欲低下、遂行機能障害）

判　決　内　容

基礎収入	症状固定日から5年間については1,609万1,753円、その後については627万円

　被害者の収入源は多岐にわたっている。被害者は平成22年7月末日にb株式会社を退職して、同年9月1日にa株式会社を設立している。個人として本件アプリに関する業務を行う傍ら、a株式会社においてそれ以外のアプリケーション製作販売を行っていた。

（1）　本件アプリの開発

　本件アプリのiPhoneバージョンは、そのダウンロード数が日本におけるアプリの総合有料ランキング1位、全米の総合有料ランキング7位（総合無料ランキング2位）を記

録したことがある。

被害者がc社から得た収入は、平成22年には3,827万1,715円であったが、平成23年は1,798万3,110円、平成24年は920万3,830円となり、本件アプリの売上と軌を一にして、収入は大幅に減少していた。なお、本件事故後の平成25年は1,243万6,108円と前年の平成24年よりも多い収入を得ていた。

(2) システム開発等の受託業務による収入

被害者は、株式会社bを退職した以降も、同社から下請の形でソフト等の製作の注文を受け、収入を得るとともに、他社からもシステム開発等の受託契約に基づく収入を得ていた。

システム開発等の受託業務による収入の推移は、平成22年が793万3,952円、平成23年が649万9,629円、平成24年が881万6,062円であり、平均すると年間775万円程度となり、本件アプリの売上のような大きな変動もない。

(3) 給与等の収入

被害者の株式会社bからの平成21年分の給与収入は、463万2,809円であった。被害者のa株式会社からの給与収入は、平成22年が60万円、平成23年から平成25年にかけて毎年240万円であった。

(4) 被害者の所得の推移

以上のような収入を前提にした被害者の課税所得は、平成21年が3,651万3,351円、平成22年が2,332万9,766円、平成23年が2,792万2,468円（FX取引による1,107万8,491円の雑所得を除くと、1,684万3,977円である。）、平成24年が1,533万9,529円、平成25年が773万6,646円であった。

(5) 基礎収入について

本件アプリによる売上及び収入の傾向を踏まえれば、被害者の所得の大幅な変動は、開発した本件アプリの売上の変動によってもたらされたものといえる。

そうすると、被害者について、本件事故前の3年間の平均年収を、本件事故後も継続して得られる蓋然性は認め難いといわざるを得ない。

もっとも、本件事故前の3年間において、被害者がa株式会社から役員報酬として得ていた給与収入及び被害者が得ていた受託業務による営業等の収入については、大きな変動はなく、営業等の収入における経費率は50％とし、給与収入240万円と上記受託業務について推計される営業等の所得約387万円（775万円×50％）を合わせると年額627万円程度となる。

また、本件アプリ自体の売上も、大幅に減少したとはいえ、一定程度の売上は見込まれる。

第3章　自由業　　99

　そして、被害者の平成24年の所得はその期間に本件事故日を含んでおり、本来得られるべきものよりも減少していた可能性が否定できない。

　これらの事情を考慮すると、本件事故日から症状固定日までの間及びその後の5年間は、少なくとも平成23年のFX取引による雑所得を除く所得額1,684万3,977円と平成24年の所得額1,533万9,529円の平均である1,609万1,753円を基礎収入と認めるのが相当である。

　被害者は、症状固定後から5年間については年収1,609万1,753円、その後については年収627万円を得ることの蓋然性が認められる。

労働能力喪失率	79%

　プログラマーとして稼働するには、その仕事の性質上、記憶力や遂行機能力が必要不可欠であるから、上記後遺障害によりプログラマーという職業に従事することはおよそ不可能になったといえる。

　しかしながら、プログラマー以外の特に軽易な労務を内容とする職業に従事することには何ら制約がないのであって、労働能力喪失率は全体として79%と認めるのが相当である。

就労可能期間	35年間（32〜67歳）

コメント

　本件は、被害者自身が開発した大ヒットしたアプリケーションの売上が所得の大きな部分を占める一方、別に自身の経営する会社の給与や他社からの業務委託など複数の収入源を有する者の逸失利益について判断した事案です。

　複数の収入源のうち、アプリケーション販売に基づく収入については、年度によって売上額が大幅に異なっていたほか、アプリケーションという商品の特性として、流行り廃りがあるなど、これに伴う収入の変動が大きいため、短期間は事故前と同水準の所得が見込めるとしても、これが永続的なものではないと判断されています。

　本件では、症状固定後5年間に限って事故前の所得水準と同程度の基礎収入を認め、それ以降は、変動が少なく、安定的な収入源であると認められる給与や業務委託報酬

部分の概算合計額のみを基礎収入として認めています。

　ヒット商品や流行・人気に左右される商品の販売に基づく収入が事故前年度の所得に占める割合が大きい場合には、当該商品の売れ行き・各年度における売上の変動に着目されます。

　特に、売上が減少している傾向が認められる場合には、事故前年度の所得水準を永続的に得られる見込みは少ないと認められ、期限を区切って当該商品の売上を含んだ水準の基礎収入が認められるものといえます。

〔36〕 外貌醜状（12級14号）の後遺障害を残す衣料品店準社員の症状固定時25歳男性の被害者につき、音楽大学卒業後、舞台俳優を目指して、現に歌手やダンサーとして舞台活動を行っていることから、現在は250万円余の収入しかないものの、将来的に平均賃金程度の収入を得る蓋然性があるものと認め、賃金センサス男子労働者の全年齢平均賃金524万円余を基礎とした事例　　　　　　　　　（東京高判平28・12・27交民49・6・1335）

事件の概要

事故の状況：片側2車線道路の第1車線を走行していた加害車両が、路外に出ようとして左折したところ、加害車両の後方を走行していた被害車両（自転車）が、加害車両との衝突の危険を感じて急ブレーキをかけ、転倒。

被　害　者：衣料品店準社員・男性・症状固定時25歳（事故時24歳）

事 故 日 時：平成25年8月29日・PM6:35頃

受 傷 内 容：下顎部挫創、左手関節捻挫

入通院状況：通院（実日数）32日

後 遺 障 害：症状固定日平成27年1月14日、12級14号「外貌に醜状を残すもの」（下顎部正面の線状痕の外貌醜状）

判 決 内 容

基礎収入	524万1,000円（平成25年賃金センサス男子労働者・全年齢平均賃金）

　被害者は、症状固定時25歳であり、また、控訴審判決言渡日時点では、27歳となっている。そして、事故の年の年収は163万円余であり、事故の翌年の年収は250万円余であるが、これは、被害者が音楽大学を卒業後、オペラ歌手やミュージカル俳優といった舞台俳優になることを目指し、アルバイト等で生活費を稼ぎながら歌や踊りの練習をしたり舞台に出演したりする活動をしていて、平成25年3月から衣料品店準社員として稼働しながら舞台俳優を目指していたことによる。

　そこで、被害者が音楽大学を卒業後、舞台に出演する時間を確保するため、最低限の生活費を得るために準社員として稼働していること、着実に舞台活動を続けている

ことを考慮すれば、被害者は将来的に平均賃金程度の収入を得る蓋然性があるものと
認められる。

　したがって、被害者の基礎収入は、平成25年度の男子労働者の全年齢平均賃金であ
る524万1,000円と認めるのが相当である。

労働能力喪失率	5%

　被害者は、音楽大学を卒業後、アルバイト等で生活費を稼ぎながら舞台活動をして
おり、本件事故後も舞台活動を続けている。しかし、本件事故による下顎の挫創治癒
痕を友人や知人に度々指摘され、舞台に立っているときも下顎の挫創治癒痕が気にな
って演技に集中できなくなることがある。また、今後も舞台俳優になることを目指し
て舞台活動を続ける予定であることが認められ、本件治癒痕は、被害者と相対する者
が受ける印象に相当の影響を与え得るものである、そして、舞台活動においては外見
の均整も重要な要素であることは否定し難く、今後、被害者がオーディション等にお
いて役を得る際に、本件醜状痕の存在を理由に不利益な取扱いを受けるおそれがある
というべきである。

　したがって、本件醜状痕は労働能力に影響を及ぼすものと認められる。

就労可能期間	42年間（25〜67歳）

　被害者の醜状痕は、今後寛解し目立たなくなるとは認められないこと、被害者は、
音楽大学を卒業後、一貫して舞台俳優になることを目指して舞台活動を続けてきたも
のであり、今後も同活動を続けることが見込まれること、仮に舞台活動を離れたとし
ても、本件醜状痕の存在は、一般企業への就職活動等においても不利益に働き得るも
のであること等を考慮すると、67歳に達するまでの42年間にわたり労働能力を喪失し
たものと認めるのが相当である。

$$\boxed{\text{コ　メ　ン　ト}}$$

　本件の被害者は、事故時24歳であり、いわゆる若年といえることは明らかです。

　この点、一般的に若年労働者の場合には、学生との均衡の点があることから、全年
齢平均の賃金センサスを利用することが多いかとは思いますが、これはあくまで、当

該被害者の将来得べかりし年収（基礎収入）が、全年齢の平均賃金となる蓋然性が高いことから認められるものであり、若年であることから自動的に全年齢の平均賃金が認められるというものではありません。

　本件は、事故前の年収については不明ですが、アルバイトなどで生活をしていたと主張されていること、事故の年の年収については、163万円余であり、事故の翌年の年収が250万円であることからすれば、事故時の年収若しくは事故前の年収が同年齢の平均賃金に及ばないことは明らかであったと思われます（平成25年20歳〜24歳男子の賃金センサス313万4,200円、25歳〜29歳男子の賃金センサス391万2,200円）。

　よって、本件での基礎収入については、将来、平均賃金と同額程度の収入を得ることができたはずであるということについての蓋然性を立証する必要があった事案であると思われます。

　この点、本件判決は、被害者が歌や踊りの練習をしたり、舞台に出演の時間を確保するために、最低限の生活費を得るために準社員として稼働したりしていること、音楽大学を卒業後、着実に舞台活動を続けていたりすること等を参考に、将来的に平均賃金程度の収入を得る蓋然性があるものと認めたものとして参考になります。

　なお、本判決は、決して被害者が舞台活動で成功するとか、しないとかを決めたものではありません。

　私見ではありますが、本判決が将来的に平均賃金程度の収入を得る蓋然性があると認めたのは、あくまで、被害者の現在の年収が少ないのは舞台出演の時間を確保するため正社員になっていないことによるものであり、仮に舞台活動で成功しなかったとしても、正社員になれば、平均賃金程度の収入を得ることができるのではないか、という点を意識したものということができると思われます。

　その意味で、完全な無職者とは一線を画するものとして意識されるべきであると思われます。

第4章　会社役員

○概　説

本章は、会社役員の基礎収入認定事例を集めています。

会社役員の収入は、役員報酬ですが、この役員報酬については、一般的には、休業等をしたとしても変動がないことが多いです。

それは、会社の役員と会社との関係は、委任契約に基づくものであり、多少の業務量の軽減や休業があったとしても、即解任や即報酬減額とはならないことが多いことからです。

また、特に小規模法人の役員報酬を受領している者の大半は、自らが株式の全てを所持しているなど、役員報酬の実態が利益配当の実質を担っていることも、その理由の一つです。

そこで、後遺障害逸失利益を算定する場合、会社役員の労務対価の部分については基礎収入として認定され、利益配当の実質を持つ部分については基礎収入として認定されないという傾向があります。

そうすると、労務対価の部分をどのように算定するのか、という点が問題となります。

この点、賃金センサスが参考されるケースが多いようではありますが、そもそも賃金センサスのどの表を用いるのか、用いる賃金センサスが確定したとしても、その賃金センサスをどのように参考とするのか、という点が問題となります。

本章は、役員報酬のうち、主に小規模法人の役員についての後遺障害逸失利益の基礎収入が、どのように算定されているのかという点に着目して、裁判例を掲載しました。

なお、単に役員報酬といっても、その役員の業務量や業務内容等は、個別具体的な事情により異なりますので、注意が必要です。

第4章　会社役員　　105

〔37〕　事故により傷害を負った会社代表取締役である被害者（症状固定時59歳・男）につき、被害者の行っていた各事業は極めて不確かなものであり、事故の年の申告所得額1,641万円余を逸失利益算定の基礎とすることはできないが、被害者が事故前の数年にわたって継続的に賃金センサスによる男子大卒の同世代の者の平均賃金をはるかに上回る年収を得ていたことがうかがわれるとして、年収額を1,000万円として逸失利益を算定した事例　　　　　　　　　　（横浜地判平6・2・21交民27・1・174）

事件の概要

事 故 の 状 況：被害者が被害車両（普通乗用自動車）であるタクシーに顧客として乗車中、被害車両が交差点に差しかかった際、右側から直進しようとして同交差点に進入してきた加害者運転の加害車両（自動二輪車）と衝突した。

被　　害　　者：会社代表取締役・男性・症状固定時59歳（事故時57歳）

事 故 日 時：平成2年12月3日

受 傷 内 容：腰椎椎間板障害、第5腰椎椎弓骨折、頭部外傷、右膝打撲

入 通 院 状 況：入院262日、通院（実日数）249日

後 遺 障 害：症状固定日平成4年12月18日、併合10級（11級7号「脊柱に奇形を残すもの」（第5腰椎椎弓の骨折による第5腰椎・第1仙骨間の後側方固定術が施行されたこと）、12級5号（固定術施行に際し腸骨から骨を採取して移植したことによる骨盤の変形））

判 決 内 容

基礎収入	1,000万円

　年収について考えるに、本件事故当時、被害者が1,641万7,000円の年収を得ていたというべきであるとし、それを前提に休業損害を認定した。しかし、一般的に、休業損害は、事故の発生に引き続く短期間の問題で、いわば事故前の稼働状況の勢いが取りあえずはそのまま継続される蓋然性が高いとみることができるのに対し、逸失利益

は、相当長期間にわたる将来の予測の問題であり、本来的にかなり不確かな面を有している。この観点から被害者の場合を考えると、上記年収をそのまま逸失利益算定の基礎とすべきものとは思われない。すなわち、被害者が本件事故当時の年収として上記の金額を得ていたにしても、労働力の提供とその対価という意味合いでは、それは、Ａ株式会社等によって新たに開発する事業と、これもまた事業としては緒についてさほどの期間を経ていないＢ株式会社によるピートモスの輸入・販売という二つの仕事によるものであったとみるのが相当であるところ（なお、仮に、上記の金額に労働力の提供とその対価という関係にない部分が含まれていたとすれば、その部分について逸失利益があり得ないことは明らかである。）、上記の各事業は、被害者が本件事故に遭って休業を余儀なくされるとほどなく頓挫を来してしまったというのである。ある者が推進役をして進めていた複数の事業が、その者の休業によってたちまち潰えてしまうということは、一面では、その者の存在が極めて大きなものであったこと、換言すれば、ほとんど全てのことがその者のみの肩にかかっていたことを示すとともに、他面では、それが、真摯に当該事業の実現を図ろうとする協力者・支援者もなく、これを引き継ごうとする者や、その頓挫を惜しんで、あるいは利益を求めて協力・支援を申し出ようとする者も現れなかった程度のものであったにすぎないことを示しているというべきである。したがって、被害者の行っていた上記各事業は、極めて不確かなものであったとみるのが相当であり、これらに係る労働の対価としての上記年収をそのまま被害者の逸失利益算定の基礎とすることはできない。もっとも、上記の事業の点はともかく、被害者が本件事故前の数年間にわたって、ややばらつきはあるものの、継続的に、賃金センサス第1巻第1表の産業計、企業規模計、男子労働者、旧大・新大卒における同世代の者の平均年収額をはるかに上回る年収を得ていたこともまたうかがわれるところであり、加害者ら主張のように、賃金センサスの数値の8割程度をもって逸失利益算定の基礎とすべきものとも思えない。このように考えてくると、当裁判所は、被害者の逸失利益算定の基礎とすべき年収は、1,000万円をもって相当と認める。

労働能力喪失率	20％

　労働能力喪失割合の点を考えるに、それは、事故前の被害者の経歴・職種・地位等を踏まえ、当該後遺障害によって主として機能的にどの程度の労働能力・稼働能力が失われたかを勘案して算定するほかないものと解されるところ、被害者の本件事故前

の稼働状況と、その後遺障害は、10級に該当するものではあるにしても、機能障害という面からみれば、それは後遺障害11級程度のものとみるべきであること等の事情に鑑みると、被害者の逸失利益算定の基礎とすべき労働能力喪失割合は20％とみるのが相当である。

　被害者は、「腰痛疾患治療成績判定基準Ⅲ」に基づく判定結果をも援用して、その後遺障害の程度は6級に該当し、労働能力喪失割合は67％であると主張する。しかし、加害者らも指摘しているように、上記の基準による判定結果は必ずしも十分な客観性が担保されているとはいえないし、これを交通事故による損害賠償請求訴訟の場面における後遺障害の程度を認定する重要な資料と考えるだけの一般的・共通の認識が得られているとも思えない。これに加えて、被害者の日常生活動作及び思考・会話等の頭脳作業に関する医師の診断や、被害者は、もとよりその肉体的行動力が伴わなければならないであろうが、主として頭脳労働によって稼働してきたのであり、今後も同様であろうとうかがわれることをも勘案するならば、被害者主張のような判定結果が出たからといって、被害者の後遺障害をもって6級に相当すると解するのは無理であるし、その労働能力（換言すれば稼働能力）が67％も失われたと考えることは到底できない。

就労可能期間	8年間（59〜67歳）

　被害者は、昭和8年11月9日生まれで、後遺症の症状固定当時59歳であったから、その稼働可能期間は8年とするのが相当である。

コメント

1　本件は、申告期限内に提出されたことが明らかな確定申告書の控えや、法人の決算書類等が提出されておらず、事故の翌春に確定申告の申告期限経過後に税務申告を行った際の納税証明書等しか資料が提出されていない事案において、被害者が主張する本件事故時の年収をそのまま逸失利益算定の基礎とすることはできないが、被害者が事故前の数年間にわたって、継続的に、賃金センサス第1巻第1表の産業計、企業規模計、男子労働者、旧大・新大卒における同世代の者の平均年収額をはるかに上回る年収を得ていたことがうかがわれることから、逸失利益の算定とすべき年収を1,000万円とした事例です。

2 本件では、被害者が事故当時、複数の会社の代表者ないしは役員であり、申告所得額が1,641万7,000円であったこと、本件事故の数年前から、継続的に複数の会社の代表者ないし役員をしており、その役員報酬等として、1,800万円から3,000万円程度の所得を得ていたことがうかがわれる事案です。

　かかる事実やその他の証拠も勘案して、本裁判例は、休業損害の基礎収入として、被害者の主張するように、本件事故当時には1,641万7,000円程度の年収は得ていたものと認めることが相当としています。

　もっとも、逸失利益の算定においては、将来的に不確かな面があるとして、上記全額を認めることができず、1,000万円を相当として基礎収入を認めました。

第4章　会社役員　　109

〔38〕　同族会社の代表取締役の逸失利益につき、役員報酬に利益配当が含
まれており、労働能力の対価部分は収入の6割として算定した事例

（東京地判平6・8・30交民27・6・1913）

事件の概要

事故の状況：加害車両が交差点を直進予定で進行したが、交差点内において急に進路
　　　　　を変更し、右折して横断歩道に進入したため、折から同交差点の横断歩
　　　　　道を青信号に従い、横断歩行中の被害者に衝突し、被害者が死亡。
被　害　者：A社及びC社の会社役員・女性・67歳
事故日時：平成3年8月13日・PM7:20頃

判決内容

基礎収入	1,618万4,400円（事故の前年にA社及びC社の取締役として受領した役員報酬合計2,697万4,000円の6割）

　A社は、被害者の夫が設立して経営していた会社であり、被害者は、昭和38年7月に
夫が急逝するまでは主婦として子供らの養育に当たっていて、A社の仕事を一切して
いなかった。しかし、夫の死後、A社代表取締役社長となり、B専務らから仕事の説
明を聞いたり、同人の案内で得意先回りをしたりして仕事を覚えていった。そして本
件事故当時は月曜日から金曜日まで午前9時から午後6時まで出社し、各営業所からの
売掛金の内容及び入金状況のチェックといった債権管理業務、各営業所の買掛金の内
容のチェックとこれに対する支払方法の選択、手形・小切手の振出の指示及びこれに
関連しての銀行口座の管理、会社従業員の給料や源泉徴収のチェック、これらの資料
を元に決算書の作成の準備をする等、会社の経理部門を統括する仕事をしていた。ま
た会社代表者として店長会議、役員会議に出席し、得意先回りや接待、年2回の展示会
開催等の営業活動も行っていた。

　C社は、A社の不動産を管理するのみの会社で、収入は家賃収入のみで事務所もA
社の一室に机を置いているだけである。

　A社、C社とも同族会社である。

被害者死亡後は被害者の長男及び次男がそれぞれ跡を継いでおり、被害者死亡後、会社の業績が悪化しているにもかかわらず、跡を継いだ長男及び次男の役員報酬は増額されている。

以上の事実から、株式配当が別途なされていることを考慮しても、被害者の役員報酬額については、利益配当分が含まれているとみられ、被害者の労働の対価部分は、A社及びC社から受領している役員報酬の6割と見るのが相当である。

生活費控除率	40%

被害者は、その地位にふさわしい社会生活を営むため多くの支出を余儀なくされること等考慮し、生活費控除として収入の4割を認めた。

就労可能期間	9年間（平均余命の半分）

死亡当時満67歳であって、平均余命である18年間の2分の1に当たる9年間を就労可能期間とした。

コメント

会社役員の役員報酬は、特に同族会社や個人会社の場合、労務対価部分のみならず実質的な利益配当部分も含まれていることが、多く見受けられます。この点について、企業主の逸失利益についての事例ですが、最高裁昭和43年8月2日判決（民集22・8・1525）は、「企業主が（中略）、企業に従事することができなくなったことによって生ずる財産上の損害額は、原則として企業収益中に占める企業主の労務その他企業に対する個人的寄与に基づく収益部分の割合によって算定すべき」と判示し、同様の趣旨から、会社役員の報酬についても、労務対価部分のみを基礎収入として逸失利益を算定するという考え方が実務上ほぼ定着しています。

本件は、同族会社2社の役員であった被害者の基礎収入を算定するに際し、各会社の設立経緯、被害者は夫の死亡前には会社の経営に関わっていなかったものの、夫の死後、当時の専務から仕事の説明を聞くなどして仕事を覚えたこと、事故当時の出勤状況、業務内容、店長会議や役員会議への出席状況等、実際の業務割譲内容を詳細に認

定し、実際に役員として活動している事実を認定した一方、役員報酬の金額が高額であること、被害者死亡後に跡を継いだ長男らの役員報酬額が増加している事実等を検討して、被害者の役員報酬の中には利益配当部分も含まれていると認定し、労働の対価部分を6割と認定した事例です。

　小規模の同族会社の役員において、その業務内容を具体的、詳細に認定し、労働の対価の割合を実態に即して算定した事例といえます。

〔39〕 テレビ番組等の企画・制作等を業務とする会社の会社役員につき、死亡直近の現実の役員報酬全額が基礎収入と認められ、生活費控除率を45%とするのが相当であるとされた事例

(東京地判平7・3・14判時1587・121)

事件の概要

事故の状況：高速道路にて路側帯から道路を横断しようとした被害者に大型貨物自動車が衝突し、被害者が死亡。

被　害　者：テレビ番組等の企画制作会社の代表取締役・男性・48歳

事 故 日 時：平成4年8月29日・AM2：03頃

判 決 内 容

基礎収入	2,213万円（事故の前年の平成3年と事故の年の平成4年の年収の平均額）

　被害者は、生前、テレビ番組等の企画、制作などを業務とする従業員約30名のＡ会社の代表取締役として活動し、同人の信用と人間関係により順調な経営をし、Ａ会社から役員報酬として平成3年度は2,206万円を得、平成4年度も年間2,220万円のベースで役員報酬を得ていたこと、被害者はＡ会社の全ての株式を掌握していたこと、被害者死亡後は、被害者の妻ＢがＡ会社の代表取締役となったが、Ａ会社の従業員は別会社を作ってＡ会社を離れたことから、Ａ会社の商号を改めた上で、清算会社としたこと、被害者の妻Ｂは、被害者の生前に生活費として毎月70万円程度をもらっていたこと、被害者は、事故時満48歳であることが認められる。

　前記事実によれば、被害者は、本件事故がなければ、Ａ会社から労働可能年齢の67歳まで、現在得ている役員報酬を得ていたと思われ、少なくとも平成3年と4年の役員報酬の平均額である年間2,213万円の役員報酬を得ていたものと認められる。そして、被害者の死亡後のＡ会社の状況に照らせば、上記役員報酬の全額が被害者の労働の対価によるものと認めるのが相当である。

生活費控除率	45%

　被害者は高額所得者であり、税金の支払も相当あること、被害者の妻Ｂが生活費と

してもらっていた月額が70万円程度であること、本件口頭弁論終結時に被害者の長男Cは既に成人に達しており、被害者の次男Dも18歳であり、いずれもやがては独立することを考慮すると、生活費控除率を45％として逸失利益を算定するのが相当である。

就労可能期間	19年間（48〜67歳）

被害者は、死亡当時満48歳であって、労働可能年齢である67歳までの19年間を就労可能期間とする。

コメント

会社の役員報酬は、特に小規模会社の場合、労務対価部分のみならず実質的な利益配当部分も含まれていることが多く見受けられ、逸失利益の算定においては、役員報酬のうち、労務対価部分のみを基礎収入とすべきという考え方が実務上ほぼ定着しています。

本件では、役員報酬が2,213万円と極めて高額であるにもかかわらず、その全額を労務対価部分であると認定された事案で、参考になります。

役員報酬中の労務対価部分の判断については、会社の規模、収益状況、当該役員の地位・職務内容、会社の収益への役員個人の寄与度、年齢、報酬額、他の役員や従業員との差異、事故後の役員報酬の変化、類似する会社の役員報酬など、様々な要因を考慮して判断することになります。

本件では、被害者は、テレビ番組等の企画、制作などを業務とする従業員約30名の会社の代表取締役であること、同人の信用と人間関係により順調な経営をしていたこと、被害者は同社の全株式を掌握していたこと、被害者死亡後は、被害者の妻が同社の代表取締役となりましたが、同社の従業員が別会社を作って離れたこともあり、被害者の相続人（妻子）が、これを承継して経営を続けることができるような業務内容ではなく、会社を清算せざるを得なくなったことからしますと、被害者の個人的な寄与度が極めて高いことが認められ、被害者の役員報酬全額を労務対価部分と認定されることに十分な理由が認められます。

本件のように、被害者本人の信用と人間関係で会社を経営している場合、役員報酬全額を労務対価部分と認定することもあり得るという意味で、参考になる事例です。

〔40〕 69歳男性会社代表取締役につき、事故時の報酬のうち、月額30万円
を基礎収入とし、また、厚生年金を受給していたことから、平均余命13
年間の年金収入を認め、そのうち6年間は稼働収入も認め、生活費控除
率を30％とした事例 （大阪地判平8・10・28交民29・5・1537）

事件の概要

事故の状況：赤信号で横断歩行中の被害者に加害車両（自動二輪車）が衝突し、被害
者が事故から約1年間入院した後に死亡。

被　害　者：会社代表取締役・男性・69歳（死亡時70歳）

事 故 日 時：平成5年6月25日・AM2:33頃

判 決 内 容

基礎収入	① 月額30万円（年360万円・労働収入分） ② 年184万5,100円（年金）

　被害者は69歳（死亡時70歳）で、本件事故当時、妻A、子Bらと共に6人家族で暮ら
し、C会社の代表取締役として、本件事故当時、960万円の年収があったこと、C会社
は空調機の販売、保守を業務内容とし、従業員は約10名、年収1億から1億5,000万円で
あること、本件事故当時の被害者の月給83万円中、社長報酬は53万円で、実務分が30
万円であること、被害者は、厚生年金の受給権を昭和63年11月に取得し、昭和63年12
月から年額184万5,100円の年金を受給していたこと等の事実を認めることができる。

　そうすると、被害者の労務の対価としての報酬は月額30万円と解するのが相当であ
る。

　また、本件事故当時、被害者は、少なくとも年額184万5,100円の年金を取得してい
たと認められるから、これについても、基礎収入とする。

生活費控除率	30％

　被害者は一家の支柱であり、生活費控除率を30％と認定する。

就労可能期間	6年間（平均余命の半分）

　被害者は死亡当時70歳であり、その平均余命は、約13年間であるため、その約半分の6年間を就労可能期間と判断する。

　また、被害者は、既に年金を取得していたが、これについては、平均余命までの13年間の喪失期間を認める。

　なお、中間利息控除については、ホフマン式計算法による。

コメント

　会社の役員報酬は、特に小規模会社の場合、労務対価部分のみならず実質的な利益配当部分も含まれていることが多く見受けられ、逸失利益の算定においては、役員報酬のうち、労務対価部分のみを基礎収入とすべきという考え方が実務上ほぼ定着しています。

　そして、役員報酬中の労務対価部分の判断については、会社の規模、収益状況、当該役員の地位・職務内容、会社の収益への役員個人の寄与度、年齢、報酬額、他の役員や従業員との差異、事故後の役員報酬の変化、類似する会社の役員報酬など、様々な要因を考慮して判断することになります。

　本件においては、死亡時、被害者は70歳であったこと、被害者の役員報酬は年額960万円であったこと、被害者の経営する会社は空調機の販売、保守を業務内容とし、従業員が約10名、年収1億から1億5,000万円であることが認められました。

　また、本件事故により、被害者は約1年間入院の上、死亡していますが、被害者が事故によって、会社の職務に携わることができないため、事故後約3か月後に開催された被害者が代表取締役を務める会社の取締役会において、月給83万円中30万円を減額する決議がなされたことが認められます。

　そこで、裁判所の判断も減額額と同額を労務対価部分と認定しました。

　とはいえ、会社が事故後に役員報酬を減額したとしても、減額額を直ちに労務対価部分と認定することはできません。

　あくまで会社の規模、職務内容その他の諸般の事情を総合的に考慮して判断すべきであり、裁判所としても総合的に判断した結果、会社が減額した30万円が労務対価部

分と判断したものと思われます。

　なお、生活費控除率についてですが、本件では、就労可能期間中も、その後の年金収入のみの期間も、いずれも生活費控除率を一律に30％として算定した点で、参考になります。

　年金部分については生活費控除率を通常より高くする裁判例も多いため、就労可能期間中の生活費控除率と、年金収入のみの期間中の生活費控除率を、それぞれ分けて認定することも可能であったと思われます。

第4章　会社役員　　117

〔41〕　複数の小規模会社の役員を兼任する被害者につき、稼働状況、報酬額、他の役員の年収額と対比するなどして、現実の役員報酬額を基礎として算定した事例

(札幌地判平9・1・10判タ990・228)

事件の概要

事故の状況：被害者が同乗していた普通乗用自動車が、信号無視で交差点に進入した加害車両に衝突され、被害者が死亡。

被　害　者：会社代表取締役・男性・61歳

事 故 日 時：平成6年7月14日・AM6：35頃

判 決 内 容

基礎収入	960万円（事故前年度の役員報酬合計額）

(1)　被害者は、昭和27年4月に家具製作所に職人として就職し、昭和31年4月には独立して家具製作所を創業し、昭和41年8月には同家具製作所を法人化してA社を設立し、紳士服や婦人服等の衣料品の販売も手がけるようになり、昭和58年2月にA社を商号変更した。

　　そして、平成元年には出資者を募って温泉ホテルの経営を目的とするB社を設立した。

　　また、平成3年には、赤字が累積したC社の出資全部を引き取って商号を変更し、平成5年にはA社で扱っていた高級婦人服部門等を扱うようになった。

(2)　被害者は、A社の発行済株式総数4万8,800株のうち2万7,040株（被害者の家族が所有する分も合わせると3万4,259株）を、B社の発行済株式総数406株のうち80株をそれぞれ保有し、C社については出資口全てを保有するとともに、本件事故当時、右3社のいずれにおいても代表取締役をしており、業務全般の調整・総括から仕入れや現場の指導まで業務全般に従事していた。

(3)　被害者が死亡する前3期のA社、C社及びB社の各業績（1万円未満切捨）はA社において、

第26期（平成3年2月1日から平成4年1月31日）が売上高13億7,071万円、営業利
益4,437万円、経常利益243万円及び当期純利益583万円、

第27期（平成4年2月1日から平成5年1月31日）が売上高11億8,654万円、営業利
益3,326万円、経常利益1,545万円及び当期純利益388万円、

第28期（平成5年2月1日から平成6年1月31日）が売上高10億2,189万円、営業利
益197万円、経常損失1,842万円、当期純損失1,541万円であり、

B社において、

第3期（平成3年5月1日から平成4年4月30日）が売上高1億2,996万円、営業損失
734万円、経常損失1,335万円、当期純損失1,335万円、

第4期（平成4年5月1日から平成5年4月30日）が売上高1億3,828万円、営業利益
846万円、経常利益119万円、当期純利益119万円、

第5期（平成5年5月1日から平成6年4月30日）が売上高1億4,467万円、営業利益
447万円、経常損失235万円、当期純損失235万円であり、

C社において、

第4期（平成3年2月21日から平成4年2月20日）が売上高9,779万円、営業損失
611万円、経常損失700万円、当期純損失700万円、

第5期（平成4年2月21日から平成5年2月20日）が売上高3,233万円、営業損失
575万円、経常損失576万円、当期純利益45万円、

第6期（平成5年2月21日から平成6年2月20日）が売上高1億2,993万円、営業利
益1,755万円、経常利益1,666万円、当期純利益1,601万円であった。

(4)　被害者は、平成5年度は、A社から840万円、C社から120万円の合計960万円の報
酬を受けており、B社については、経営が黒字になるまでは役員報酬の受取りを辞
退するとの意向から報酬を受け取っていなかった。同年度において、A社で被害
者に次いで収入の高い専務取締役であるDの収入は517万5,000円であり、Dは、C
社とB社の取締役も兼任し、C社から96万円の報酬を受けていた。

被害者には身内にこれといった後継者はおらず、被害者が死亡したため一時的に
その妻EがA社及びC社の代表取締役に就任したが、その後はDがA社の代表取
締役に就任し、平成7年からはC社の営業をA社が行っている。

(5)　これらの事実によれば、被害者は、少なくとも年収960万円を下らない収入を得
ることができたと認めるのが相当である。

生活費控除率	35%

　被害者の年齢、稼働状況や家族構成（妻Eと子F及びGがいる。Fは既に婚姻をし、被害者とは生計を共にしていない。）等を考慮すると、その間の生活費として3割5分を控除するのが相当である。

就労可能期間	10年間（平均余命の半分）

　満61歳の平均余命19.66年（平成6年簡易生命表）の約2分の1である10年間を就労可能期間と認めた。

コメント

　会社の役員報酬は、特に小規模会社の場合、労務対価部分のみならず実質的な利益配当部分も含まれていることが多く見受けられ、逸失利益の算定においては、役員報酬のうち、労務対価部分のみを基礎収入とすべきという考え方が実務上ほぼ定着しています。

　そこで、本件において被害者が事故直前に受領していた役員報酬のうち、労務対価部分がどのくらいの割合を占めるかが争点になります。

　本件は、被害者が、自ら複数の会社（合計3社）の経営者として代表取締役に就任していた事例です。

　裁判所は、被害者が各会社を設立、経営した経緯（本件では被害者がそのほとんどを取得）、各会社の事故前2期にわたる経営状況等を詳細に検討して、実際に事故直前に受領していた役員報酬額（本件ではA社から840万円、C社から120万円、B社からは報酬なし）について、被害者死亡後、直後は被害者の妻Eが代表取締役に就任したが、その後、各会社の取締役であったDが経営を引き継いでいることから、被害者の役員報酬は、利益配当の側面はほとんどなく、その全額が被害者の労務対価分であると判断し、その全額を基礎収入と認定したものと解されます。

　他面、被害者側（相続人）は、訴訟において、無報酬であったB社の役員報酬について、事故前の平成6年6月23日（事故日は同年7月14日）に開催された取締役会決議に

おいて、同年7月から月額35万円の報酬を支給することを決定していたと主張しましたが、裁判所は、その主張の信用性に疑問を投じ、またB社の業績から、営業利益もわずかで、今後も役員報酬を受領し続けることができたとまではいえないと判断し、死亡当時現実に得ていたA社及びC社からの役員報酬合計額960万円を超える年収を得ることができたとまでは推認できないと判断しました。

　会社の業績等を詳細に認定し、労働対価部分を認定した裁判例として、非常に参考になると思われます。

〔42〕　有限会社の代表取締役をしている被害者につき、当該有限会社と被
　　　害者自身が経済的に一体をなしていること、被害者が会社から受けて
　　　いた報酬は全て労務の対価と認められるとして、被害者が死亡する前
　　　年に有限会社から受けていた報酬全額を基礎として算定した事例

（東京地判平10・1・28交民31・1・111）

$$\boxed{\text{事 件 の 概 要}}$$

事故の状況：被害者が道路を横断していたところ、加害車両にはねられ死亡。
被　害　者：会社経営者・男性・58歳
事 故 日 時：平成5年9月28日・AM2：25頃

$$\boxed{\text{判 決 内 容}}$$

基礎収入	840万円（事故の前年に被害者がその経営する会社から受領していた役員報酬全額）

　被害者が代表取締役として経営していたA社は、被害者の前の勤務先からの情報が
大事であるところ、被害者は、以前の勤務先の貿易部に勤めていたこともあり、情報
を得ることができた上に、語学も堪能であったことから、外国のディーラーと人脈が
あり、外国の情報にも通じていた。
　さらに、A社には、他の取締役もいたが仕事をせず、報酬等も受け取っておらず、
従業員も被害者の妻B1名だけであり、Bの仕事も電話の応対、銀行への使いといった
ものであった。
　すなわち、A社の業務は、ほとんど、代表取締役であった被害者の人脈、経験等に
よっていた。
　そのため、被害者の死亡後、同人の長男であるCが、A社の代表取締役に就任した
が、事業を継続できず、整理せざるを得なかった。
　また、A社は、被害者の自宅の2階を事務所とし、被害者は、A社の債務を担保する
ため、自己の不動産に根抵当権を設定し、被害者の所得は、A社からの報酬及び、自
宅をA社に貸したことによる賃料だけである上に、A社の業務を専ら行っていたのが

代表取締役であった被害者であること、給与手当のほとんどが被害者の役員報酬手当であったことから、被害者の意思により同人の報酬及び賃料を自由に決められたと推認できること、第7期から被害者が死亡する第10期の中間決算までのＡ社の出資者は被害者だけであったから、Ａ社の所得は実質的に被害者に帰属していたといえることからすると、Ａ社は被害者の個人会社といえ、また、Ａ社と被害者は経済的に一体をなしているといえる。

よって、被害者がＡ社から受けていた役員報酬額（年額840万円）は、全て労務の対価と認められる。

生活費控除率	30%

妻と子供2名がおり、被害者が一家の支柱であることから、生活費控除率として30％を認める。

就労可能期間	9年間（58〜67歳）

死亡当時満58歳であって、67歳までの9年間を就労可能期間とした。

コメント

会社の役員報酬は、特に小規模会社の場合、労務対価部分のみならず実質的な利益配当部分も含まれていることが多く見受けられ、逸失利益の算定においては、役員報酬のうち、労務対価部分のみを基礎収入とすべきという考え方が実務上ほぼ定着しています。

そして、役員報酬中の労務対価部分の判断については、会社の規模、収益状況、当該役員の地位・職務内容、会社の収益への役員個人の寄与度、年齢、報酬額、他の役員や従業員との差異、事故後の役員報酬の変化、類似する会社の役員報酬など、様々な要因を考慮して判断することになります。

本件では、Ａ社の経営が、被害者の人脈や経験に依拠していたこと、業務を専ら行っていたのが被害者自身であること、給与手当のほとんどが被害者の役員報酬手当であったこと等の各事実を詳細に認定し、Ａ社は被害者の個人会社といえ、また、Ａ社

と被害者は経済的に一体をなしていると判断し、被害者がA社から受けていた役員報酬額（年額840万円）は、全て労務の対価と認めました。

　会社と代表者の経済的一体性の議論と、役員報酬の労務対価性の議論は、必ずしも同じ平面で行われる議論ではありませんが、役員報酬の労務対価性を判断する上で大切な事情であることは間違いなく、その意味で、本件は非常に参考になるものと思われます。

124　　　第4章　会社役員

〔43〕　他人名義で役員報酬を受け取っていた被害者につき、他人名義の役員報酬も実質的には被害者本人の報酬と認定し、ただし、労務対価部分は役員報酬の約5割（賃金センサスの3割増程度）として基礎収入を算定した事例

（大阪地判平10・7・28交民31・4・1134）

事件の概要

事故の状況：被害者が横断禁止規制のある道路を横断歩行中、当該道路を進行してきた加害車両にはねられ死亡。

被　害　者：代表取締役・男性・60歳

事 故 日 時：平成8年2月17日・AM0:30頃

判 決 内 容

基礎収入	600万円（現実の役員報酬の約5割強、産業計・企業規模計・学歴計男子労働者60歳ないし64歳の平均給与額の3割増）

　被害者は、本件事故当時、60歳であり、妻A、子B、Cと暮らしていたこと、被害者は、D社の代表取締役を務めていたこと、D社は、妻Aの祖父の代からの会社であること、D社からは、平成7年度においては、被害者名義で650万円、子B名義で194万円、E名義で193万円、F名義で133万円の合計1,170万円が支払われていたこと、子B、E、FはいずれもD社で働いていなかったことが認められる。

　前記認定事実に照らすと、D社から被害者が実質的に受けていた報酬が年額1,170万円であったとは認められるが、本件全証拠によってもこれが全て被害者の労働対価分に相当するものであったと認めることはできない。そこで、平成8年度賃金センサス第1巻第1表産業計・企業規模計・学歴計男子労働者60歳ないし64歳の平均給与額が年額464万0,600円であることをも踏まえ、被害者の逸失利益算定における基礎収入（年額）は、前記1,170万円の5割強相当の600万円（前記賃金センサスの約3割増）の限度で認めることとする。

生活費控除率	40%

　被害者は、本件事故当時、60歳であり、妻及び子供2名と暮らしており、被害者の家族関係等に鑑み、生活費控除率を4割と認めた。

就労可能期間	10年間（平均余命の半分）

　死亡当時満60歳であって、死亡当時の60歳男性の平均余命の約2分の1に当たる10年間を就労可能期間とした。

コメント

　本件では、被害者は死亡当時、被害者名義で650万円、子B名義で194万円、E名義で193万円、F名義で133万円の合計1,170万円の役員報酬を得ていたものですが、他人名義で受け取っていた報酬を、被害者自身の報酬と認められるか、という点が、争点となりました。

　この点、そもそも不法行為責任は、実際に発生した客観的に認められる損害を賠償する責任であり、他人名義の報酬であっても、実際に被害者本人の収入であることを被害者側が立証できれば、これを認めてもよいと解されます。

　本件では、被害者側で、報酬の受取名義人が、実際に会社で働いていない事実を立証し、これを裁判所も認めたため、他人名義の報酬も全て被害者の報酬と認定されたものです。

　ただし、会社の役員報酬は、特に小規模会社の場合、労務対価部分のみならず実質的な利益配当部分も含まれていることが多く見受けられ、逸失利益の算定においては、役員報酬のうち、労務対価部分のみを基礎収入とすべきという考え方が実務上ほぼ定着しています。

　そして、役員報酬中の労務対価部分の判断については、会社の規模、収益状況、当該役員の地位・職務内容、会社の収益への役員個人の寄与度、年齢、報酬額、他の役員や従業員との差異、事故後の役員報酬の変化、類似する会社の役員報酬など、様々な要因を考慮して判断することになります。

　本件では、判決の理由中、詳細な事実認定を展開しているとはいえませんが、役員報酬総額が1,170万円であり、事故当時の被害者の年齢に応じた平均賃金よりも、かなり高額であることから全額が労務対価とは認められないものの、これだけの高額報酬を得ていたということは、通常の労働者よりも、被害者本人の労働能力（肉体のみならず知的労働も含みます。）が平均よりも高い水準であるものと判断し、基礎収入（年額）を、前記報酬額1,170万円の5割強相当の600万円（前記賃金センサスよりも約3割増）の金額を労働対価分と判断したものと解されます。

126　　第4章　会社役員

〔44〕　会社の従業員兼取締役につき、事故時の年収を基礎に算定し、将来
　　の昇給・退職金については、不確定要素が大きいとして認めなかった
　　事例
　　　　　　　　　　　　　　　　　　　　　（大阪地判平11・5・25交民32・3・807）

事件の概要

事故の状況：自転車を運転していた被害者と加害車両（普通貨物自動車）とが、交差
　　　　　　点において出会い頭により衝突し、被害者が死亡。
被　害　者：会社の従業員兼取締役・男性・51歳
事故日時：平成8年8月2日・AM0：13頃

判決内容

基礎収入	897万6,000円（事故時、会社の従業員兼取締役として得ていた報酬全額）

　被害者（本件事故当時51歳）は、本件事故当時、A社の従業員兼務の取締役として
年額897万6,000円の報酬を得ていたことから、右年収を基礎とする。
　なお、被害者側は、被害者が勤続し、昇給することを前提とする主張をするが、勤
続の有無、昇級の有無等は勤務会社の収益状況、その他の社会状況等不確定要素によ
るところが大きく、右主張を認めるに足りる証拠はない。
　また、被害者側は、被害者が勤続することを前提とし、退職金の逸失利益を主張す
るが、勤続の有無、退職金の支給可能性は不確定要素によるところが大きく、右主張
を認めるに足りる証拠はない。

生活費控除率	30%

　被害者は、本件事故当時、妻B、子C及び子Dと暮らしていたことが認められるか
ら、生活費控除率を3割と認定した。

就労可能期間	16年間（51〜67歳）

　死亡当時満51歳であって、67歳までの16年間を就労可能期間とした。

コメント

　会社の役員報酬は、特に小規模会社の場合、労務対価部分のみならず実質的な利益配当部分も含まれていることが多く見受けられ、逸失利益の算定においては、役員報酬のうち、労務対価部分のみを基礎収入とすべきという考え方が実務上ほぼ定着しています。

　そして、役員報酬中の労務対価部分の判断については、会社の規模、収益状況、当該役員の地位・職務内容、会社の収益への役員個人の寄与度、年齢、報酬額、他の役員や従業員との差異、事故後の役員報酬の変化、類似する会社の役員報酬など、様々な要因を考慮して判断することになります。

　そうすると、本件においては、被害者の得ていた収入のうち、労働対価部分を限定し、その部分のみを基礎収入とすべきようにも思われます。

　しかしながら、本件では、被害者が従業員兼取締役であり、当該会社の規模や状況、被害者の会社における役割等、詳細な事実を認定した様子は見受けられませんでしたが、取締役とは名ばかりで、その業務内容や報酬額が、従前と大差ないなど、その報酬の大部分が労務対価分であるとして、認定をしたもの思われます。

　なお、被害者側が主張した将来の昇級可能性の点や、退職金の点について、立証不十分として否定している点も、参考となるものと思われます。

〔45〕 77歳の有限会社役員につき、役員報酬が低額のため実額を基礎収入
　　　とし、退職慰労金等についてはこれを否定し、その上で年金所得を加
　　　算し、生活費控除率を40％と算定した事例

(東京地判平11・12・27交民32・6・2013)

事件の概要

事故の状況：加害車両（普通乗用自動車）が、片側1車線の道路を走行中、自転車に乗
　　　　　　っていた被害者と衝突し、被害者が死亡。
被　害　者：取締役・男性・77歳
事 故 日 時：平成9年7月30日・AM11：15頃

判 決 内 容

基礎収入	①　役員報酬　年額96万円（事故時の現実支給額）
	②　厚生年金　年額143万2,800円

(1)　役員報酬について

　被害者は、本件事故当時、有限会社Aの取締役として、領収書、伝票等の整理を行
い、1か月当たり8万円（年額96万円）の報酬を受領していたこと、被害者が本件事故
当時77歳であったことが認められる。なお、被害者が平成2年から本件事故当時まで1
か月当たり8万円の報酬しか得ていなかったことは、被害者側も自認するところであ
る。

　なお、被害者側は、被害者が本件事故により死亡しなかったならば、少なくとも
1,000万円の退職慰労金及び弔慰金を受領できたはずである旨主張する。

　この点、有限会社の取締役が会社に対し退職慰労金等の請求権を取得するためには、
有限会社の定款又は株主総会の決議においてその額が定められていなければならない
から、在任中に事故により死亡した取締役が有限会社に対して請求することのできる
退職慰労金等をもって右事故と相当因果関係のある損害というためには、右の点につ
いて事故当時において右定款又は株主総会の決議があったことを要するものというべ
きである。

第4章　会社役員　　129

　しかしながら、本件事故当時、有限会社Aにおいて取締役に支給すべき退職慰労金等について定款の定め又は株主総会の決議があったと認めるに足りる証拠はなく、有限会社Aの役員退職慰労金規程は、本件事故から約1年半以上も経過した後である平成11年春頃に作成されたものであることに照らせば、右規程によって算出された被害者の退職慰労金が本件事故と相当因果関係のある損害と認めることはできない。

(2)　厚生年金について

　被害者は、本件事故当時、厚生年金として1か月当たり29万5,291円を受給していたが、本件事故後は1か月当たり17万5,891円の遺族厚生年金に変更されたこと、その差額は1か月当たり11万9,400円（年額143万2,800円）であることが認められる。よって、その差額を基礎収入に加算する。

生活費控除率	40％（役員報酬、年金とも）

就労可能期間	4年間（平均余命の半分）

　被害者は、本件事故当時77歳であり、その平均余命は9年とするのが相当である（平成9年簡易生命表）として、役員報酬については、平均余命の約半分の4年と認め、厚生年金については、平均余命の9年間で積算している（この点についても、詳細な理由付けは存しない。）。

コメント

　会社の役員報酬は、特に小規模会社の場合、労務対価部分のみならず実質的な利益配当部分も含まれていることが多く見受けられ、逸失利益の算定においては、役員報酬のうち、労務対価部分のみを基礎収入とすべきという考え方が実務上ほぼ定着しています。

　そして、役員報酬中の労務対価部分の判断については、会社の規模、収益状況、当該役員の地位・職務内容、会社の収益への役員個人の寄与度、年齢、報酬額、他の役員や従業員との差異、事故後の役員報酬の変化、類似する会社の役員報酬など、様々な要因を考慮して判断することになります。

本件では、被害者は77歳の高齢であること、その業務内容も領収書、伝票等の整理という作業が中心であること、報酬額も月額8万円と低額であることから、役員報酬額全額を労務対価分と認定されたものと解されます。

また、本件では、退職慰労金及び弔慰金の請求について、本件事故当時、有限会社Aにおいて取締役に支給すべき退職慰労金等について定款の定め又は株主総会における決議等があったと認められないとしてこれを否定しました。

なお、厚生年金についての喪失期間について、被害者側は、被害者の健康状態が極めて良好であったことを理由として、厚生年金について、平均余命ではなく10年であると主張していましたが、これについては「これを認めるに足りる証拠はない」として否定されています。

いずれの点も、それほど詳細な理由付けはなされていませんが、結論については、非常に参考になるものと思われます。

〔46〕　事故により傷害を負った被害者（63歳・男・会社代表取締役）の給与
　　　収入の中には労働対価部分の占める割合は相当程度あったものと認め
　　　るのが相当であるとし、基礎収入の算定に当たっては月収額の6割に相
　　　当する51万円をもってするのが相当であるとされた事例

（大阪地判平13・9・18交民34・5・1271）

事件の概要

事 故 の 状 況：被害者が道路を横断中、右方から直進してきた加害者運転の普通貨物自
　　　　　　　動車と衝突。
被　　害　　者：会社代表取締役・男性・症状固定時65歳（事故時63歳）
事 故 日 時：平成9年8月28日・AM11：20頃
受 傷 内 容：骨盤骨折、胸椎圧迫骨折
入通院状況：入院66日、通院（実日数）44日
後 遺 障 害：症状固定日平成11年6月12日、11級7号「脊柱に奇形を残すもの」（胸椎圧
　　　　　　　迫骨折）

判 決 内 容

基礎収入	612万円（月額51万円×12か月）

　被害者は、社員数13名のA社の代表取締役の地位にあり、本件事故前、同社から給
与として月額85万円の収入を得ていたこと、被害者は、毎日、社員と同じ時間に出社
して、官公庁その他の得意先を回り、入札に参加したり見積合わせをするなどの営業
活動をこなしたり、会社の経理面や人事面の問題を処理するなどしていたこと、被害
者は、本件事故日から平成10年1月末日頃まで休業し、その間、取締役会決議に基づき、
給与の支給を受けなかったため、平成9年分として支給された給与は697万7,084円、平
成10年分として支給された給与は935万円に止まったことの各事実を認めることがで
きる。
　被害者のA社における地位、同会社の規模、被害者の収入額等からして、被害者の
給与収入の中には役員報酬（利益配当部分）を含んでいたものと解されるが、被害者

の具体的職務の内容を考慮すれば、収入中に労働対価部分の占める割合は相当程度あったものとみるのが相当であり、これに、被害者が本件事故当時63歳であり、同年齢の平成9年賃金センサスによる平均賃金（産業計・企業規模計・男子労働者・学歴計）が464万1,900円程度であることをも総合的に考慮すれば、月収額の6割に相当する51万円をもって基礎収入月額とするのが相当というべきである。

労働能力喪失率	20％

　本件事故により、被害者に後遺障害等級11級7号の後遺障害が残存したことについては当事者間に争いがなく、被害者本人によれば、数十分間同じ姿勢でいると、背部に痛みやしびれが生じ、長時間のデスクワークに支障が生じていることが認められる。

　上記事実によれば、被害者は、平成11年度には、従前どおりの給与収入を得るようになったことが認められるものの、これは、被害者が上記後遺障害を負ったにもかかわらず、特段の努力によって就労している結果によるものと認めるのが相当であるから、被害者は、症状固定（当時65歳）後およそ9年間（ライプニッツ係数7.1078）の就労可能期間を通じて、労働能力の20％を喪失したものと認めるのが相当である。

就労可能期間	9年間

　症状固定時の年齢65歳の平均余命の半分であるおよそ9年間（ライプニッツ係数7.1078）を就労可能期間と判断した。

＝＝＝＝ コメント ＝＝＝＝

1　本裁判例は、会社代表取締役の収入について、加害者側の、被害者の給与は実質的には利益配当の実質を持つ報酬部分が大半を占め、労務提供の対価ではないとの主張を排斥し、収入中に労働対価部分の占める割合は相当程度あったものとみるのが相当とし、月収額の6割に相当する51万円をもって基礎収入額とするのが相当であるとしたものです。

2　会社役員の報酬については、労務提供の対価部分は基礎収入として認容されますが、利益配当の実質をもつ部分は消極的とされています（『赤い本』2018年版上巻97頁）。

第4章　会社役員　　133

　　そして、労務対価部分が報酬に占める割合（寄与率）は、会社の規模・利益状況、当該役員の地位・職務内容・報酬額、年齢、役員報酬の額、他の役員・従業員の職務内容と報酬・給料の額、事故後の当該役員及び他の役員の報酬額の推移、類似法人の役員報酬の支給状況等を勘案して判断するとされています（松本利幸裁判官「会社役員の休業損害・逸失利益」『赤い本』2005年版下巻13頁）。

3　本裁判例では、被害者の職務内容として、①「被害者は、毎日、社員と同じ時間に出社して、官公庁その他の得意先を回り、入札に参加したり見積合わせをするなどの営業活動をこなした」事実、②「会社の経理面や人事面の問題を処理するなどしていた」事実を認定し、被害者の報酬額として、③「被害者は、本件事故日から平成10年1月末日頃まで休業し、その間、取締役会決議に基づき、給与の支給を受けなかったため、平成9年分として支給された給与は697万7,084円、平成10年分として支給された給与は935万円に止まった」事実を認定し、同年齢の一般的な給与金額として、④「被害者が本件事故当時63歳であり、同年齢の平成9年賃金センサスによる平均賃金（産業計・企業規模計・男子労働者・学歴計）が464万1,900円程度である」事実を認定した上で、月収額の6割に相当する51万円をもって基礎収入月額とするのが相当と判断しました。

　　ここでは、まず、①及び②の事実から、被害者が社員と同じように会社の業務をこなしていたと分かるため、被害者の収入額の中には、一定程度労務対価部分が含まれるものと認定され、③及び④の事実から、給与の支払を受けなかった場合の報酬額の概算が認定でき、同年齢の平均給与と比較して、労働対価部分を6割と認定したものと考えられます。

〔47〕 父が実質的オーナーである会社の代表取締役で独身の被害者につき、報酬月額の70％を労働対価部分と認めて算定し、将来の役員退職慰労金について将来支払を受けられるか不確実であるとし損害として認定しなかった事例 （東京地判平13・10・31交民34・5・1470）

事件の概要

事故の状況：交差点を右折しようとした加害車両（普通乗用自動車）が、対向直進してきた被害者運転の自動二輪車と衝突し、被害者が死亡。

被　害　者：代表取締役・男性・31歳

事　故　日　時：平成11年7月7日・AM2：50頃

判　決　内　容

基礎収入	840万円（実際の役員報酬の70％相当額）

(1) 前提となる事実

　被害者は、A大学商学部を卒業し、B建設に約4年間社員として勤め、平成4年2月にC建設の取締役に就任し、その後代表取締役になり、平成10年1月から8月までは給料月30万円、8月に賞与45万円を得ていた。被害者の父Dは、自分がE株式会社の代表取締役であり法律上2社の代表取締役を兼任できなくなったことや、被害者が約9年間経験を積んだことなどから、B建設の運営を長男である被害者に任せることとし、被害者は平成10年8月11日B建設の代表取締役に就任した。それまでのB建設の取締役は、D、F（経営管理責任者、名目）、G（名目）、H（現場監督者）、I（経理事務）、J（Dの長女、名目）及びK（Dの二女、総務事務）であったが、同日Gは退任し、また、代表取締役は、D及びFであったが、同日いずれも退任した。B建設の主要な仕事は、東京都や葛飾区発注の下水道工事及び水道工事であり、被害者は、工事の入札、下請業者の選定や交渉、資材の仕入れ、人夫の確保、工事現場の見回り、金融機関との交渉等を行っており、本件事故も現場の見回りに行った後に遭遇した。

(2) 役員報酬

　Dらが被害者の収入を証するものとして提出する源泉徴収簿及び決算報告書等はD

ら側作成の文書である上、前記認定のとおり役員報酬手当等及び人件費の内訳書と給料明細書の内容が相異しているなど不合理な点があり、確定申告書及び納税証明書も本件事故後のＤらの申告に基づくものであるが、Ｂ建設が前記認定のとおり多額の利益を上げていること、親族以外の従業員に対する支払額は一定しており、その限りでは決算報告書等の記載内容も信用性があるところ、現場監督者に月額60万円、経理事務担当者に月額42万円の給料が支払われていることなどからすれば、代表取締役である被害者の報酬が月額100万円であることは自然であり（利益額からすればむしろ少ない。）、月額100万円の報酬の支払を覆すに足りる証拠はない。しかしながら、Ｂ建設の実質上のオーナーはＤであること、Ｃ建設よりＢ建設の方が年商が大きいことも被害者の報酬が月額30万円から100万円になった理由の一つであること、被害者以外の取締役は名目的な者であるか現場に携わる者であり、被害者の担当していた業務を行い得ないが、被害者死亡後はＢ建設は被害者の父Ｄによって運営され、工事高、利益とも増加していること、Ｂ建設の他の取締役や従業員の給料の額などを総合すると、被害者の収入に占める労働対価部分は70万円であり、残余は実質上の利益配当分等労働の対価性を有しない収入とみるのが相当である。

　なお、Ｄらは、労働対価のみが損害算定の基準になるものではない旨主張するが、被害者の収入に含まれていた利益配当部分は実質的にはＤに引き継がれたものといえるから、逸失利益算定の基礎収入からこれを控除するのが相当であり、Ｄらの主張は採用することができない。

(3)　退職慰労金

　前記のとおりＢ建設には退職慰労金規程があり、その内容は最終報酬月額に在任年数を乗じて支給額を決定するという一般的なものであること、退職慰労金は株主総会の決議により支給されるといっても、Ｂ建設は同族会社であること、被害者がＤの後継者であったことなどからすれば、被害者が代表取締役に就任し続け退職慰労金の支給を受ける可能性も否定できないが、これまでＢ建設において退職慰労金が実際に支給されたことを認めるに足りる証拠はなく、また、Ｂ建設のような規模の会社では、退職慰労金が現実に支払われるか否かは会社の経営状態に左右されると考えられるところ、Ｂ建設が長年黒字決算であることはＤの力量によるところが大きく、36年後に被害者が規程どおりの退職慰労金の支払を受けられるかどうかは現在の経済状況に照らして不確実であるといわざるを得ず、被害者に現在の規程どおりの退職慰労金が必ず給付されるものとして損害を算定することは相当でないというべきである。

生活費控除率	50%

被害者は、31歳、独身であることから生活費控除率を50%と認定した。

就労可能期間	36年間（31〜67歳）

事故当時31歳で、67歳に達するまで36年間を就労可能期間と認定した。

コメント

　会社の役員報酬は、特に小規模会社の場合、労務対価部分のみならず実質的な利益配当部分も含まれていることが多く見受けられ、逸失利益の算定においては、役員報酬のうち、労務対価部分のみを基礎収入とすべきという考え方が実務上ほぼ定着しています。

　そして、役員報酬中の労務対価部分の判断については、会社の規模、収益状況、当該役員の地位・職務内容、会社の収益への役員個人の寄与度、年齢、報酬額、他の役員や従業員との差異、事故後の役員報酬の変化、類似する会社の役員報酬など、様々な要因を考慮して判断することになります。

　本件においては、被害者は、父の複数経営している会社のうちの1社の役員に就任していましたが、被害者以外の取締役は名目的な者であるか現場に携わる者であり、被害者の担当していた業務を行い得ないことから、被害者の労働対価部分は大きいと判断されました。

　しかしながら、被害者死亡後はその父Dによって会社運営がなされ、工事高、利益とも増加していること、同社の他の取締役や従業員の給料の額などを総合すると、被害者の収入（月額100万円）に占める労働対価部分は70％程度の70万円と認定し、残余は実質上の利益配当分等労働の対価性を有しないと判断しました。

　なお、この点について、Dらは、死亡逸失利益の基礎収入については、労働対価部分に限定されない、すなわち利益配当部分も含めるべきであるという主張をしました。

　しかしながら、本裁判所は、利益配当は実質的に父Dに引き継がれたことから、損害はないと認定しました。

第4章　会社役員　　137

　確かに、利益配当は、株主である地位に与えられるものであり、株主である地位は、被害者が死亡した場合の損害賠償請求権者である相続人に移転しますので、結局、損害としては顕在化していないことは明らかであると思われますので、妥当な結論であったと思います。

　しかしながら、本件の理由付けは、利益配当が父Dのみに引き継がれていることを理由としており、他の相続人に引き継がれていないことについては、何ら述べられていません。その意味では、不十分な理由ではないかと思われます。

　なお、被害者の相続人であるDらは、将来の退職慰労金を喪失したとして退職慰労金逸失利益を主張していました。

　この点について裁判所は、被害者の会社が同族会社であること、被害者が父Dの後継者であったことなどからすれば、被害者が代表取締役に就任し続け退職慰労金の支給を受ける可能性も否定できないとしたものの、これまで退職慰労金の支払実績が認められないこと、小規模な会社では、退職慰労金が現実に支払われるか否かは会社の経営状態に左右されると考えられるところ、被害者が退職するであろう36年後に規程どおりの退職慰労金の支払を受けられるかどうかは現在の経済状況に照らして不確実であるとして、これを損害として算定することは相当でないと判断しました。

　退職慰労金逸失利益を認定する上で、参考になるものと思われます。

138　　　第4章　会社役員

〔48〕　建築業経営者について、確定申告書上の所得以外の申告外所得の存
　　　　在を認め、経費などが不明確であることから賃金センサス第3巻第16表
　　　　における企業規模5ないし9人の建設業の学歴計・65歳以上男性労働者
　　　　の平均年収を基礎収入と認定した事例

（東京地判平15・12・1交民36・6・1521）

```
事件の概要
```

事故の状況：加害者が運転し、被害者が同乗していた加害車両が、交差点で普通乗用
　　　　　　自動車と出会い頭に衝突。

被　害　者：建築業経営・男性・症状固定時74歳

事 故 日 時：平成11年8月11日・PM6:00頃

受 傷 内 容：第4頸椎骨折、頸髄損傷

入通院状況：入院428日、通院1日

後 遺 障 害：症状固定日平成12年12月11日、併合1級（2級3号（①頸椎骨折等頸部外傷
　　　　　　後の四肢不全麻痺、知覚障害及び頻尿等の脊髄神経症状、②頸椎固定術
　　　　　　後の頸椎可動域制限）、12級5号（頸椎固定術・骨移植術に伴う採骨によ
　　　　　　って生じた骨盤骨の変形））

```
判 決 内 容
```

基礎収入	341万9,700円（平成12年賃金センサス第3巻第16表における企業規模5ないし9人の建設業の学歴計・65歳以上男性労働者の平均年収）

　証拠によれば、被害者は、本件事故当時、「A工務店」の屋号で建築業を営んでいた
こと、本件事故が発生する前年である平成10年は、住民票のある東京都立川市で、所
得を113万6,172円であったとして確定申告をしたこと、ところで、被害者は、出身地
である山形県内でも、事務所を構えて、建築業の仕事をしていたが、同県では確定申
告をしていなかったこと、同県内での仕事としては、例えば、加害者との間で、平成
9年に、同県内に代金4,200万円で自宅を新築する旨の請負契約を締結し、加害者から、
同年3月から平成10年4月にかけて、請負代金として総額6,000万円を受け取った実績

があるが、これに要した経費は一切明らかではないこと、また、被害者には、妻と娘2人の家族がいるが、妻と上の娘は同県に、下の娘は東京都に居住していること、下の娘は、被害者の仕事の事務手伝いをしていることなどの事実が認められる。

これらの事情を考慮し、被害者の症状が固定したのは、平成12年12月11日であるから、基礎となる年収は、平成12年賃金センサス第3巻第16表における企業規模5ないし9人の建設業の学歴計・65歳以上男性労働者の平均年収341万9,700円を採用するのが相当である。

労働能力喪失率	100％

就労可能期間	6年間

74歳男性の平均余命11.26年の約2分の1である6年間を就労可能期間とした。

コメント

本件は、建設業経営者の逸失利益について判断された事案です。

本件事故前年度の確定申告上の所得は113万6,172円と賃金センサス（企業規模5ないし9人の建設業の学歴計・65歳以上男性労働者）の平均賃金よりも相当程度低額でした。

しかし、本件においては、別途申告外所得があったことを立証できたため、企業規模5ないし9人の建設業の学歴計・65歳以上男性労働者の平均賃金を基礎収入として、逸失利益の認定がなされた事案です。

一般に、事業所得者の基礎収入については、確定申告書及びその添付資料の控えから認定されるのが一般的であり、申告外所得があるとの主張自体が信義則上の問題を孕むものであるといえますので、安易な認定は避けるべきですが、一概にそのような主張が排斥されるというわけではありません。

裁判例上も、確定申告がされていない事案について申告外所得の主張を排斥したもの、一部を考慮して賃金センサスの平均賃金を参照して判断したものなどが見受けられます。

140   第4章　会社役員

〔49〕　役員報酬実額が同年齢の賃金センサスより低額である被害者（59歳・
　　　男・会社役員）につき、報酬実額を基礎収入として算定し、賃金センサ
　　　スの金額を認定しなかった事例　　（東京地判平16・8・30交民37・4・1156）

事件の概要

事故の状況：赤信号で交差点を横断歩行していた被害者に、加害車両（大型貨物自動
　　　　　　車）が衝突し、被害者が死亡。
被　害　者：会社役員・男性・59歳
事故日時：平成12年7月13日・AM3:58頃

判決内容

基礎収入	360万円（実収入額）

　被害者の平成11年分の給与収入は360万円であり、これを超える収入があったこと
を認めるに足りる証拠はない。被害者が、本件事故がなければ、賃金センサス大卒男
性労働者55歳ないし59歳の平均年収程度の収入を得られた蓋然性を認めるべき証拠は
ない。

生活費控除率	30%

　被害者は、妻と子1名がいることから、生活費控除として収入の3割を認めた。

就労可能期間	11年間（平均余命の半分）

　平成12年簡易生命表によれば59歳男性の平均余命は22.15年であることから、その
約半分である11年間を就労可能期間とした。

第4章 会社役員

141

$$\boxed{\text{コ メ ン ト}}$$

　会社の役員報酬は、一般的には、平均賃金より高額であることが多いです。これは、特に小規模会社の場合、労務対価部分のみならず実質的な利益配当部分も含まれていることが多いことが一因です。そこで、逸失利益の算定においては、役員報酬のうち、労務対価部分のみを基礎収入とすべきと考えることとなります。そして、役員報酬中の労務対価部分の判断については、会社の規模、収益状況など、様々な要因を考慮して判断することになります。

　ところで、本件は、会社役員である被害者の役員報酬が、同年代の平均賃金を下回っているケースでした。よって、前記のような一般的な事例ではなく、やや特殊な事例と位置付けることができるでしょう。

　そして、被害者側は、裁判において、事故当時の現実収入を基礎収入とするのではなく、事故当時である平成12年の賃金センサス大卒男性労働者55歳ないし59歳の平均年収である928万2,700円を基礎収入とすべきと主張しました。

　しかしながら、裁判所は、実収入を基礎収入としました。

　将来、現在の収入が上回ることが、具体的に予定されていた等の事実が認められない限り、現実収入を基礎に逸失利益を計算するのは当然のことと思われますので、結論としては、妥当であろうと思われます。

　なお、同年代の平均賃金を下回る報酬であるため、この中に利益配当部分が含まれているとは考えられず、報酬全額を労務対価部分であると認定していることも注目に値します。

142　　　第4章　会社役員

〔50〕　自らが代表取締役を務めつつ、職人の差配、現場監督を行うほか、自
　　　ら鳶職として現場作業にも従事していた者の基礎収入に関し、事故前
　　　の会社からの給与額の65％を労働の対価部分と認定した事例

（東京地判平18・5・26交民39・3・698）

事件の概要

事 故 の 状 況：加害者がクレーン車を運転して、工場敷地内から道路に右折進入するに
　　　　　　　　際し、安全確認を怠り、クレーン車の左方から進行してきた被害者が運
　　　　　　　　転する被害車両の前部にクレーン車の左側面が衝突。
被　　害　　者：代表取締役（兼現場監督及び鳶職人）・男性・症状固定時38歳
事 故 日 時：平成14年9月2日・PM11：00頃
受 傷 内 容：右股関節脱臼骨折、寛骨臼骨折、右肋骨骨折及び右膝十字靭帯損傷等
入通院状況：入院60日、通院226日（実日数133日）
後 遺 障 害：症状固定日平成15年6月14日、併合9級（10級11号「1下肢の3大関節中の
　　　　　　　　1関節の機能に著しい障害を残すもの」（右膝十字靭帯損傷に伴う右膝動
　　　　　　　　揺）、12級7号「1下肢の3大関節中の1関節の機能に障害を残すもの」（右
　　　　　　　　股関節脱臼骨折に伴う右股関節の機能障害））

判 決 内 容

基礎収入	733万2,000円（事故前に代表取締役として会社から受けていた給与額の65％）

　被害者は、本件事故前、自らが代表取締役を務める会社から年額1,128万円の給与を
得ていたところ、被害者は、被害者の労働の対価部分は、その80％である年額902万
4,000円である旨主張するのに対して、加害者は、被害者の労働の対価部分は、年額
556万4,280円である旨主張するので検討する。

　被害者の会社の役員の構成、その出資者の構成に鑑みれば、被害者の会社は同族会
社と認められること、被害者は、本件事故前、職人の差配、現場監督を行うほか、自
ら鳶職として現場作業にも従事しており、本件事故により休業したため、平成14年9月

第4章　会社役員　143

から平成15年6月までは給与の支給を受けておらず、復職後も、本件事故により現場監督及び鳶職としての稼働が不可能になったため、給与が年額780万円に減額していること、被害者の休業期間中、被害者が行っていた職人の差配、現場監督等の仕事は、Cが行っているところ、Cの本件事故前の給与は年額583万9,915円であり、被害者の代わりに職務を行ったことによる加給金額は月額5万円にすぎないこと、被害者の会社の売上、営業利益及び当期利益は、本件事故前、被害者の休業期間中及び被害者の復職後を通じて大差がなく、被害者の休業期間中の会社における人件費も216万9,070円増額しているにすぎないことなどを考え併せれば、被害者の会社の給料における労働の対価部分は、その65％の年額733万2,000円と考えるのが相当である。

労働能力喪失率	40％

　鳶職人としての稼働歴は本件事故当時で16年に及ぶところ、本件事故による後遺障害により、上記認定のとおり鳶職として稼働することが不可能になり、その分人件費がかさんだり鉄骨組立ての仕事ができなくなるなど、被害者の会社の営業にも影響を及ぼしていること、被害者の41歳という年齢、上記稼働歴及び会社は現在7名の従業員を抱えていることなどに徴すれば、被害者が会社を畳んで他の仕事を探すのは容易でないとする被害者本人の供述は首肯できることなどに鑑み、被害者の上記後遺障害による労働能力喪失率は40％と考えるのが相当である。

就労可能期間	29年間（38〜67歳）

症状固定時満38歳から満67歳までの29年間を就労可能期間とした。

コメント

　本件は、鳶工事業等を営む会社の代表取締役を務めるとともに、現実に労務も提供していた者の基礎収入について判断を示した事案です。

　会社の代表取締役の給与には、利益配当に該当する部分と、労務対価に対応する部分とが混在していると考えられ、そのうちの後者について、労働能力喪失が論じられる（逸失利益の基礎収入とする）ことになります。

本件では、裁判所は、被害者の会社が同族会社であること、被害者自身も職人の差配、現場監督を行うほか、自ら鳶職として現場作業にも従事していたこと、被害者が事故後に一定期間給与の支給を受けていないこと、復職後も給与が従前の額よりも減額されたことを、被害者に有利な事情として挙げました。

一方で、被害者の休業期間中に被害者がこれまで行ってきた業務を代わりに務めた者の給与額、代わりに業務を行った者に支給された加算給付額、被害者の会社の営業利益の変動が被害者の復帰前後で大差がないこと等を被害者に不利な事情として挙げました。

そして、これらの事情や周辺事情を総合的に考慮して、事故前に会社から支給されていた給与である年額1,128万円の65％相当額である733万2,000円を労働の対価部分として逸失利益の基礎収入と認定しました。

第 4 章　会社役員　　　145

〔51〕　会社役員（1級土木施工管理技士・監理技術者資格者）の逸失利益に
ついて、役員報酬月額100万円全額を労務提供部分と認定した事例

（大阪地判平18・7・10交民39・4・944）

事件の概要

事故の状況：信号機による交通整理の行われている交差点において、東から北に向か
　　　　　　って右折した加害車両と交差点の北詰横断歩道上を西から東に直進した
　　　　　　被害者運転の自転車が衝突し、被害者が転倒。

被　害　者：会社役員（1級土木施工管理技士・監理技術者資格者）・男性・症状固定
　　　　　　時39歳（事故時38歳）

事 故 日 時：平成13年10月20日・AM11：47頃

受 傷 内 容：左膝関節内脛骨外顆粉砕陥没骨折、左肩挫傷

入通院状況：入院133日、通院294日（実日数66日）

後 遺 障 害：症状固定日平成14年12月20日、8級7号「左膝関節の用を廃したもの」（左
　　　　　　膝関節内脛骨外顆粉砕陥没骨折による側方動揺性。なお、左膝関節部痛
　　　　　　などの訴え症状については、派生的関係から上記に含めて評価されてい
　　　　　　る。）

判 決 内 容

基礎収入	1,200万円（事故前に受けていた月額100万円の役員報酬を そのまま労務提供部分と認定）

　被害者は、高校卒業後、被害者の父が経営するb組に入社し、主として港湾関係の
土木の業務に従事し、1級土木施工管理技士の免許や監理技術者資格者等の資格を取
得したほか、大学で土木を専攻したりした。被害者は、平成5年7月にb組を退社し、
同年8月に個人事業を開始し、平成8年8月、a会社を設立し、事業を法人化した。

　本件事故当時における会社の主たる業務は、各省庁、地方自治体等が発注する土木
工事関係の現場技術業務、施工管理業務を受託し、被害者自ら又は被害者が委託した
技術者がその業務を遂行するというものである。

具体内容は、各省庁、地方自治体若しくはそれらの外郭団体等が土木工事を発注する場合、従来発注者の職員が設計図面等の作成や工事監督・検査等の業務を行っていたが、近年、これらの業務が民間に委託されることになった。そして、工事発注者（各省庁地方局等又は各出先事務所等）が、これらの施工管理業務を大手・中堅建設会社（元請会社）に委託し、a会社は元請会社から更に委託を受けていた。

a会社は、資本金300万円の有限会社であり、役員は取締役として被害者とその妻の2人がおり、被害者が代表取締役であって、従業員はいない。

月額100万円の役員報酬については、a会社には被害者の他はその妻がいるのみで他に従業員はおらず、実質的に被害者が全ての業務を行っていたといえること、被害者自ら施工管理業務を遂行し、あるいは外注している技術者に対して指導・助言を行っていたことなどの前記認定の事実関係からすると、全額について労務提供部分であると認めることができる。

労働能力喪失率	45％

本件事故により生じた左膝関節内脛骨外顆粉砕陥没骨折のために左膝に装具を装着していても歩行能力は30分程度であるなど前記認定の後遺障害を負ったことからすると、被害者の労働能力喪失率は後遺障害8級に相当する45％とみるのが相当である。

就労可能期間	28年間（39〜67歳）

症状固定時39歳から満67歳までを就労可能期間とした。

$$コメント$$

本件は、会社の代表者の逸失利益について判断された事案です。

本件における被害者の会社は、各省庁、地方自治体若しくはそれらの外郭団体等が土木工事を発注する場合において、設計図面等の作成や工事監督・検査等の業務が民間大手・中堅建設会社に委託され（元請）、更に当該元請企業から委託を受けて業務遂行している下請業者でした。

被害者の会社の役員は、被害者自身と妻の2名だけでした。

第4章　会社役員　　147

　また、被害者は一級土木施工管理技士の免許や監理技術者資格者証等の資格を取得したほか、大学で土木を専攻していました。

　被害者の会社が受けた業務は、全て被害者自身で対応するか、又は低廉な費用で委託できる若手の技術者に外注に出し、被害者が随時助言・指導を行っているという状況でした。

　このような状況下において、裁判所は、被害者に支給されていた役員報酬月額100万円を全て労務対価であると認定し、これを基にして逸失利益を算出しました。

148 第4章 会社役員

〔52〕 50歳の会社役員につき、50〜60歳までは役員報酬のうち労務対価部分を基礎収入にし、60〜67歳までは同年代の賃金センサスを基礎収入とし、68〜80歳までは現時点で算定した年金受給見込額を基礎収入とし、67歳までの生活費控除率を30％、68歳以降は50％として算定した事例

(名古屋地判平20・5・16交民41・3・616)

事件の概要

事故の状況：高速道路上で車線変更した加害車両が、同様に車線変更した被害車両に追突し、被害車両に同乗していた被害者が死亡。

被 害 者：会社取締役・男性・50歳

事 故 日 時：平成18年1月10日・PM11：25頃

判 決 内 容

基礎収入	① 50〜60歳…1,423万4,976円（利益配当分を除いた実収入額） ② 60〜67歳…649万5,000円（平成18年賃金センサス産業計・企業規模計・男性労働者大卒60〜64歳平均賃金） ③ 68〜80歳…159万5,200円（老齢基礎年金、老齢厚生年金受給見込額）

(1) 50歳から60歳まで

(ア) 被害者は、B大学法学部を卒業後、昭和54年に別の会社に就職したが、平成3年、同社の先輩が設立したA社に転職した。

(イ) A社は、従業員約160名の広告代理店であり、同社では、取締役会は開催されたことがなく、経営、人事、財務等の重要事項は、代表取締役であるBが専務取締役である同人の妻と相談して決定していた。

(ウ) 被害者は、A社入社と同時に営業部一課長に就任し、その後、営業部次長（一課長兼務）を経て、平成13年4月1日、営業部長（一課長兼務）に昇進した。営業部長当時の業務内容は、営業部一課長として数名の課員を統括するとともに、営業部長として営業部全体を指導管理するというものであり、営業の責任者と

して毎日営業活動に従事していた。平成16年度の収入は1,338万5,952円（基本給577万0,752円、職能手当240万円、特別手当51万6,000円、賞与469万9,200円）であった。

(エ)　被害者は、会社への貢献が評価されて職級が一段階上がることとなり、平成16年10月1日、取締役営業部長（一課長兼務）に昇進した。その際、退職金は支給されておらず、業務内容、勤務時間、雇用保険の扱いも営業部長当時と同様であった。

(オ)　被害者は、取締役営業部長昇進に伴い、平成17年は、1,500万円（基本給600万円、職能手当300万円、賞与600万円）の収入を得ることになった。なお、平成16年10月、全社員について特別手当が廃止されたこと等に伴い、Aの収入は、月額5万円増加した。

　以上を前提に検討するに、営業部長当時の平成16年度の収入が1,338万5,952円であったことや、取締役就任後も業務内容、勤務形態等に変更はなかったことからすれば、取締役就任後の平成17年の収入の大半は労務の対価であったということができる。しかしながら、営業部長当時、特別手当分51万6,000円を除いた年収として1,286万9,952円を得ており、取締役就任後は、特別手当廃止等に伴う増加分60万円（月額5万円×12か月）を除いた年収として1,440万円を得ていたから、取締役就任による実質的な収入の増加は年額153万0,048円（1,440万円－1,286万9,952円）であったと認められるところ、営業部長当時と取締役就任後で業務内容にも勤務形態にも変更がなかったのに、実質的な収入が前年より10％以上も増加していることに照らすと、増加分の全てを労務の対価であったということはできず、このうちの5割（76万5,024円）は利益配当部分とみるのが相当である。

　そうすると、A社の就業規則の定年である60歳までの10年間の基礎収入は1,423万4,976円（年収1,500万円から利益配当部分であると認める76万5,024円を控除した額）となる。

(2)　60歳から67歳まで

　A社の就業規則には、従業員の定年は満60歳であり、本人が定年後の雇用継続を希望し、会社が必要とする場合には、退職後に改めて嘱託従業員又はパートタイム勤務従業員として再雇用する旨定められていることにも鑑みれば、Aは、その経歴や就労状況からみて、定年後も67歳までの7年間は就労することができたと認められる。

　そうすると、その間の逸失利益は、基礎収入を平成18年賃金センサス産業計・企業規模計・男子労働者大卒60〜64歳の平均給与額649万5,000円とすべきである。

（3）　68歳から80歳まで

　被害者は、老齢年金の受給資格を有しており、年金見込額は、62歳から65歳までが特別支給老齢厚生年金106万5,300円であったこと、65歳からは老齢基礎年金・老齢厚生年金合計159万5,200円であったこと、ただし、67歳まで就労して収入を得ていたとするなら、その間は年金の支給が停止されることが認められる。

　以上の事実を前提とすれば、被害者が老齢基礎年金・老齢厚生年金を受給するのは本件事故の18年後ということになるが、その間に現在の年金制度に何らかの変更があったとしても、既に年金受給資格を有する者に対する年金支給が不確実とまでいうことはできない。

　そうすると、被害者の68歳から平均余命である80歳までの逸失利益は、基礎収入を上記老齢基礎年金・老齢厚生年金額159万5,200円とすべきである。

生活費控除率	①　50〜60歳　30%
	②　60〜67歳　30%
	③　68〜80歳　50%

　被害者は、事故当時、妻と2人の子供、母親を扶養していたため、①50歳から60歳まで及び②60歳から67歳までの期間は、生活費控除として収入の3割とする。

　③68歳から80歳までは、年金収入であるため、生活費控除率を50％とする。

| 就労可能期間 | 17年間（50〜67歳） |

　被害者は、死亡当時満50歳であり、事故当時の実収入（ただし、利益配当分を除く労働対価部分）を得られる就労期間を50歳から60歳までの10年間とし、60歳から67歳までの期間は、賃金センサスの平均賃金を得られる就労期間とし、68歳以降は、就労可能期間ではなく、年金収入のみを得られる期間と認定した。

$$\boxed{\text{コ　メ　ン　ト}}$$

　本件では、会社の役員である被害者の逸失利益について、収入を得られたであろう年齢の期間を分けて、それぞれの期間において、基礎収入を算定したのが特徴的です。

　会社の役員報酬は、特に小規模会社の場合、労務対価部分のみならず実質的な利益配当部分も含まれていることが多く見受けられ、逸失利益の算定においては、役員報

酬のうち、労務対価部分のみを基礎収入とすべきという考え方が実務上ほぼ定着しています。

そして、役員報酬中の労務対価部分の判断については、会社の規模、収益状況、当該役員の地位・職務内容、会社の収益への役員個人の寄与度、年齢、報酬額、他の役員や従業員との差異、事故後の役員報酬の変化、類似する会社の役員報酬など、様々な要因を考慮して判断することになります。

(1)　事故当時の年齢である50歳から60歳まで

被害者が、会社の代表取締役として実質的に会社経営を自ら行い、経営、人事、財務等の重要事項の決定権を有するものであれば、その報酬のうち、利益配当部分と認められる割合は、比較的大きいと思います。しかし、本件の被害者は、従業員から出世して、取締役に就任し、業務内容も取締役就任以前と同様であったと認められました。そうであるとすれば、役員報酬のほとんどが、労務対価と認定されたものとも思われます。もっとも、本件の場合、被害者の取締役就任により、業務内容に変更がないにもかかわらず、従前の収入より10％超の収入増がありました。そこで、裁判所は、この増加額部分の全てを労働対価部分と認定することは困難であるとし、増加額の50％を利益配当相当分と認定し、実収入から増加額の50％を控除した額を基礎収入として積算しました。

(2)　60歳から67歳まで

本件で裁判所は、就業規則で定める定年（60歳）までの期間は、実収入（利益配当相当分を控除）を基礎収入として算定しています。しかし、この被害者は、実質的経営者でないため、60歳以降は、原則として定年退職となるものと認定し、実収入を基礎として算定することはできないとしました。

その一方で、会社が必要とする者については、嘱託従業員又はパートタイム勤務従業員として再雇用する旨就業規則で定められていること、被害者の経歴等から再雇用される蓋然性が高いことから、就労可能期間の67歳までは稼働できると判断しました。

なお、年収はその時点で改めて決定される等の事情から、賃金センサスの平均賃金を基礎収入と認定しました。

(3)　68歳から80歳まで

就労可能年齢といわれる67歳を超えてから、平均余命までの期間は、予測できる年金収入を基礎にしています。

152 第4章　会社役員

〔53〕　小規模会社の役員を務める被害者につき、現場作業を含め会社の業務全般を実際に行っていること、被害者死亡後売上高が大きく減少したことなどから、同年齢の賃金センサスを超える役員報酬全額を労務対価部分として算定した事例　　　　（札幌地判平21・2・26判時2045・130）

$$事件の概要$$

事故の状況：加害車両が交差点を右折した際、道路前方を横断中の被害者に衝突し、
　　　　　　被害者が死亡。
被　害　者：会社経営者・男性・57歳
事 故 日 時：平成19年4月26日・PM8:25頃

$$判 決 内 容$$

基礎収入	年額840万円（役員報酬全額）

　被害者は、中学校卒業後、職業訓練校を経て、昭和41年4月に電気工事関連の会社に就職し、その後独立してA社を引き継いで昭和62年6月にその代表取締役に就任した。

　A社は、自動制御装置の工事設計及び施工、電気工事の請負及び施工等を目的とする有限会社であり、本件事故当時、代表取締役である被害者のほかに、取締役として妻B、従業員としてCと被害者の子D（昭和54年生）の2名がいた。資本金の額は300万円であり、A社の発行済株式総数3,000株のうち、被害者が2,400株を、妻Bが600株を有していた。

　被害者は、工事現場で作業に従事したり現場監督をしたりするほか、取引先との交渉、契約締結、請求書の発行までの一連の手続や金融機関からの借入れその他の資金繰りに関することなど実質的にA社の業務一切を取り仕切っていた。従業員であるCとDは専ら現場での作業等に従事しており、また、妻Bは帳簿をつける程度であった。被害者の取締役報酬は年額840万円に固定されていた。被害者が死亡した後の平成19年5月に被害者の子DがA社の代表取締役に就任した。

　A社の決算状況は、平成13年から平成20年まで（各事業年度は毎年7月1日から翌年6月30日まで）はおおむね次のとおりである。

① 平成13年6月期

売上高9,751万円、売上総利益3,991万円、営業利益379万円、経常利益309万円、当期利益229万円

② 平成14年6月期

売上高1億4,414万円、売上総利益3,894万円、営業利益604万円、経常利益539万円、当期利益39万円

③ 平成15年6月期

売上高1億1,401万円、売上総利益5,633万円、営業利益371万円、経常利益272万円、当期利益261万円

④ 平成16年6月期

売上高7,380万円、売上総利益3,271万円、営業利益66万円、経常損失11万円、当期利益13万円

⑤ 平成17年6月期

売上高8,685万円、売上総利益3,926万円、営業利益230万円、経常利益165万円、当期利益160万円

⑥ 平成18年6月期

売上高1億0,087万円、売上総利益4,295万円、営業利益187万円、経常利益107万円、当期純利益71万円

⑦ 平成19年6月期（事故年度）

売上高7,696万円、売上総利益4,392万円、営業損失8,017万円、経常利益3,108万円、当期純利益2,158万円

なお、被害者の死亡による退職金7,980万円及び葬儀費用の支出と生命保険金の収入が発生した。

⑧ 平成20年6月期

売上高4,486万円、売上総利益2,799万円、営業損失146万円、経常損失150万円、当期純損失150万円

前記認定事実によれば、Ａ社は小規模な会社であり、その代表取締役であった被害者は、現場での作業を含めてＡ社の業務全般を実際に行っており、その職務内容は、他の取締役や従業員のそれと比較して極めて重要なものであること、その報酬額も年齢等に照らしてさほど高額ではなく、本件事故による被害者の死亡後にはＡ社の売上高が大きく減少するなど被害者の死亡の影響が顕著に現れていると考えられることに照らすと、被害者に支給されていた役員報酬年額840万円の全額が労務対価部分と認定するのが相当である。

生活費控除率	30%

　被害者は、妻であるBと長男Eの3人で生活していた。なお、長男Eは、歩行困難な体幹機能障害のために身体障害者等級3級に認定されており、無職である。

　被害者の年齢や生活状況等に照らすと、生活費控除率は3割とするのが相当である。

就労可能期間	13年間（57～70歳）

　被害者は事故当時57歳であり、同年齢男性の平均余命は24.90年（平成18年簡易生命表）とされているから、被害者の生活状況等に照らし、少なくとも70歳に達するまでの13年間はA社の代表取締役として上記の仕事を継続して行い、上記と同額の役員報酬を得ることができたというべきである。

コメント

　会社の役員報酬は、特に小規模会社の場合、労務対価部分のみならず実質的な利益配当部分も含まれていることが多く見受けられ、逸失利益の算定においては、役員報酬のうち、労務対価部分のみを基礎収入とすべきという考え方が実務上ほぼ定着しています。

　そして、役員報酬中の労務対価部分の判断については、会社の規模、収益状況、当該役員の地位・職務内容、会社の収益への役員個人の寄与度、年齢、報酬額、他の役員や従業員との差異、事故後の役員報酬の変化、類似する会社の役員報酬など、様々な要因を考慮して判断することになります。

　本件において、加害者側は、役員報酬の中には利益配当の実質を持つ分があると主張しましたが、裁判所は、会社の売上、利益等を過去何年分も精査した上でA社が小規模会社であること、被害者の勤務内容が現場での作業を含めてA社の業務全般を実際に行っていること、その職務内容は、他の取締役や従業員のそれと比較して極めて重要なものであること、その報酬額も年齢等に照らしてさほど高額ではなく、本件事故による被害者の死亡後にはA社の売上高が大きく減少するなど被害者の死亡の影響が顕著に現れていると考えられることに照らし、被害者に支給されていた役員報酬年額840万円の全額が労務対価部分と認定しました。

労働対価部分を算定することが困難な場合、同年齢の賃金センサスの金額で認定する裁判例もありますが、本件では、上記のとおり細やかな事実認定をした結果、同年齢の賃金センサスを超えている金額ではありますが、その全額を労務対価部分と認定した点で、非常に参考となるものと思われます。

なお、生活費控除率としては、妻と身体障害者の長男を扶養していたことから、30％と認定しました。

また、就労可能期間については、被害者側は、75歳まで稼働可能であったと主張しましたが、これについてはＡ社の代表取締役に就任したＤの年齢等を考慮し、75歳までの稼働可能期間とは認定しませんでした。しかしながら、被害者の生活状況等に照らし、一般的な就労可能年齢の67歳ではなく、平均余命も加味し70歳までを稼働可能期間として認定しており、参考となります。

156　　　第4章　会社役員

〔54〕　会社役員で、経理・財務に関する業務に従事していた者について、役
　　　員報酬額と業務内容との関係性等に着目して、労務対価部分を認定し
　　　た事例　　　　　　　　　　　　　　　　（東京地判平25・3・13交民46・2・353）

事件の概要

事故の状況：片側3車線の道路の第3車線を進行してきた加害車両と、横断歩道を横断
　　　　　　していた被害者が衝突。

被　害　者：会社役員・女性・症状固定時65歳

事故日時：平成19年12月29日・PM4：51頃

受傷内容：骨盤骨折、外傷性くも膜下出血、右副腎損傷及び外傷性肝挫傷等

入通院状況：入院232日、通院平成20年9月20日〜平成23年1月14日の約2年4か月間

後遺障害：症状固定日①平成22年12月24日（頭部しめつけ感及び頭部の皮膚感覚違
　　　　　和感の後遺障害が残存した旨の診断）、②平成23年1月14日（はやく歩け
　　　　　ない、高いものが取れない、頸部違和感、腰痛、股関節内側の痛み、杖
　　　　　を使用しないと長く歩けない、ふらつき（ふわふわするような感覚）、頭
　　　　　痛（頭重感）、足のしびれの後遺障害が残存した旨の診断）、併合12級（12
　　　　　級13号「局部に頑固な神経症状を残すもの」（骨盤骨折後の股関節内側の
　　　　　痛み、速く歩けない等の症状）、14級9号「局部に神経症状を残すもの」
　　　　　（頭痛（頭重感）、ふらつき等の神経症状））

判決内容

基礎収入	960万円（労働との対価関連性を有する部分の金額は、一般的な労働者が得るであろう平均的な賃金の2倍程度の額と認定）

(1)　証拠及び弁論の全趣旨によれば、①被害者は、本件事故が発生した当時、訴外会
　　社の取締役の地位にあり、平成19年1月1日から本件事故発生の日である同年12月
　　29日までの間、訴外会社から役員報酬として1,200万円の支給を受けたこと、②被
　　害者は、本件事故が発生する前、訴外会社及び訴外会社と役員等を同じくする関連

第4章　会社役員　　157

会社において、経理・財務に関する業務として出納管理、現金管理、税務申告及び資金繰り等の業務を行い、総務に関する業務として給与管理及び各種社会保険に関する手続等の業務を行い、人事に関する業務として採用及び傷病手当金の申請等の業務を行っていたこと、③被害者は、平成20年1月1日から平成21年3月末日までの15か月間、本件傷害のため訴外会社の業務に従事することができず、訴外会社から役員報酬、給与又はこれに類する給付を一切支給されなかったこと、④被害者は、平成21年4月から訴外会社の業務に復帰したが、同月以降の業務量は本件事故の前よりも30％程度減少していること、⑤被害者は、上記④の復職に伴い、平成21年6月から、訴外会社より毎月100万円の給与の支給を受けていること、以上の事実を認めることができる。

(2)　上記認定のとおり、被害者は、本件事故が発生した当時、訴外会社の役員報酬として年1,200万円の収入（上記①）を得ていたが、訴外会社に復職した後は、本件事故の前よりも30％少ない量の業務に従事している（上記④）にもかかわらず、本件事故が発生した当時と同じ水準の月額100万円の収入を得ている（上記⑤）。

　　以上の事実に照らすと、本件事故が発生した当時の被害者の収入のうち、その一部は、被害者の労働の内容や程度と関わりなく得られていたと推認するのが相当である。

　　そして、上記のとおり認定した被害者の従前の職務の内容（上記②）に鑑みれば、被害者が得ていた訴外会社の役員報酬のうち、被害者の労働と対価的関連性を有する部分の金額は、一般的な労働者が得るであろう平均的な賃金の2倍程度の額に相当する年960万円と認めるのが相当である。

　　したがって、被害者の本件事故による休業損害の算定に当たっては、本件事故が発生した当時の被害者の収入年1,200万円のうち、上記のとおり被害者の労働と対価的関連性を有すると認められる年960万円を基礎収入と認める。

労働能力喪失率	14％

就労可能期間	12年間

コメント

　本件は、会社の取締役の地位にある者について、労働対価関連性の認められる額の認定がなされた事案です。

　被害者は、年間1,200万円の役員報酬を受けていましたが、事故後の休職期間には役員報酬を受け取っていませんでした。

　そして、職場復帰後は、事故前よりも30％程度少ない量の業務に従事していたにもかかわらず、事故前の水準で役員報酬を受けていました。

　裁判所は、これらの事情や、従事する業務内容なども精査して、一般的な労働者が得るであろう平均的な賃金の2倍程度の額に相当する年960万円を基礎収入として認定しました。

　認定額としては、受領していた役員報酬の80％の金額であり、上記の事情を考慮しつつ、裁判所としてバランスをとったものと思われます。

　会社役員の場合には、本件のように役員報酬の額、実際の業務内容、休業期間の役員報酬の支給の有無、就業復帰後の役員報酬の水準、一般的な労働者の平均賃金額等を目安として労務対価部分を認定していくことになるでしょう。

第4章　会社役員　　159

〔55〕　会社の事業である警戒船及び通船業務を一人で行っていた68歳の会
　　　社役員につき、会社に利益が生じた場合は内部留保していたことから、
　　　同年齢の賃金センサスをはるかに超える年額1,125万円の役員報酬全
　　　額を労務対価部分と認め算定した事例

（横浜地判平25・11・28交民46・6・1511）

事件の概要

事故の状況：加害車両（大型貨物自動車）が、前方を走行していた被害車両（原動機
　　　　　　付自転車）に追突し、被害者が死亡。
被　害　者：会社役員・男性・68歳
事故日時：平成22年6月28日・AM11：40頃

判　決　内　容

基礎収入	1,125万円（役員報酬全額）

　証拠によれば、被害者はA社の事業である警戒船及び通船業務の受注、人員の配置
その他の管理業務を一人で行っており、会社に利益が生じた場合には、内部留保とし
ていたことが認められるから、いわゆる不労所得に相当する部分はなく、被害者の役
員報酬全額が労務対価部分と認められる。

　A社における平成18年度における役員報酬は960万円、平成19年度が1,140万円、平
成20年度及び平成21年度（ただし、本件事故までの9か月分とみて年額に補正する。）
が各1,200万円であることが認められる。したがって、Aの基礎収入額は、これらの平
均である年額1,125万円とするのが相当である。

生活費控除率	40％

　被害者を一家の支柱と認めつつ、家族である妻と2名の子のうち、子はいずれも事故
当時、独立して生計を立てていることから、生活費控除率を40％と認定した。

| 就労可能期間 | 8年間（平均余命の半分） |

被害者は、本件事故当時、68歳であるから、平均余命の半分である8年間を就労可能期間と認定した。

コメント

会社の役員報酬は、特に小規模会社の場合、労務対価部分のみならず実質的な利益配当部分も含まれていることが多く見受けられ、逸失利益の算定においては、役員報酬のうち、労務対価部分のみを基礎収入とすべきという考え方が実務上ほぼ定着しています。

そして、役員報酬中の労務対価部分の判断については、会社の規模、収益状況、当該役員の地位・職務内容、会社の収益への役員個人の寄与度、年齢、報酬額、他の役員や従業員との差異、事故後の役員報酬の変化、類似する会社の役員報酬など、様々な要因を考慮して判断することになります。

本件においては、被害者の役員報酬は、事故前の4年間の平均額で1,125万円であり、同年齢の平均賃金を上回っており、加害者側からは、役員報酬の一部には利益配当分が含まれるとの主張がなされました。

しかしながら、裁判所は、被害者がA社の事業である警戒船及び通船業務の受注、人員の配置その他の管理業務を一人で行っていたこと、会社に利益が生じた場合には、内部留保としていたこと等の事実を認定し、被害者の役員報酬の全額を労務対価部分に該当すると認定しました。

賃金センサスを優に超える役員報酬認定事例として、非常に参考になります。

第4章　会社役員　　161

〔56〕　個人会社役員の逸失利益につき、財務政策上低く抑えた役員報酬額
　　　ではなく、賃金センサスにて算定した事例

(横浜地判平28・5・27交民49・3・672)

事件の概要

事故の状況：被害車両が交差点に青信号で進入したところ、加害車両が赤信号を無視
　　　　　　して右方から進入し、両車両が衝突。

被　害　者：会社役員・男性・事故時75歳

事 故 日 時：平成25年7月6日・AM8:22頃

受 傷 内 容：右肩挫傷、左肩腱板断裂、両膝挫傷、左膝外側側副靱帯不全損傷、前十
　　　　　　字靱帯不全損傷、外側半月板損傷、頸椎捻挫

入通院状況：入院6日、通院は以下のとおり

　　　　　①　Ａ病院　　　　　平成25年7月6日～同月8日（実日数2日）
　　　　　②　Ｂ整形外科　　　平成25年7月10日～平成26年2月6日（実日数70日）
　　　　　③　Ｃ病院　　　　　平成25年8月20日～同年10月21日（実日数3日）
　　　　　④　Ｄクリニック　　平成25年9月26日～平成26年8月14日（実日数89日）

後 遺 障 害：症状固定日平成26年8月14日、14級9号「局部に神経症状を残すもの」（左
　　　　　　膝痛等の神経症状）

判 決 内 容

基礎収入	336万1,700円（平成25年度男性学歴計70歳以上賃金センサス）

　被害者は、①工作機械販売及び修理メンテナンスを行う株式会社Ｇの実質上の経営
権を握る取締役であるが、同社は被害者、妻、長男の3人だけの家族会社であったこと、
②被害者の仕事は、経営者としての通常業務のほか、工作機械のメンテナンス・販売
等であったが、本件事故により左膝と左肩が痛んだり、左肩の手術のため、少なくと
も半年間は同作業に支障を来した上、通院にも相当な時間をとられたことから、工作
機械の販売等の業務にも支障が生じ、会社の売上が減少したり、メンテナンス業務の

外注等により経費が増えて会社の利益が減少したこと、③損益計算書によると、本件事故前の1年間は売上額は7,073万5,139円であるが、本件事故後は売上額は5,596万9,157円と約25％減少したこと、④当期利益は、本件事故前1年は415万1,013円であるが、本件事故後は20万0,629円と約95％減少したこと、⑤このような経過の中で、被害者は、本件事故前から税理士の指導を受け、会社の体力を残すため自己の役員報酬（年収）を96万円に抑えて年金で生活することとし、会社の売上が伸びても、これを増額しなかったことが認められ、これに照らすと、会社は経済的に被害者と一体化し、支配関係等からみても被害者の個人会社であり、被害者の役員報酬年額96万円は、労働対価部分を正確に反映したものではないから、会社の上記売上、利益状況等を考慮し、本件事故当時の被害者の基礎収入を336万1,700円（ただし、本件事故当時の被害者の年齢は75歳であり、男性学歴計70歳以上の賃金センサス（平成25年度のもの）による。）を下らないと認めるのが相当である。

労働能力喪失率	5％

労働能力喪失率を後遺障害等級14級相当の5％とする。

就労可能期間	5年間

労働能力喪失期間を他覚的所見がないことを考慮して5年間として算定する。

コメント

　本件は、高齢の会社役員であった被害者に関する事案ですが、基礎収入の算定において、会社経営対策の観点から、自己の役員報酬を減額して申告していた事実等を加味し、税務申告上の役員報酬額を超えて、70歳以上平均賃金センサスを基礎として、認定をしました。

　役員報酬に関する事例においては、役員報酬全額を基礎収入として認定するのではなく、役員報酬のうち、労務対価部分が観念できる場合には、その部分に限定して基礎収入額の認定を行うのが一般的であり、その際に、賃金センサスの概念を用いて減額の範囲を特定することが行われますが、本件は、当該発想とは逆に、役員報酬以上

の基礎収入額を認定するために賃金センサスを用いていますので、個人事業主の事例に近いような判断手法となっています。

判断の理由として、まずは、所属していた会社が、工作機械販売及び修理メンテナンスを行っており、家族3名で経営する家族経営の会社であり、被害者が実質的経営権を握っていたことや、被害者が経営業務のほか、工作機械のメンテナンス・販売業務にも従事していたことを挙げ、会社の売上額や利益が減少していることも指摘しつつ、会社の減収を被害者の役員報酬が税理士からの指導により、固定額であったことも加味し、被害者と会社が経済的に一体化していることを認定していますので、個人会社の役員が休業した場合に生じた、企業損害についての判断と似たような手法をとっているといえます。

164 第4章 会社役員

〔57〕 呉服店を経営する会社の代表者が、会社から支給される給与について は事故前後で減収がなかったものの、賃金センサス男性学歴計70歳 以上の平均年収額の70％を基礎収入とし、高次脳機能障害1級1号の認 定を前提として社会生活水準の低下を考慮して労働能力喪失率を86％ とした事例 　　　　　　　　　　　　（神戸地判平28・12・14交民49・6・1497）

```
┌─────────────────────┐
│     事 件 の 概 要      │
└─────────────────────┘
```

事故の状況：交通整理の行われていない交差点を被害者が道路横断していたところ、 同交差点を左折進行した加害車両にひかれた。

被　害　者：呉服店の代表取締役・男性・症状固定時73歳（事故時72歳）

事 故 日 時：平成24年10月24日・PM4:46頃

受 傷 内 容：脳挫傷、外傷性くも膜下出血、急性硬膜下血腫等

入通院状況：不　明

後 遺 障 害：症状固定日平成25年8月31日、1級1号「神経系統の機能又は精神に著しい 障害を残し、常に介護を要するもの」（高次脳機能障害）

```
┌─────────────────────┐
│     判 決 内 容        │
└─────────────────────┘
```

基礎収入	235万3,190円（賃金センサス平成25年男性学歴計70歳以上の平均年収額の7割）

　本件事故当時、被害者は呉服店の代表取締役として稼働し、年額720万円の給与を得 ていたこと、本件事故後の平成25年及び平成26年における被害者の給与収入が本件事 故前と同一であったことが認められる。そうすると、被害者は、本件事故の前後で減 収がなかったというべきであるが、入院中の被害者の治療費、被害者の母親の入院費、 介護費及び生活費等を捻出する必要があったことに加え、本件会社の税務対策面も考 慮し、また、被害者に対して給与を支払わないことに対する心情的な拒否感から、給 与を支払った形にしたものである、との被害者側が主張するところは首肯できるもの であり、被害者が就労可能な期間を通じて本件事故前と同一の収入を得ることを前提 として被害者の逸失利益を全て否定するのは相当ではない。もっとも、被害者は代表 取締役であるところ、本件事故前、自宅を拠点として呉服営業を行っていたものの、

本件事故後も減収がないことや、呉服店の平成23年2月から平成24年1月までの売上高合計2,589万円余りのうち、受取家賃が2,394万円であったこと、同期間における給料手当が1,660万円であったことからすれば、全くないとみるのは相当ではないが、労務対価部分は相当限定されたものであったというべきである。そして、既存障害の内容及び程度に照らすと、被害者の基礎収入としては、賃金センサス平成25年男性学歴計70歳以上の平均年収額の7割に相当する235万3,190円とするのが相当である。

労働能力喪失率	86%

被害者には、脳梗塞の既存障害があり、その影響により、視野障害のほか、脳梗塞の影響により、通常の70代の男性よりもかなり歩行速度が低下していたとの被害者の指摘などを踏まえて労働能力喪失率は86％と認めるのが相当である。

就労可能期間	6年間

症状固定時73歳の平均余命の2分の1として算出した。

コメント

本件の被害者は、株式会社の代表取締役であり、かつ、額面上の給与所得は事故後も減っていませんでした。しかし、会社が被害者に対して配慮して給与を減額しなかった旨の主張にも理解を示し、逸失利益自体は認めることとしました。もっとも、被害者には、脳梗塞の持病があったことや、呉服営業の売上高のほとんどを家賃収入が占めていたことを踏まえて、労務対価部分は相当限定されたものであったと指摘しつつ、賃金センサスの7割を基礎収入として算出しています。

このような事情を踏まえると、比較的小規模な法人の代表取締役が後遺障害逸失利益を請求する場合には、形式的な年収額などの数字だけにこだわるのではなく、会社の業態、就業場所、会社の経理規模、会社の業務の流れなどを総合考慮して、実体的な実収入を算出して、具体的な数字を検討するという視点を持つことが大切なことが理解できます。

第5章　農業従事者

○概　説

　本章は、農業従事者の基礎収入認定事例を集めています。

　農業従事者も、広い意味では、事業所得者です。そこで、本書作成時点においても、農業従事者を、事業所得者に含めて考えるべきかどうかについては、議論がありました。しかしながら、農業従事者の場合、その所得は、いわゆる一般の事業所得者と比べ、毎年の変動が大きいこと（天候等の影響もある）、及び、農業従事者という分類のみで、4件の裁判例を検索することができたことから、別章として取り扱うこととしました。

　ところで、農業従事者の場合、前記のとおり、天候等の影響により毎年の所得の変動が大きく、単純に前年度の所得のみをもって基礎収入とすることは難しいという側面があります。

　また、一般的な農業は、一人で行っていることは少なく、家族等の助けもあって、一家の所得を得ていることが多いです。

　そうすると、被害者本人に後遺症が残存したとしても、それによって確定申告の額に対応する後遺障害逸失利益が、即認められるという関係には、必ずしも立ちません。

　そこで、本人の寄与等を踏まえて、確定申告をベースに、適宜、検討する必要があります。

　また、重度後遺障害が残存し、労働能力を100％喪失するような場合には、休業損害とは異なり、廃業を前提としますので、固定経費をどのように取り扱うか、という問題も出てくるところです。

　いずれにせよ、一言で農業といっても、その対応は千差万別ですので、事案に応じた個別具体的な検討が必要であることに注意が必要です。

第5章　農業従事者　　167

〔58〕　妻と2人で農業兼酪農を営む被害者につき、同県内の同規模農家の平均所得を参考に基礎収入を算定した事例

（宇都宮地判昭62・8・17交民20・4・1031）

事件の概要

事故の状況：畑に脱輪した普通貨物自動車（タンク車）の運転者に頼まれて、同人と共同してタンク車を引き上げるために、被害者がトラクターでけん引中、バランスを失って横転して死亡。

被　害　者：農業兼酪農業者・男性・62歳

事 故 日 時：昭和60年7月1日・AM10:00頃

判決内容

基礎収入	年額270万2,214円（所得金額のうち被害者の寄与率70%相当額）

　被害者は本件事故当時満62歳で、妻Aと共に農業に従事し、約210 a の水稲、約100 a のビール大麦を耕作していたほか、搾乳牛8頭の酪農と牛の飼育を行っていた。

　そして、被害者側の主張によれば、被害者は少なくとも水稲で119万4,732円、大麦で32万8,030円、搾乳牛で185万3,544円、牛の飼育で48万4,000円の年間収益があり、年間農業収入は386万0,306円であると主張する。

　そこで、これについて検討するに、栃木県内における昭和58年度の同規模の水稲、ビール大麦生産農家の年間平均所得は152万2,762円であり、同年度の搾乳牛8頭の年間平均所得は185万3,544円となっており、被害者は更に牛の飼育により年間48万4,000円の利益を得ていたのであるから、被害者の年間農業収入は被害者側の主張する386万0,306円を下らなかったと認められる。

　他面、被害者は、妻と共に農業に従事しており、その農業の寄与率は7割と見るのが相当である。

　よって基礎収入については、386万0,306円×70%＝270万2,214円と算定する。

生活費控除率	40%

　妻と2人で農業従事していることなどから、生活費控除率を40%と認定した。

就労可能期間	8年間（62～70歳）

　70歳までは、同等の収入を得られると認定し、事故当時62歳から70歳までの8年間を就労可能期間と認定した。

コメント

　農林水産業者、自営業者、自由業者などについては、申告所得を参考にするのが原則ですが、申告していない場合や申告額と実収入額が異なる場合には、主張立証を踏まえて実収入額をできる限り正確に認定し、その額を基礎収入と認めることが多いです。また、所得が家族の労働などの総体の上で形成されている場合には、所得に対する被害者本人の寄与部分の割合によって算定します。また、現実収入の証明が困難なときは、各種統計資料によって算定する場合もあります。

　本件では、まず、被害者側が、被害者の所得について、水稲、ビール大麦、搾乳牛、牛の飼育というように農業の種別ごとに所得を積算し、主張しています。

　そして、裁判所は、その金額が実収入とかけ離れているか否かを検討するために、同一地域（本件では栃木県）で、同規模の水稲、ビール大麦、搾乳牛8頭の農家の年間平均所得に関する各種統計資料を引き合いに出し、これと比較し、この他に牛の飼育の所得を考慮した結果、証拠上認定した金額が各種統計資料と比較しても、妥当であることを検証しており、参考になる算定方法であると思います。

　もっとも、そもそも本判決の前提となる被害者側が主張する被害者の所得（合計386万0,306円という部分）の出所は、判決文からは明確ではありません。金額が細かく算出されていることから、おそらく、確定申告がなされていたものと思われます。

　仮に確定申告がなされているとすれば、統計資料と比較するまでもなく、認定すること自体は可能でしょうから、そうであるとすれば、本判決は、統計資料という裏付けをとったという意味で参考になるものです。

第5章　農業従事者　　169

　他面、確定申告がなされていないとすれば、被害者側の被害者の取得の主張には、何らの裏付け資料もないことになります。そうすると、本判決は、被害者の主張が、統計資料と合致していることから、これを認めた、ということとなります。しかしながら、そうだとすると、被害者側としては最初から統計資料と合致する主張をすれば、その主張が統計資料と合致するので、それが認定されるということとなり（トートロジー的主張）、かかる結論が妥当でないことは明らかですから、そうであるとすれば、本判決は、必ずしも汎用性が高いとはいえないと評価できるでしょう。

　なお、上記所得は、家族の労働の総体の上で形成されていることから、被害者本人の寄与部分を7割と認定しました。

〔59〕 一家で農業に従事する者について、農業収入全体と被害者自身の寄
与率を認定した上で基礎収入を認定した事例

(札幌地判平6・4・15判タ868・227)

事件の概要

事故の状況：被害者が、被害車両を運転し、進行方向右側にある空地に駐車するため、
右折を開始したところ、加害者の運転する加害車両が、被害車両を追い
越そうとして追突し、被害車両は、道路右側にあった側溝上に、左側（助
手席側）を下にして横転した。そこで、被害者は、横転した被害車両の
上部（運転席側）のドアから車外に出ようとしたが、その際、右側溝に
転落して傷害を負った。

被　　害　　者：農業等従事者・性別不明・症状固定時42歳（事故時41歳）

事　故　日　時：昭和62年8月25日・AM6：55頃

受　傷　内　容：第12胸椎脱臼骨折、腰髄損傷、歯骨々折等

入通院状況：入院304日

後　遺　障　害：症状固定日昭和63年6月23日、1級3号「神経系統の機能に著しい障害を残
し、常に介護を要するもの」（下半身の運動・知覚麻痺、膀胱直腸傷害等）

判 決 内 容

基礎収入	392万4,550円（事故前年度の一家の農業収入560万6,501円に被害者本人の寄与率70％を乗じた金額）

　証拠及び弁論の全趣旨によれば、被害者は、本件事故当時、父母と同居して、一家
で農業に従事していたところ、昭和61年の農業収入は560万6,501円であり、右農業収
入に対する被害者の寄与率は70％と認められるから、被害者1人分の農業収入を換算
すると、392万4,550円（1円未満切捨）となる。

　被害者の症状固定後における逸失利益は、少なくとも右金額を基礎として、就労可
能年数を症状固定時の満42歳から満67歳までの25年間とし、ライプニッツ方式（係数
は14.3751から0.9523を引いた13.4228）によって年5分の割合による中間利息を控除

した本件事故時における現価を算定した額である5,267万8,449円（1円未満切捨）を逸失利益と認めるのが相当である。

　被害者は、逸失利益の基礎について、有限会社Ａ農場及び有限会社Ｂ造園からの収入も考慮すべき旨主張するが、被害者において、就労可能年数である25年間の全てにわたって本件事故当時の収入を得るとの蓋然性があるとまでは認められず、この点は慰謝料の斟酌事由として考慮することとする。

労働能力喪失率	100％

就労可能期間	25年間（42〜67歳）

　症状固定時満42歳から満67歳までを就労可能期間とした。

コメント

　本件で被害者は、本件事故当時、父母と同居して、一家で農業に従事していました。
　また、被害者は農業の他にアルバイトもしており、農場や造園会社で働いて、昭和61年には、それぞれ56万5,000円、121万9,804円の収入があったことが証拠上認められています。
　裁判所は、休業損害算定の際の基礎収入の認定では、アルバイト収入も考慮しましたが、逸失利益算定のための基礎収入の認定に当たっては、「被害者において、就労可能年数である25年間の全てにわたって本件事故当時の収入を得るとの蓋然性があるとまでは認められず、この点は慰謝料の斟酌事由として考慮することとする」としてアルバイト収入を基礎収入に含めず、農業収入のみを基礎収入として認定しました。
　農業収入の認定に当たっては、まず、農業収入全体を証拠から認定（本件では560万6,501円）、続いて、被害者自身の寄与率（本件では70％）を認定して算出する方法が採用されました。
　農業には一家で従事する者が少なくないと思われますが、被害者自身の寄与率を立証することが求められているといえます。

172　　　　　　　　第5章　農業従事者

〔60〕　林業及び自家用農作物の栽培に従事していた被害者につき、判明している所得は相当低額であるが、同年齢の平均賃金で算定した事例

（大分地判平6・8・31交民27・4・1170）

事件の概要

事故の状況：前方注視を怠った加害者運転にかかる加害車両が、道路左側をコンバインで走行していた被害者に追突し、被害者が死亡。
被　害　者：林業及び自家用農作物の栽培・男性・63歳
事 故 日 時：平成4年10月7日・AM11:25頃

判　決　内　容

基礎収入	年額383万5,200円（自賠責保険別表IV63歳男子の平均給与額）

　被害者は昭和4年8月24日生まれであり、本件事故当時は63歳であったところ、健康状態も良好であり、生業として林業を営む傍ら、自らコンバイン等の農機器具を使って主として自家用の農作物を栽培する（そのため食費への現金支出は多くなかったようである。）などほぼ一人で稼働し、今後も労働の意思も能力もあった者であり、地域の役職にも幾つか就いているなど、通常以上の交際範囲があることがうかがわれること、二男A、三男Bは独立しているものの食住関係についてはある程度の依存関係がうかがわれるようであり、妻のC以外に、A夫婦、及び、Bが同居していること、その生活費は、金額自体は判然としないが、被害者が必要に応じて妻Cに手渡していたこと（妻Cは、月額平均30万円くらい必要でもらっていた旨、供述しているが、所得額及び実質は二人住まいであり食費も多額に上ることはないなどという生活実態などからすればやや多額ではないかと思われるが、同居の二男A夫婦、三男Bの食住費や、被害者の交際範囲から考えられる地域社会における交際費等も考慮すれば、その程度必要な時期もあったことは推認するに難くないといい得る。）、林業収入自体の所得額は明らかでないが、被害者の現金所得として判然としているものは、平成3年度が金42万4,000余円、平成4年度が13万7,000余円という程度のものであり、現金収入がないときは所有土地を売ったりして生活費に充てていたこともあること、被害者は農業者年

金を受給しており、その裁定年額は平成元年9月から平成6年8月までは金81万8,500円、平成6年9月からは金8万1,800円であること、被害者が65歳になったときに請求した場合に受給予定の国民年金は、年額73万7,300円の裁定予定額となっていること（ただし、国民年金の老齢年金を65歳から受給した場合には、農業者年金は約3分の1に減額されるようである。）などの事実を認めることができる。

　ところで、本件においては、その判明している被害者の現実所得は相当程度低額であるけれども、「死亡」による逸失利益の算定は長期にわたる将来の損害であること、また、就労可能な稼働能力それ自体を喪失したことも明らかであることから、平均賃金にも達しない程度の過去1、2年の現実所得や、低賃金であるなどの地域的特殊性を一応捨象して、一律に全国的な平均賃金で算定することには合理性があるというべきであるところ、前記認定事実を総合考慮すれば、本件においては、被害者は本件事故に遭遇しなければ、少なくとも本件事故後就労可能な9年間にわたって自賠責保険別表Ⅳの63歳の男子の平均給与額である金31万9,600円（年額金383万5,200円）の収入をあげ得ることができたとし、同額を基礎収入と認定した。

生活費控除率	35％

　被害者が本件事故当時63歳であったところ、妻Ｃ、二男Ａ夫婦、三男Ｂが同居していたことに鑑み、生活費控除率を35％と認定した。

就労可能期間	9年間

　事故当時63歳の平均余命の半分である9年間を就労可能年数と認定した。

コメント

　本件は、生業として林業を営む傍ら、自らコンバイン等の農機器具を使って主として自家用の農作物を栽培する63歳男性の逸失利益の算定に関する裁判例です。
　農林水産業者、自営業者、自由業者などについては、申告所得を参考にするのが原則ですが、申告していない場合や申告額と実収入額が異なる場合には、主張立証を踏まえて実収入額をできる限り正確に認定し、その額を基礎収入と認めることが多いです。

本件は、判明している被害者の現実所得は相当程度低額であることから、この低額な所得を基礎収入とする判断も可能であったかもしれませんが、裁判所は、逸失利益の算定は長期に亘る将来の損害であること、また、就労可能な稼働能力それ自体を喪失したことも明らかであることから、平均賃金に達しない過去1、2年の現実所得や、低賃金であるなどの地域的特殊性を一応捨象して、一律に全国的な平均賃金で算定することには合理性があるというべきであると判示し、自賠責保険別表Ⅳの63歳の男子の平均給与額と同額を基礎収入と認定しました。

農林水産業者や自営業者は、時として、申告所得額と現実所得額とが一致しないケースも見受けられることから、被害者の生活状況をきめ細やかに認定して、判明している収入だけでは、現実の生活ができないこと、自家用農作物の栽培自体は、所得にならないが、その分、食費等もかなり押さえられたことから、かかる事情を所得換算することで、逸失利益の基礎収入としては、判明している現実所得以上の認定も十分可能であると思料します。

しかし、かかる事情を斟酌しても、平均賃金と同額を認定している点については、疑問が残ります。判明している現実所得額が平均賃金よりはるかに低い場合には、平均賃金と同額ではなく、例えばその7〜8割の限度で認定するなど、低額な判明所得と平均賃金との間をとるなど、バランスをとっている裁判例もあります。そこで、本件のような事案の場合、裁判所の心証としては、認定金額に幅ができる可能性がありますので、実務においては、その辺りも念頭におくべきでしょう。

第5章　農業従事者　　175

〔61〕　年金受給中の農業手伝いの83歳男性が死亡した際の労働能力喪失期間の算出に当たり、年金収入の労働能力喪失期間は生存可能期間である6年間としつつ、農業収入の労働能力喪失期間は3年間として差を設けた事例　　　　　　　　　　　　　（盛岡地判平10・2・25交民31・1・257）

事件の概要

事故の状況：加害者が、普通乗用自動車を運転して道路を直進中、前方不注視の過失により、道路を徒歩で横断中の被害者をひき、事故の26日後に被害者が死亡。

被　害　者：年金受給者、農業手伝い・男性・83歳

事 故 日 時：平成9年1月23日・PM6：30頃

判 決 内 容

基礎収入	①　年額29万8,500円（国民年金受給額） ②　年額215万5,200円（農業手伝い収入）

生活費控除率	50％

就労可能期間	①　国民年金受給は6年間 ②　農業手伝い収入は3年間

　被害者が被害者長男夫婦のもとで悠々自適の生活を営んでいたこと、83歳男性の平均余命が5.84年であること、その他諸般の事情を考慮すると、被害者は本件事故後6年間は生存が可能であり（その間前記年金を受給し続けたと認められる。）、同事故後少なくとも3年間は稼働が可能である（農業手伝い収入を得る見込み）。

コメント

　本件の被害者は、事故当時83歳の高齢ではあるものの、年金収入のほか、他の収入を得るために稼働していました（当事者に争いなし）。このような事情の下、裁判所は、被害者の生活実態や平均余命から、年金受給金額については平均余命まで満額を認めつつ、労働対価部分たる別収入については、その半分程度の稼働が見込まれるとして判断しています。

　そのため、高齢被害者の労働能力喪失期間を考えるに当たっては、被害者の健康、被害者の生活状況、仕事の内容などを総合的に考慮して検討することが求められているといえます。

第6章　外国人

〇概　説

　本章は、外国人の基礎収入認定事例を集めています。

　なお、本章は、外国人という区分で裁判例を集めていますが、外国人とはいっても、その性質は、いくつかに分かれます。

　我が国において、外国人と認識されている者は、①帰化した元外国人、②永住許可を持っている外国人、③長期就労ビザを有している外国人、④短期の就労ビザを有している外国人、⑤就労ビザを有していないが、長期の在留資格を有する外国人、⑥就労ビザを有しておらず、短期の在留資格を有する外国人、⑦ビザが切れた、元在留資格を有する外国人、⑧そもそも在留資格等を有しない外国人（密入国者）に分かれます。

　そのうち、本書においては、①帰化した元外国人は、日本人として取り扱い、外国人としては区分していません。

　また、今般、本書を作成する時点では、⑧そもそも在留資格等を有しない外国人（密入国者）の裁判例を見つけることはできませんでした。

　よって、本書には、前記②から⑦までの外国人に関する裁判例を集めています。

　ところで、外国人は、日本人と異なり、基本的にはいつか母国に帰らなければならないという特殊性があります。

　よって、当該外国人が日本で得ていた所得は、必ずしも一生そのままであるとは限りません。

　そこで、外国人の基礎収入については、どのように考えるべきか、という点が問題となります。

　本章は、これらの点に着目して、どのような外国人の場合に、どのように基礎収入が算定されているのか、という点を検討しています。

　なお、前記のとおり、一言で外国人といっても、就労資格や在留資格については、千差万別であり、また、どこから来た外国人であるのかという点も、異なります。

　よって、結局のところ、最終的には、事案に応じた個別具体的な検討が必要であることは、他の給与所得以外の所得を有する者と同様ですので、注意が必要です。

〔62〕 観光目的で来日した外国人の逸失利益の算出について、第一審は本国での収入を基礎に算出すべきと判断したものの、生活実態や支給されている給与や福利厚生を詳細に検討し、日本での賃金センサスによるべきとした事例 （高松高判平3・6・25判タ770・224）

事件の概要

事故の状況：加害者が運転を誤って加害車両を暴走させて歩道上を自転車で通行していた被害者をはね、被害者が死亡。

被　害　者：観光目的で来日した中国人・男性・39歳

事 故 日 時：昭和63年11月18日・PM10：52頃

判 決 内 容

基礎収入	491万1,200円（賃金センサス昭和63年第1表全産業計男子労働者学歴計35歳～39歳）

　被害者は、中華人民共和国の国籍を有するが、憲法14条の法の下の平等の原則により、日本人と同一方式で逸失利益を算定すべきであり、経済的社会的事情の異なる中華人民共和国における被害者の現実の収入に基づいて逸失利益を算定すべきではない。しかし、また、証拠を総合すると、被害者はその本務が中華人民共和国上海市のA工場で工具、作業班の班長であるが、Bにも兼務として勤務し、両者を合わせた年収は1万8,749元（1元30円として換算すると56万2,470円）であるが、住居費は無料、食費も切符で支給され、医療費その他の補助があり（これらの実質収入は、我が国の基準による収入算定上は加算される性質のものである。）、その収入による生活程度は中流であることが認められ、上記事実によると、我が国の中流の生活水準の労働者を一応の基準とすることができる。

　被害者は本件事故当時39歳で、60歳（少なくとも、我が国の多数の企業が採用している定年60歳まではその給与水準が維持できるとみられる。）まで21年間就労可能で、前記の事情を考慮すると、我が国の賃金センサス昭和63年第1表全産業計男子労働者学歴計35歳～39歳による年収491万1,200円とするのが相当である。

生活費控除率	40%

就労可能期間	21年間（39〜60歳）

コメント

　外国人の逸失利益算出に当たっては、日本国の永住資格の有無を検討し、ある場合には、原則日本人と同様に算出し、ない場合には、在留資格、在留期間、就業の内容、継続性、母国の賃金水準等の当該外国人の個別事情を総合考慮して、将来の日本での就労の蓋然性を検討した上で、基礎収入金額を算出する扱いとなっています。

　本件では、観光目的の来日であり、日本国内での就業実態はなかったものの、母国での就業内容、賃金、福利厚生等を考慮すると日本での中流程度の生活実態であることを根拠として、日本の賃金センサスを適用した事例です。

　第一審では、本国の収入を前提として計算していました。将来の収入の蓋然性に当たっては、収入のみならず、自国における地位や福利厚生の内容といった処遇までをも総合的に考慮して判断した点に特色があるといえます。

180　　　第6章　外国人

〔63〕　日本において在留期間の更新を継続していた中国人について、逸失
　　利益の算定を我が国の賃金センサスに基づいて算定した事例

（名古屋地判平4・12・16判タ833・242）

事件の概要

事故の状況：被害者が横断歩道を被害車両（自転車）に乗って横断中、交差点を右折
　　　　　　してきた加害車両（原付二輪車）が衝突。
被　害　者：短期滞在資格で来日中の中国人アルバイト・女性・症状固定時44歳（事
　　　　　　故時43歳）
事 故 日 時：昭和62年11月30日・PM3:20頃
受 傷 内 容：胸部挫傷、左膝部擦過傷、右第10肋骨々折等
入通院状況：入院94日、通院183日（実日数55日）
後 遺 障 害：症状固定日昭和63年9月1日、後遺障害等級11級（膝関節屈曲障害等）

判 決 内 容

基礎収入	275万3,400円（昭和63年度の産業計・企業規模計・学歴計・女子労働者の同年令の平均賃金）

　被害者は、我が国と経済的社会的事情を異にする中華人民共和国の国籍を有し、我が国に滞在中に本件交通事故に遭ったものであるが、その在留資格、我が国での活動（就労）状況、在留期間のこれまでの更新状況及び家族の我が国での活動（就労）状況等の諸事情を考慮するならば、今後も被害者は在留期間の更新を繰り返し、高度の蓋然性をもって我が国に長期間の在留を続けるものと推認するに難くなく、かかる事情の下にあっては、被害者の本件事故による後遺障害に基づく逸失利益額の算定に当たって、我が国で被害者がこれまでに得ていた収入額ないしは我が国の賃金センサスを基礎として算定するを相当と解すべきである。

　そこで、被害者の逸失利益額を算定するに、被害者は、症状固定時は満44歳の女性であるので、本件事故に遭遇しなければ少なくとも昭和63年度の産業計・企業規模計・学歴計・女子労働者の同年令の平均賃金275万3,400円の収入を得たであろうとみられる。

労働能力喪失率	20%

就労可能期間	20年間（44～64歳）

　本件事故による前記認定の後遺障害により、今後少なくとも20年間はその労働能力の2割を喪失したとみるのを相当とする。

コメント

　本件は、短期滞在資格により在留中であった中国籍の女性に関する事案で、逸失利益の基礎収入額が争点となり、加害者側は、短期在留資格により滞在中であったのであるから、本国における事故前の現実収入額を基礎とすべきであると主張したのに対し、裁判所は、もとより、大学における研究等を目的とするなど、一時的な滞在目的で来日したのではなかったことや、事故後、滞在資格を就労可能なものに変更したこと等を挙げ、今後、日本に長期間の在留を続けることが推認されること等の事実から、同年齢の賃金センサスをベースに算定すべきであると判断しました。

　被害者は事故時、短期滞在資格しか有しておらず、就労可能な資格を有していませんでしたので、この場合には、本国に帰って生活をするのが通常であるとして、本国の収入額を基礎として計算されますが、日本で就労する可能性が考慮され、日本における賃金センサスをベースに算定されるケースがあります（『赤い本』2018年版上巻366頁以下）。

　本件では、被害者が有していた在留資格自体は、短期滞在資格であり、早期の帰国が想定されるものではありますが、当初の来日目的や、在留資格の変更申請を事故後行ったことや、実際に就労している事実、家族の日本での活動状況等を考慮し、被害者が、日本での長期間の在留を続けるものと推認されることから、裁判所は、日本における賃金センサスをベースに判断しました。

　保有資格のみにとらわれることなく、事案の特殊性を詳細に検討した事例判断であるといえます。

〔64〕　3か月の予定で研修滞在中の外国人獣医師の逸失利益について、日本
　の賃金センサスによる平均給与額を基礎に算定すべきではないとした
　事例　　　　　　　　　　　　　　　　　　　（東京地判平5・1・28交民26・6・1628）

```
              事件の概要
```

事故の状況：加害車両が、渋滞していた反対車線の車の後ろから横断しようとした被
　　　　　　害者に気付かず走行し被害者をはね、被害者は外傷性頭蓋内損傷のため、
　　　　　　事故5日後に死亡。
被　　害　　者：韓国人獣医師・男性・27歳
事　故　日　時：昭和62年11月6日・PM8：40頃

```
              判　決　内　容
```

基礎収入	①　51万4,572円（事故後3年間・D国立保健院での勤務） ②　469万5,000円（4年目以降は、ソウル市内又はその近郊 　　で獣医師を開業）

　被害者は、1983年2月、A大学獣医学科を卒業し、同年4月1日大韓民国における獣医
師の免許を得た後、1985年2月、A大学大学院において獣医学修士号を取得し、その間
の1984年8月1日からは、D国立保健院（安全性研究部生物測定課所属）の保健研究士
に任命され、D国立保健院に勤務し、本件事故日である1987年（昭和62年）11月6日に
は、同年10月31日から翌2月1日までの3か月間の予定で、B大学農学部において電子顕
微鏡技法の研究をするため、日本に研修滞在中であった。
　大韓民国においては、大学ないし大学院卒業後に政府の指定する特定の国家機関に
一定期間勤務した場合には、特例補充役として兵籍には編入されるものの、具体的な
兵役義務は免除される制度があるところ、D国立保健院は上記特定国家機関に指定さ
れており、被害者は、1985年4月19日、大韓民国の兵役法44条により特例補充役に編入
され、1990年4月19日までの5年間D国立保健院に勤務すれば、それ以後は兵役義務を
免除されることになっていた。
　被害者の本件事故当時（1987年）のD国立保健院における収入（本俸）は、月額20
万5,500ウォン（賞与は年4か月分であり、年収は328万8,000ウォン）であったが、大

韓民国ソウル市周辺において獣医師を開業した場合、その月額は少なくとも250万ウォン（年収3,000万ウォン）はあり、特例補充役として特定の国家機関に努めた後兵役が免除される人のうちの相当数は、その後民間企業に就職したり個人で開業しており、被害者は、生前、妻に対してのみならず、Ａ大学の指導教官であった教授や同大学の友人であり、本件事故当時被害者と同居していた友人に対し、兵役免除後はソウル市内又はその近郊で獣医師を開業したい旨話していた。

　上記の認定事実によれば、被害者は、本件事故当時、Ｄ国立保健院に勤務していたものの、兵役義務を免れる1990年4月19日まで勤務を続けた後は、ソウル市内又はその近郊で獣医師を開業する高度の蓋然性があると推認される。

　したがって、被害者の逸失利益は、本件事故当時から1990年までの3年間については、少なくともＤ国立保健院の年収（本俸）である328万8,000ウォン（51万4,572円。換算率は、1992年8月26日現在のＣ銀行における売値レートである1ウォンを0.1565円とした。以下、同じ換算率を使用する。）を、その後満67歳までの37年間については、開業獣医師の年収である3,000万ウォン（469万5,000円）を基礎として、生活費控除を被害者の家族構成及び獣医師を開業するための資金調達等の事情を考慮して4割とし、ライプニッツ方式によって年5分の割合による中間利息を控除した被害者死亡時における現価を算定した額の合計である4,150万6,919円（1円未満切捨て）とするのが相当である。

　逸失利益の算定に関し、被害者側は、本件事故は日本において発生した事故であるから、その基礎とする収入額は我が国の昭和62年賃金センサス第1巻第1表の産業計・企業規模計・学歴計・男子労働者の全年齢平均の賃金額である442万5,800円とすべきである旨主張する。しかし、前記認定のとおり、被害者は日本における研修後大韓民国に帰国する予定であり、また将来日本において就業する高度の蓋然性を認めるに足りる証拠もないのであるから、我が国における賃金実態の調査に基づいた賃金センサスを基礎として逸失利益を算定する合理的な理由はない。

生活費控除率	40%

　生活費控除を被害者の家族構成及び獣医師を開業するための資金調達等の事情を考慮し4割とする。

就労可能期間	40年間（27～67歳）

第6章　外国人

コメント

　外国人の逸失利益算出に当たっては、日本国の永住資格の有無を検討し、ある場合には、原則日本人と同様に算出し、ない場合には、在留資格、在留期間、就業の内容、継続性、母国の賃金水準等の当該外国人の個別事情を総合考慮して、将来の日本での就労の蓋然性を検討した上で、基礎収入金額を算出する扱いとなっています。

　本件では、単なる研修目的での来日中での事故であり、日本国での就業実態がないため、日本における賃金センサス等を用いるべきではないとする結論は、当然と評価できます。もっとも、母国内での将来の就業内容が変遷すること（D国立保健院で就業後、開業予定である点）を認定し、母国内での将来の収入増加の蓋然性を認定している点は評価できます。母国での将来の就労可能性や収入増加の事情などの主張と裏付ける証拠の収集が重要であるといえます。

第6章　外国人　　185

〔65〕　短期滞在資格者である被害者の就労は違法就労であるものの、事故
　　時から3年間は日本国内の収入を基礎として算定した事例

（大阪地判平5・7・6交民26・4・882）

事件の概要

事故の状況：荷台上の積荷を監視していた被害者が、カーブで車両から転落し、脳挫
　　　　　　傷等の傷害により事故翌日に死亡。

被　害　者：短期滞在の韓国人・男性・26歳

事 故 日 時：平成3年9月3日・AM11:00頃

判 決 内 容

基礎収入	①　事故後3年間：420万円（国内年収） ②　その後：月額10万5,676円（ILO（国際労働機関）の統計による平成2年韓国男子建設労働者平均賃金79万0,990ウォンを、平成5年6月10日時点のレート（100ウォン＝13円36銭）に従って日本円換算）

　被害者は、昭和39年9月23日生まれ（本件事故当時26歳）で、本件事故当時、独身で
あった。被害者は、従兄弟と2人で平成3年3月14日に観光目的（入管法2条の2・別表第
1の3の「短期滞在」）で来日したが、しばらくして所持金がなくなったため、来日から
約2週間後に、従兄弟と2人で大阪市浪速区内のマンションを借り、日雇い労務の仕事
を始め、1か月35万円程度の収入を得て、死亡するまでの間に、韓国にいる母親に
50〜60万円の仕送りをしていた。ILO（国際労働機関）の統計によれば、平成2年の韓
国における男子建設労働者の月額平均賃金は、79万0,990ウォンである。また、平成5
年6月10日におけるA外換銀行の電信為替相場では、100ウォンが13円36銭である。

　ところで、入管法別表第1の3「短期滞在」の在留資格をもって在留する者は、報酬
を受ける活動等をすることができず（入管法19条1項）、右規定に違反して、報酬を受
ける活動等を専ら行っていると明らかに認められる者については、日本からの退去を

強制することができる（入管法24条）ことから、被害者の来日後の就労は、違法就労であると解されるものの、本件においては、日本への入国自体が強度の違法性を有する密入国のような場合とは異なり、就労内容も日雇い労務であって、問題がないことからすると、違法就労であることを理由に、被害者の逸失利益を否定するのは相当でない。そして、右に認定した被害者の年齢、来日後の滞在期間、就労状況、収入額に、前記入管法の規制によれば、被害者が就労を継続すれば、最終的には入管法により日本からの退去を強制されることになり、本件事故当時、被害者には退去強制の処分を免れることができる事情はなかったと解されることをも併せ考慮すれば、被害者は、本件事故当日から3年間（中間利息の控除として3年間の新ホフマン係数2.731を適用）については、日本国内で得ていた1か月35万円（年間420万円）の収入を基礎とし、その後の67歳までの38年間（中間利息の控除として41年間の新ホフマン係数21.9704から3年間の新ホフマン係数2.731を控除した19.2394を適用）については、前記韓国男子建設労働者の月額平均賃金79万0,990ウォンに前記為替相場の換算率を適用した月額10万5,676円（円未満切捨て、以下同じ。年収126万8,112円。）の収入を基礎として逸失利益を算定すべきである。そうすると、本件事故と相当因果関係のある被害者の逸失利益は、1,793万3,957円（前記各年収額に前記各新ホフマン係数と生活費控除率を適用）となる。

　なお、被害者側は、被害者の逸失利益に関し、憲法における法の下の平等の原則、国際人権規約の理念に照らして、外国人労働者についても日本人と同等の賠償額を認めるべきであると主張する。しかし、逸失利益の算定において基礎となる収入額については、被害者の本件事故当時の収入額、就労状況、就労の継続性等を重要な要素とする事実認定に関する事項であって、被害者が外国人か否かに関する問題ではないのであるから、被害者側の右主張は採用できない。

生活費控除率	50%

　本件事故当時における被害者の年齢、身上関係、生活状況からすると、被害者の逸失利益の算定に関しては、その生活費として50%を控除すべきである。

就労可能期間	41年間（26～67歳）

第6章　外国人　　187

```
┌─────────────┐
│  コ メ ン ト  │
└─────────────┘
```

　外国人の逸失利益算出に当たっては、日本国の永住資格の有無を検討し、ある場合には、原則日本人と同様に算出し、ない場合には、在留資格、在留期間、就業の内容、継続性、母国の賃金水準等の当該外国人の個別事情を総合考慮して、将来の日本での就労の蓋然性を検討した上で、基礎収入金額を算出する扱いとなっています。

　本件では、違法就労外国人であっても、「日本への入国自体が強度の違法性を有する密入国のような場合とは異なり、就労内容も日雇い労務であって、問題がないことからすると、違法就労であることを理由に、被害者の逸失利益を否定するのは相当でない」として、3年間は日本国内での収入を前提とした逸失利益を認めた事例です。在留資格の有無は考慮要素の一つですが、違法就労状態となっていたとしても、事故前の就業状況及び将来の日本国内での就労の蓋然性の主張立証を行う意味はあると評価できます。

188　　第6章　外国人

〔66〕　外国より観光目的で来日し短期滞在中の建物作業員の逸失利益について、日本の賃金センサスによる平均給与額を基礎に算定すべきではないとした事例
（大阪地判平6・3・22交民27・2・402）

```
事件の概要
```

事故の状況：加害車両が、被害者Aと被害者Bを同乗させて走行中、道路左側の縁石に接触し転倒したところへ、別の車両が衝突し、被害者A・B共に死亡。

被　害　者：（被害者A）不法残留者・男性・35歳

　　　　　　（被害者B）不法残留者・男性・46歳

事 故 日 時：平成2年12月12日・PM8：15頃

```
判 決 内 容
```

基礎収入	被害者A・B共に99万5,436円（母国における全産業平均賃金水準）

（1）　被害者A

　被害者Aは、昭和30年5月5日生まれ（本件事故当時35歳）で、観光目的で平成2年3月5日、被害者Bと一緒に日本に入国し、加害者の下で建設作業員として働き、平成2年9月から同年11月までの3か月間に、1か月平均26万8,733円（円未満切捨て、以下同じ。）の給与を得ていたが、本件事故の翌日午後の飛行機で韓国に帰国することになっていた。被害者Aは、今回の来日直前まで韓国で妻子と同居し、農業に従事していた。韓国における平成2年の全産業平均賃金水準は月額64万2,309ウォンであり、平成6年3月7日付日本経済新聞に記載された円とウォンとの通貨換算率は100円に対して774.3ウォンである。

　認定した被害者Aの韓国における仕事内容、来日後の滞在資格、滞在期間、就労状況に、被害者Aが本件事故の翌日に韓国に帰国することになっていたことからすると、被害者Aの逸失利益については、本件事故当日から67歳までの32年間（中間利息の控除として32年間の新ホフマン係数18.806を適用）にわたり、前記韓国における全産業

平均賃金水準月額64万2,309ウォンに前記通貨換算率を適用した月額8万2,953円（年収99万5,436円）の収入を基礎として算定すべきである。

なお、被害者AとB（以下「被害者ら」という。）は、法の下の平等の原則から、被害者らの日本在留資格にかかわらず、日本人と同様に補償すべきであると主張するが、逸失利益の算定において基礎となる収入額については、被害者の将来における収入額、就労状況、就労の継続性等を重要な要素とする事実認定に関する事項であって、被害者が外国人か否かに関する問題ではないのであるから、被害者らの主張は採用できない。

(2) 被害者B

被害者Bは、昭和19年9月6日生まれ（本件事故当時46歳）で、観光目的で平成2年3月5日、被害者Aと一緒に日本に入国し、加害者の下で建設作業員として働き、平成2年9月から同年11月までの3か月間に、1か月平均27万9,066円の給与を得ていたが、本件事故の翌日午後の飛行機で韓国に帰国することになっていた。被害者Bは、今回の来日直前まで韓国で妻子と同居し、農業に従事していた。

認定した被害者Bの韓国における仕事内容、来日後の滞在資格、滞在期間、就労状況に、被害者Bが本件事故の翌日に韓国に帰国することになっていたことからすると、被害者Bの逸失利益については、本件事故当日から67歳までの21年間（中間利息の控除として21年間の新ホフマン係数14.1038を適用）にわたり、前記韓国における全産業平均賃金水準月額64万2,309ウォンに前記通貨換算率を適用した月額8万2,953円（年収99万5,436円）の収入を基礎として算定すべきである。

生活費控除率	被害者A・B共に30％

本件事故当時における被害者らの年齢、身上関係、生活状況からすると、逸失利益の算定に関しては、その生活費として30％を控除すべきである。

就労可能期間	被害者A：32年 被害者B：21年

本件事故当日から67歳までの期間を就労可能期間とした。

第6章　外国人

```
コ　メ　ン　ト
```

　外国人の逸失利益算出に当たっては、日本国の永住資格の有無を検討し、ある場合には、原則日本人と同様に算出し、ない場合には、在留資格、在留期間、就業の内容、継続性、母国の賃金水準等の当該外国人の個別事情を総合考慮して、将来の日本での就労の蓋然性を検討した上で、基礎収入金額を算出する扱いとなっています。

　本件では、日本での就業実態こそはあるものの、事故翌日に帰国予定であったことなど、将来における就労の蓋然性が否定された事例といえます。また、被害者らからは、日本国内で発生した事故であることから、基礎収入も日本人と同様に算出すべきと主張していましたが、逸失利益の算定において基礎となる収入額については、被害者らの将来における収入額、就労状況、就労の継続性等を重要な要素とする事実認定に関する事項であって、被害者が外国人か否かに関する問題ではないとして、当該主張を排斥する判断をしています。

第6章　外国人　　191

〔67〕　大学院留学目的で来日中の外国人の逸失利益の算出について、国籍
　　　にかかわらず被害者が将来どこでどのような職業に就く蓋然性が高い
　　　かなど被害者の将来の労働形態を認定し逸失利益を計算すべきとし
　　　て、被害者には日本で就職する蓋然性が高かったと認めることができ
　　　ないため、母国の賃金センサスを基礎として算定した事例

（東京高判平7・1・19交民28・1・13）

事件の概要

事故の状況：加害者が運転する加害車両が信号を無視して横断した被害者をはね、被
　　　　　　害者は頭蓋内損傷の傷害のため事故の9日後に死亡。
被　害　者：大学院留学目的で来日中の韓国人・男性・36歳
事故日時：平成元年7月21日・AM0:35頃

判　決　内　容

基礎収入	162万3,998円（韓国の労働部発行の職種別賃金実態調査報告書1989年・学力別・年齢階層別・全経歴・男子・大学卒の35歳から39歳の平均年収額1,317万1,112ウォンが認められ、平成6年11月10日時点のレート（1ウォン＝0.1233円）に従って日本円に換算）

　被害者の妻及び母は、被害者の得べかりし利益は、日本の賃金センサスに基づいて
算定すべきであり、韓国の賃金センサスに基づいて算定したとしたら、憲法14条の法
の下の平等の規定に反する旨主張する。しかしながら、本件のような死亡事故におけ
る損害額を算定する場合の逸失利益とは、被害者が事故に遭わなければ得られたであ
ろう利益を意味するものと解されるところ、その計算上被害者の収入額にいかなる数
値を用いるかは、専ら事実認定の問題であって、被害者の国籍等に関わりのない問題
であり、被害者が将来どこでどのような職業に就く蓋然性が高いか等被害者の将来の
労働形態を認定し、それに基づいて逸失利益を計算することは、当然のことであって、
何ら憲法14条の法の下の平等の規定に反するものではない。

また、被害者の妻及び母は、被害者は、日本で就職することは十分可能であったから、日本の賃金センサスによるべきである旨主張する。しかしながら、原判決認定の事実関係、殊に被害者は、同人の妻である控訴人の同伴家族ということで来日し、本件事故まで1年ほど経過したにすぎず、本件事故当時、日本の大学院に入学するため日本語の勉強をしている途中で大学院において専攻する専門科目も決まっていない状態であり、また、被害者は、大学院卒業後は日本で就職することを希望していたが、それができない場合には、韓国に帰って就職するつもりであった事実に照らすときは、被害者が日本で就職する蓋然性が高かったと認めることは困難であるといわざるを得ない。

生活費控除率	40%

被害者が妻と暮らしていたこと等を考慮し、生活費控除は4割とするのが相当である。

就労可能期間	33年間（韓国における平均余命までの期間）

被害者は、本件事故に遭わなければ、大韓民国における平均余命である33年間就労可能であったものと認められる。

コ　メ　ン　ト

外国人の逸失利益算出に当たっては、日本国の永住資格の有無を検討し、ある場合には、原則日本人と同様に算出し、ない場合には、在留資格、在留期間、就業の内容、継続性、母国の賃金水準等の当該外国人の個別事情を総合考慮して、将来の日本での就労の蓋然性を検討した上で、基礎収入金額を算出する扱いとなっています。

本件では、大学院留学目的の被害者であり、将来の大学への進学等もいまだ決まっていないなどの事情や日本の滞在期間が長くはないことを根拠として、本国での賃金を前提として逸失利益を判断された事例です。裁判所が重要視している事情が、将来の就労の蓋然性と判決理由中でも述べていることから、将来の就労の蓋然性をどの程度、立証できるかが鍵となります。

第6章　外国人　　193

〔68〕　不法残留状態にある中国人の逸失利益について、症状固定日から2年
　　　間は日本における実収入を、その後67歳までは日本における実収入の3
　　　分の1を、それぞれ算定基礎とした事例

（東京高判平9・6・10判タ962・213）

事件の概要

事故の状況：被害者が交通量の多い幹線道路の歩行者横断禁止場所を、信号により停
　　　　　　止している車両の間を縫って横断していたところ、左方から直進してき
　　　　　　た加害者運転の自動二輪車と衝突。
被　害　者：不法残留状態の中国人・男性・年齢不明
事 故 日 時：平成6年4月16日・AM4:30頃
受 傷 内 容：頭蓋骨骨折（陥没）、急性硬膜外血腫、顔面骨折、眼球打撲、骨盤骨折、
　　　　　　右下腿骨骨折等
入通院状況：入院79日、通院344日（実日数14日）
後 遺 障 害：症状固定日平成7年6月13日、併合11級（頭蓋骨骨折、左頬骨眼窩床骨折
　　　　　　に伴う外ぼう醜状障害、左頬骨、眼窩床骨折に伴う左外直筋麻痺による
　　　　　　左右上下視の複視、左眼の2分の1以上の注視野傷害）

判 決 内 容

基礎収入	①　症状固定時から2年間…286万7,440円（日本における実収入） ②　その後67歳までの33年間…95万5,813円（事故時の日本における収入の3分の1）

　被害者は、昭和63年8月26日に中国から来日したが、平成2年5月28日以降は本邦にお
ける在留資格を有しないまま日本国内に残留し、本件事故時はいわゆる不法残留の状
態にあったものであり、近い将来、本国に帰国しなければならない状態にあったこと
が認められる。そうすると、被害者は、平成2年以降不法残留の状態にあり、長期にわ
たって日本において就労できるとは認められないのであるから、日本国内で得ていた
と同額の収入を得ることのできた期間は、平成7年6月13日の症状固定日から2年間で

あり、その後は本国に帰国した際の収入を得られるものと解するのが相当である。

　さらに、被害者は、中国の平均賃金を日本の3分の1とすることは著しく不合理であるとするが、中国の労働者の賃金は、上海などの大都市においては高額化していても、地域間格差が大きいことは公知の事実であり、弁論の全趣旨によると、中国の男子労働者の平均賃金は日本の3分の1と認めることができる。

労働能力喪失率	20%

　後遺症の診断書によると、被害者の後遺障害は、自動車保険料率算定会のした判断のほか、左眼の2分の1以上の注視野障害につき、一眼の眼球に著しい運動障害を残すものとして、後遺障害等級12級1号に該当するものと認めるのが相当であるから、これと自動車保険料率算定会の認定した等級を併合して後遺障害等級11級とするのが相当である。

　以上のとおり、被害者の後遺障害等級は11級と認定すべきものであるから、被害者は、上記後遺障害により、20%の労働能力を喪失したと認めるのが相当である。

就労可能期間	35年間（32〜67歳）

　症状固定時32歳であるから、本件事故により67歳までの35年間、労働能力喪失による得べかりし利益を喪失したと認められる。

コメント

　本件は、不法残留状態となっていた中国籍の被害者に関する事例で、後遺障害逸失利益の各要素のうち、基礎収入に関し、争点となりました。

　原審では、被害者は、本件事故時に日本で得ていた現実収入額を基礎収入とすべきである旨主張しましたが、裁判所は、日本での現実収入と同額の収入が得られる期間について、症状固定後2年間に限って認定しました。

　それを受け、控訴審では、被害者が日本での就労の意思を有しており、在留期間も8年半以上に及んでいた事実等を主張し、日本での現実収入と同額の収入が得られる期間を2年間に限定するのは、短すぎるから、更に長期にわたって認定されるよう主張しましたが、控訴審も、2年間と認定し、原審の判断を維持しました。

この点、判例では、外国籍の者の労災事故の事例になりますが、「一時的に我が国に滞在し将来出国が予定される外国人の逸失利益を算定するに当たっては、当該外国人がいつまで我が国に居住して就労するか、その後はどこの国に出国してどこに生活の本拠を置いて就労することになるか、などの点を証拠資料に基づき相当程度の蓋然性が認められる程度に予測し、将来のあり得べき収入状況を推定すべきことになる。そうすると、予測される我が国での就労可能期間ないし滞在可能期間内は我が国での収入等を基礎とし、その後は想定される出国先（多くは母国）での収入等を基礎として逸失利益を算定するのが合理的ということができる。そして、我が国における就労可能期間は、来日目的、事故の時点における本人の意思、在留資格の有無、在留資格の内容、在留期間、在留期間更新の実績及び蓋然性、就労資格の有無、就労の態様等の事実的及び規範的な諸要素を考慮して、これを認定するのが相当である。在留期間を超えて不法に我が国に残留し就労する不法残留外国人は、出入国管理及び難民認定法24条4号ロにより、退去強制の対象となり、最終的には我が国からの退去を強制されるものであり、我が国における滞在及び就労は不安定なものといわざるを得ない。そうすると、事実上は直ちに摘発を受けることなくある程度の期間滞在している不法残留外国人がいること等を考慮しても、在留特別許可等によりその滞在及び就労が合法的なものとなる具体的蓋然性が認められる場合はともかく、不法残留外国人の我が国における就労可能期間を長期にわたるものと認めることはできないものというべきである。」と判示しており（最判平9・1・28判時1188・3）、外国籍の者については、諸事情を勘案して、日本での就労可能期間を認定し、その後は、想定される出国先、ひいては本国での収入額を基礎として算定すべきとの立場を示しつつ、不法残留状態の外国人については、日本における就労可能期間を長期に認定できないとしています。

　こうした判例の立場を裁判例も判断の際に踏襲しており、目安として、事故後3年程度については、日本での現実収入を基礎収入としている裁判例が散見されます（『赤い本』2018年版上巻366頁以下）。

　本件でも、被害者は、事故後1年程度で症状固定に至っており、そこから2年間は、日本での現実収入額を基礎収入としていますので、前記のような傾向と同様の判断をしたといえます。

〔69〕 不法残留外国人ホステスの逸失利益につき、事故後3年間は日本の賃
金センサスの当該年齢の平均賃金としつつ、その後67歳までは母国女
子の平均賃金を基礎に算定した事例

（名古屋地判平10・3・18交民31・2・339）

事件の概要

事故の状況：被害者が帰宅途中の道路を横断中、直進してきた自動車にはねられ、死
亡。

被　害　者：不法残留外国人ホステス・女性・28歳

事 故 日 時：平成5年9月10日・夜間（時刻不明）

判 決 内 容

基礎収入	①　事故後3年間は、335万2,720円（賃金センサス平成5年第1巻第1表産業計・企業規模計・女子労働者・学歴計の該当年齢層の平均賃金年額） ②　4年目以後67歳までは、25万6,420円（フィリピンにおける女子の非農業従事者の平均賃金）

　証拠によれば、本件事故当時の被害者の稼働状況は次のとおりであったことが認められる。

(1)　被害者は、1991年中に、入管法2条の2別表第1の3の短期滞在の在留資格によるビザで来日し、滞在期間が経過した後も我が国に滞在し、スナックでホステスとして稼働していた。

(2)　Aは、被害者と相前後して来日し、滞在期間を徒過して我が国に滞在した後、一旦フィリピンに帰国したが、平成5年5月、偽造ビザを使用して再び我が国に入国し、建築現場作業員として稼働していた。

　そして、Aは、本件事故の発生により、被害者の夫として捜査当局から事情聴取を受けることとなり、不法入国が発覚することを恐れて、本件事故の数日後に被害者の遺体と共にフィリピンに帰国した。

第6章　外国人　　197

　在留期間を超えて不法に我が国に残留し就労する不法残留外国人は、入管法24条4号ロにより、退去強制の対象となり、最終的には我が国からの退去を強制されるものであり、我が国における滞在及び就労は不安定なものといわざるを得ない。そうすると、事実上は直ちに摘発を受けることなくある程度の期間滞在している不法残留外国人がいること等を考慮しても、在留特別許可等によりその滞在及び就労が合法的なものとなる具体的蓋然性が認められる場合はともかく、不法残留外国人の我が国における就労可能期間を長期にわたるものと認めることはできないものというべきである。

　そして、被害者は、前記のとおり、短期滞在の在留資格によるビザで来日し、滞在期間を徒過して我が国に不法に滞在し、スナックでホステスとして稼働していたものであり、夫であるＡも、偽造ビザによって不法に我が国に入国していたことに照らせば、被害者の我が国における滞在及び就労が合法的なものとなった具体的蓋然性は到底認めることができない。

　そこで、被害者の逸失利益を求めるについては、本件事故の日から3年間は賃金センサス平成5年第1巻第1表産業計・企業規模計・女子労働者・学歴計の該当年齢層の平均賃金年額335万2,720円を基礎とし、その後67歳までの36年間はフィリピンにおける女子労働者の平均賃金相当額を基礎とし、生活費控除率を3割として、ホフマン方式により年5分の割合による中間利息を控除する方法によって算定するのが相当である。

生活費控除率	30%

就労可能期間	39年間（28〜67歳）

コメント

　外国人の逸失利益算出に当たっては、日本国の永住資格の有無を検討し、ある場合には、原則日本人と同様に算出し、ない場合には、在留資格、在留期間、就業の内容、

継続性、母国の賃金水準等の当該外国人の個別事情を総合考慮して、将来の日本での就労の蓋然性を検討した上で、基礎収入金額を算出する扱いとなっています。

　本件では、不法残留外国人であっても、日本国内での就業実態がある場合、期間は限定されるものの、日本国内での就業を前提として逸失利益を算出した事例です。そのため、在留資格の有無は重要な指針とはなるものの、不法残留外国人であっても、丁寧に就業実態や将来の就労の蓋然性を立証する必要があること示唆する判決といえます。

第6章　外国人　　199

〔70〕　就労ビザを有しない中国人留学生の逸失利益について、来日目的、
　　　在留期間更新の実績、及び本人の意思などから、大学院修了後10年間
　　　は日本における賃金センサス・男子労働者平均年収額で算出しつつ、
　　　それ以後は、中国にて就労すると考えるのが相当であるとして同年収
　　　額の3分の1が相当とした事例　　　　（東京地判平10・3・25交民31・2・441）

$$\boxed{\text{事件の概要}}$$

事故の状況：被害者が自転車に乗って、交差点の横断歩道を青信号で横断中、加害者
　　　　　　運転の普通貨物自動車が信号を無視して交差点に進入して被害者をは
　　　　　　ね、被害者が死亡。

被　害　者：中国人留学生・男性・31歳

事故日時：平成7年12月24日・AM7：30頃

$$\boxed{\text{判　決　内　容}}$$

基礎収入	①　大学院修了後10年間は、559万9,800円（賃金センサス平成7年第1巻第1表の産業計、企業規模計、学歴計、男子労働者の全年齢平均の賃金額） ②　11年目以後は、186万6,600円（559万9,800円の3分の1）

　過去10年間のＡ大学工学部大学院（博士前期課程）の留学生（中国人）の修了後の進路状況及び過去10年間のＡ大学工学部大学院（博士後期課程）の留学生（中国人）の修了後の進路状況は、証拠からすると、中国人留学生のうち日本で就職する者がかなりあるといえるが、Ｂ外国語大学の外国人留学生卒業・修了者名簿によると、中国人留学生58名中、日本で就職している者が8名、日本で進学している者が27名、その余が不明ないし帰国者であるから、中国人留学生のほとんどが日本で就職するとまではいえない。さらに、上記各証拠によっても、中国人留学生のうち日本で就職した者の日本での就労年数は明らかでない。したがって、上記各証拠によっては、被害者が日本で就職するとまでいえない上に、被害者の日本での就労年数が67歳までとは認められない。

なお、A大学工学部機械工学科の卒業生名簿には、中国人留学生が日本で就職している旨の記載があるが、これらは、追補版であるから、就職先等の変更を届け出た場合に記載されるのであって、これらに記載されないその余の中国人留学生がどのような進路をとったかまで明らかではない上に、上記卒業生名簿によっても中国人留学生のうち日本で就職した者の日本での就労年数が67歳までとは認められない。

被害者は、遼寧省丹東市で生まれ、大連市で小学校ないし高校を卒業し、錦州師範学院を卒業した後、大連で約4年高校の化学の教師をしてから大連市内の貿易会社に勤務した。

一方、被害者の妻であるａは、中国の長春市で生まれ、看護学校卒業後、大連市の病院に看護婦として勤務していた。

被害者及びａは大連市で結婚したところ、被害者は当初アメリカへ留学してアメリカの会社に就職することを希望していたが、ａは日本で看護婦になることを希望していた。そこで、ａがまず単身で日本に行き、1年間くらい日本で生活し、日本が良ければ被害者を呼び寄せ、日本が良くなければ一度中国に帰り、アメリカ行きを検討するということになった。

ａは、来日して1年間日本で生活し、看護婦資格は取れなかったものの被害者に日本に来るように提案し、被害者もこれを了解して来日した。

被害者は、日本語学校卒業後、平成7年4月、A大学工学部応用化学科大学院の博士課程前期（2年間）に入学した。将来は、日本で化学会社に就職し、貿易関係の仕事に就くことを希望していた。もっとも、被害者は、本件交通事故当時、大学院生であったため具体的な就職先が決まっていない。

被害者のビザは、平成5年3月26日から平成6年10月6日までが就学ビザであり（期間6か月、更新2回）、その後、平成8年10月5日までの留学ビザに変更されている（期間1年、更新1回）が、就労ビザではない。

ａの両親や親族の多くは中国におり、被害者の墓碑も大連に建立された。

これら、被害者の来日目的、本件交通事故の時点における本人の意思、在留資格の有無、在留資格の内容、在留期間、在留期間更新の実績及び蓋然性、就労資格の有無等の事実的及び規範的な諸要素を考慮すると、被害者は、A大学大学院理工学研究科博士前期課程応用化学専攻修了後10年間は日本で就労し、その後は中国において就労すると考えるのが相当である。

また、日本における収入は、ａら主張の573万0,800円（平成6年の賃金センサス第1巻第1表の産業計、企業規模計、旧大・新大卒の男子労働者の30歳から34歳までの平均年収額）を得られたとまで認められないから、559万9,800円（賃金センサス平成7年第

第6章　外国人　　201

1巻第1表の産業計、企業規模計、学歴計、男子労働者の全年齢平均の賃金額）、中国における収入は、被害者の経歴等をも考慮すると、559万9,800円の3分の1である186万6,600円とするのが相当である。

生活費控除率	40%

生活費控除率は、就労後妻である a を扶養するため、40％となる。

就労可能期間	① 日本において10年間（32〜42歳） ② 中国において25年間（43〜67歳）

逸失利益の起算は、被害者が博士課程前期（2年間）を卒業するのが32歳であるから、32歳からとなる。

コメント

　外国人の逸失利益算出に当たっては、日本国の永住資格の有無を検討し、ある場合には、原則日本人と同様に算出し、ない場合には、在留資格、在留期間、就業の内容、継続性、母国の賃金水準等の当該外国人の個別事情を総合考慮して、将来の日本での就労の蓋然性を検討した上で、基礎収入金額を算出する扱いとなっています。

　本件では、将来の日本での就業の可能性や就業年数について、在学している大学院の卒業後のデータや被害者の生い立ちや将来のライフプランなどを踏まえて、大学院修了後10年間は日本での就業の可能性があると判断した事例です。現実に就業をしていない留学生という地位であっても、将来の就業の可能性を判断した点に特色がある判決といえます。

202 第6章　外国人

〔71〕　日本人の配偶者等の在留資格でゴルフのキャディーとして稼働して
いた外国人女性の逸失利益について、生活状況や来日の目的などから
あくまで長期在留資格があるとしても、出稼ぎ労働であることを推測
し、事故後10年間は日本における事故前収入を基礎に算出するが、そ
れ以後は、事故前収入の約3分の1を基礎とするべきと認定した事例

（大阪地判平10・6・30交民31・3・979）

事件の概要

事故の状況：交差点において被害車両と加害車両が衝突し、被害車両に同乗していた
被害者が車外に放り出され、被害車両に轢過され、死亡。

被　害　者：長期在留資格のあるブラジル人ゴルフキャディー・女性・29歳

事 故 日 時：平成7年8月18日・AM6：55頃

判 決 内 容

基礎収入	①　事故日から10年間：362万5,656円（日本における事故前3か月間の平均収入（月額30万2,138円×12か月）） ②　その後：120万円（日本での収入の約3分の1）

　被害者（昭和40年12月5日生、本件事故当時29歳、女性）は、ブラジル国籍であり、
平成3年4月18日、短期滞在資格で日本に初めて入国し、同年5月30日、在留資格を「日
本人の配偶者等」に変更した（在留期限3年）。一旦出国した後、平成3年9月9日にA（被
害者の夫）と婚姻し、平成4年1月に再度来日し、平成6年には、在留期限を平成9年5月
30日までとする在留期間の更新を受けた。初来日後、静岡県内のゴルフ場でゴルフキ
ャディーの仕事を始めたが、平成5年4月頃からは、同県内の別のゴルフ場で同じくゴ
ルフキャディーの仕事を始め、本件事故前3か月間には月額平均30万2,138円の収入を
得ていた。

　被害者は、Aと共に、日本へ出稼ぎの目的で訪日したものであり、夫婦で共稼ぎし
て資金を集め、自分らの住む家の購入と商業を開始するつもりであった。被害者の母

であるＢ、被害者の兄弟は、皆ブラジルで暮らしている。被害者の遺骨はブラジル内で埋葬された。

前記認定事実によれば、被害者は、本件事故に遭わなければ、本件事故時以降も10年間は在留期間の更新を受けながら、日本で就労を続けた蓋然性が高いといえるが、それ以降も日本で就労したであろうと認めるには十分とはいえない。

この点、Ｂは、被害者は、就労可能年齢まで日本において就労できたとし、これを前提とする損害を主張する。確かに、被害者の在留資格は、「日本人の配偶者等」（在留期間3年）であり、その夫であるＡの在留資格は「定住者」（在留期間1年）であるから、在留可能な期間という面からみると、被害者が希望する限りは日本に滞在して就労することのできる可能性が高かったということができる。しかしながら、上記の在留資格からいえることは、在留したければ長期在留が可能であったということにすぎない。Ｂは、被害者の来日目的につき、Ａとともに、日本へ出稼ぎの目的で訪日したものであり、夫婦で共稼ぎして資金を集め、自分らの住む家の購入と商業を開始することであったと陳述しているが、「出稼ぎ」とは帰国することを前提とする表現であると理解せざるを得ないし、日本で住居を購入し、商売を開業するとなると、多額の資金が必要と想定されるが、資金調達の現実的な可能性を裏付ける資料ないしこれを検討したことを裏付ける資料は本件全証拠を見渡しても存せず、これと被害者らが「出稼ぎ」目的で訪日したこととを併せて考えると、被害者らが住居を購入し、商売を始める土地として念頭に置いていたのは日本ではなくブラジルであったと推認される。また、Ａは、平成7年10月26日付員面調書において「被害者のお骨は現在お寺で預ってもらっていますが、今後私が帰国する際一緒にブラジルへ連れて帰って母国で安らかに眠ってもらいます。」と供述していることからすると、Ａもしばらく日本で就労した後、ブラジルに帰国し、そこで被害者の霊を弔うことを意図しているものと推認される。これらの点に照らすと、被害者が就労可能年齢まで日本において就労したであろうということを前提とするＡらの主張を採用することはできない。

以上からすると、被害者の逸失利益は、本件事故後、10年間については、日本における本件事故前3か月間の平均収入（月額30万2,138円）を基礎収入とするが、その後の28年間は、上記収入の3分の1程度である月額10万円を基礎収入として算定するのが相当である（被害者がブラジルにおいて得ていた収入を示す証拠はないし、ブラジルにおける平均賃金、賃金格差の実態等も不明であるが、被害者が出稼ぎ目的で日本に来た以上、ブラジルでは日本における上記収入よりもかなり少ない収入しか得られない前提であったと認められる。）。

生活費控除率	40%

被害者とＡが共稼ぎであったことを考慮して、生活費控除率を4割とする。

就労可能期間	① 日本において10年間（29〜39歳） ② ブラジルにおいて28年間（40〜67歳）

コメント

　外国人の逸失利益算出に当たっては、日本国の永住資格の有無を検討し、ある場合には、原則日本人と同様に算出し、ない場合には、在留資格、在留期間、就業の内容、継続性、母国の賃金水準等の当該外国人の個別事情を総合考慮して、将来の日本での就労の蓋然性を検討した上で、基礎収入金額を算出する扱いとなっています。

　本件では、長期在留資格を有する被害者であり、在留制度やその保有する資格を前提とすると、日本に就労可能年数まで滞在すること自体は制度として可能ではあるものの、被害者の来日目的が出稼ぎであること、被害者の家族の生活の本拠地がブラジルであること、被害者の夫が将来はブラジルに帰国する旨を陳述していることなどを根拠として、就労可能期間全てを日本国内での収入を前提としないと判断した事例です。

　外国人被害者の場合、滞在根拠、滞在資格は異なっていることが多いため、外国人であることのみを根拠として判断せず、実質的に将来の就労の蓋然性を主検討し、その裏付け資料の収集が重要であると示唆した事例といえます。

第6章　外国人　　205

〔72〕　就労の在留資格はないものの、土木会社に勤務する外国人の逸失利
　　　益について、事故から3年間は日本国内での就労の蓋然性を認め、4年
　　　目以降は、母国のスリランカでの収入を推測して算定した事例

（東京地判平12・4・28交民33・2・749）

事件の概要

事故の状況：加害車両（普通乗用自動車）と被害車両（原動機付自転車）とが同一方
　　　　　　向に向かって進んでいた際に、加害車両が被害車両に接触し、被害車両
　　　　　　が転倒し、被害者が死亡。
被　害　者：就労の在留資格のない土木作業員・男性・43歳
事 故 日 時：平成6年3月4日・AM4：30頃

判 決 内 容

基礎収入	①　事故後3年間　360万円（日本での就業実態） ②　4年目以後　84万2,100円（スリランカにおいて月4万ルピー）

　被害者は、就労の在留資格のない外国人であり、67歳まで日本で仕事をして収入を
得る蓋然性を肯定することはできない。しかしながら、本件事故時から直ちに母国へ
帰って就労するものと考えることも現実の日本国内における外国人の在留状況から見
て現実的ではない。そこで、被害者については、本件事故時から少なくとも3年間は日
本国内で就労する蓋然性を認め、それ以後はスリランカで就労し収入を得ることがで
きたものと認めるのが相当である。

(1)　日本での逸失利益

　被害者は、A会社に勤務し、日給1万2,000円で、月に25ないし30日稼働していたも
のと認められる。したがって、少なくとも月に30万円（年360万円）の収入があったも
のとして、逸失利益を算定すべきである。

(2)　スリランカでの逸失利益

　被害者は、スリランカにおいて、65歳まで月当たり4万ルピーの収入を得られる蓋然

性が認められるから、これを前提にスリランカにおける逸失利益を算定する。なお、月4万ルピーを前提とする年収を日本円に換算すると84万2,100円である。

生活費控除率	30%

被害者は妻と2人の子供がいることから、生活費控除率は30%、年5分のライプニッツ式で中間利息を控除する。

就労可能期間	① 日本において3年間（43～46歳） ② スリランカにおいて19年間（47～65歳）

スリランカにおいて、65歳まで月当たり4万ルピーの収入を得られる蓋然性が認められる。

コメント

　外国人の逸失利益算出に当たっては、日本国の永住資格の有無を検討し、ある場合には、原則日本人と同様に算出し、ない場合には、在留資格、在留期間、就業の内容、継続性、母国の賃金水準等の当該外国人の個別事情を総合考慮して、将来の日本での就労の蓋然性を検討した上で、基礎収入金額を算出する扱いとなっています。

　本件では、就労を前提とする在留資格はないものの、勤務の実態、支給給与額を考慮し、事故後3年間は日本での就労の蓋然性が高いと判断しています。また、就労可能年齢については、スリランカでの実態を踏まえて、65歳を労働能力喪失期間の終期として、損害額が算出された事例ですので、本国での就労可能年数についても必要に応じて立証が必要であることになります。

〔73〕　将来は日本でプロ活動することを企図しながら、アルバイトに従事していた、メキシコ国籍の元プロサッカー選手につき、基礎収入を日本の賃金センサスの全男性平均の70％と算定した事例

（東京地判平15・6・24交民36・3・865）

事件の概要

事故の状況：加害車両が横断歩道上に停止していたところ、加害車両の左横方向より横断歩道を歩いて横断しようとした被害者が、加害車両を避けるために加害車両の前方を迂回した際、加害車両が発進し、被害者の右足膝付近に加害車両の前部が衝突。

被　害　者：元プロサッカー選手（メキシコ国籍）・男性・事故時27歳

事 故 日 時：平成13年5月17日・PM8：15頃

受 傷 内 容：右足関節捻挫、右足関節靭帯損傷

入通院状況：通院477日（実日数14日）

後 遺 障 害：症状固定日平成13年7月27日、14級10号「局部に神経症状を残すもの」（右足関節疼痛）

判 決 内 容

基礎収入	396万1,370円（平成13年賃金センサスによる産業計・企業規模計の男子労働者の学歴計・全年齢平均年収565万9,100円の70％）

　被害者は、日本人の父とメキシコ人の母との間に出生したメキシコ国籍を有する男性であり、日本には、「日本人の配偶者等」との在留資格により滞在しているものであるところ、被害者は、本件事故後は、当面、家族や知人のいる日本に居住する意思を有することが認められる。被害者が、平成13年9月以降、日本において就労していて、平成14年には336万1,290円の収入を得ており、この事実を考慮すると、逸失利益算定の基礎収入としては、被害者の主張するように、我が国の平成13年賃金センサスによる産業計・企業規模計の男子労働者の学歴計・全年齢平均年収565万9,100円の70％である年収396万1,370円とするのが相当である。

労働能力喪失率	5%

就労可能期間	5年間

　被害者の後遺障害は、後遺障害別等級表14級10号に該当するものであるところ、被害者が、外国人であって日本語が不自由であることから、当面はウエイター、ガードマン等の現業的な仕事に従事する蓋然性が強いことを考慮すると、被害者は、症状固定時から5年間にわたり、5%の労働能力を喪失したものと認めるのが相当である。

コメント

　本件は、メキシコ国籍を有する男性被害者の事例であり、逸失利益における基礎収入が争点となりましたが、永住権を有していたことから、日本における賃金センサスが算定基礎となりましたが、実収入額に鑑み、70%に制限されました。

　この点、永住資格を有する外国籍の被害者については、日本人と同様に、基礎収入が算定されますので、本件においても、賃金センサスがベースとなっていますが、現実収入額に鑑み、70%の金額まで制限されています（ただし、被害者の主張どおりになります。）。

　また、右膝関節疼痛については、喪失期間が5年に制限されています。

　この点、労働能力喪失期間について、他覚的所見の認められない神経障害の後遺障害の場合には、むち打ち症に起因する神経障害の事例に代表されるように、労働能力喪失期間が制限される事例が見られますが、14級の場合には、およそ5年程度を目安に制限されています（小林邦夫裁判官「むち打ち症以外の原因による後遺障害等級12級又は14級に該当する神経症状と労働能力喪失期間」『赤い本』2007年版下巻75頁以下、栗宇一樹＝古笛恵子『交通事故におけるむち打ち損傷問題〔第二版〕』194頁以下（保険毎日新聞社、2012））。本件は、被害者の傷病は、右足関節捻挫、右足関節靭帯損傷になりますが、骨棘形成の存在を認めつつ、事故との因果関係についても肯定していることから、他覚的所見を認め得るような判旨記述も認められましたので、単純なむち打ち症とは異なり、5年以上の喪失期間が認定される可能性もありましたが、本件では5年と認定されています。

第6章　外国人　　209

〔74〕　永住意思があり、かつ、永住の実現可能性が高い外国人被害者の死
　　　　亡による逸失利益の算定に当たり、基礎収入を日本の賃金センサスを
　　　　用いて認定した事例　　　　　　　　（名古屋地判平17・8・24交民38・4・1130）

事件の概要

事故の状況：加害車両（大型貨物自動車）と被害車両（普通乗用自動車）とが十字路
　　　　　　交差点で出会い頭で衝突し、被害者が死亡。
被　害　者：家事従事する外国人・女性・34歳
事 故 日 時：平成13年6月20日・AM3：45頃

判 決 内 容

基礎収入	352万2,400円（女子労働者の平成13年学歴別全年齢平均賃金）

　被害者は、外国人であり、いまだ永住資格を取得する前に、本件事故により死亡した。しかし、被害者は、内縁関係にあった日本人男性のDとの間に子のCが生まれ、Dは、平成3年10月8日、その子を認知した。上記認知は、生後認知であるため、Cは、出生と同時に日本国籍を取得することはないが、将来、帰化する蓋然性は高い。被害者は、本件事故がなければ、子のCの養育のために、日本に永住する意思を有しており、それが実現する可能性がかなりあったことが認められる。そこで、被害者の死亡による逸失利益は、死亡時の日本における平均賃金を基礎に算出するのが相当である。

生活費控除率	30％

就労可能期間	33年間（34～67歳）

コメント

　外国人の逸失利益算出に当たっては、日本国の永住資格の有無を検討し、ある場合には、原則日本人と同様に算出し、ない場合には、在留資格、在留期間、就業の内容、継続性、母国の賃金水準等の当該外国人の個別事情を総合考慮して、将来の日本での就労の蓋然性を検討した上で、基礎収入金額を算出する扱いとなっています。

　本件は、永住資格を有しない専業主婦の外国人女性が死亡した事例ですが、事故前の生活の状況や日本人男性との間に出生した子供を日本人男性が認知している状況、その他、被害者の永住の意思が強く、また、その実現の可能性が高いこと等を根拠として、日本人女性労働者の平均賃金を基礎収入として計算した事例です。単なる内縁状態の立証にとどまらず、将来にわたっての永住の意思を示す事実関係などを立証できたことが判断を左右したものと評価できます。

〔75〕 中国で出生し、同国で服飾デザイナーとして稼働した後、在留資格1年間として来日し、事故時日本で稼働していた婦人服デザイナーの基礎収入を算出するに当たり、事故後3年間は日本での収入が見込めるため日本における収入を基礎とすべきであるが、それ以後については、中国での賃金水準をも考慮して、賃金センサス男女計・学歴計・全年齢平均年収額の3分の1を基礎とすべきと判断した事例

(東京地判平21・12・25交民42・6・1703)

事件の概要

事故の状況：被害者が信号機により交通整理のされてない交差点を横断中、走行してきた車両に衝突され、死亡。

被　害　者：中国人服飾デザイナー・女性・45歳

事 故 日 時：平成20年1月13日・PM7：55頃

判 決 内 容

基礎収入	① 事故後3年間　240万円（日本での雇用契約書） ② 4年目以後　162万0,200円（賃金センサス平成20年第1巻第1表男女計・学歴計・全年齢平均の486万0,600円の3分の1）

　被害者は、中華人民共和国で出生し、同国で服飾デザイナー等として稼働した後、平成19年6月25日に、人文知識・国際業務の在留資格で、在留期間1年間として来日し、本件事故当時は日本において、訴外会社で稼働していたことが認められる。そして、被害者は、上記期間後も日本で生活することを考えていたことがうかがわれ、訴外会社との間で雇用期間を平成19年1月1日から3年間とする雇用契約書を交わしていることが認められるが、他方で、被害者が本件事故時までに在留期間を更新した実績はなく、今後長期間にわたって日本で生活した蓋然性が高かったとまでは推認できないことに照らすと、被害者は本件事故後3年間は日本において、その後は中国において就労したものと考えるのが相当である。

　また、証拠によれば、被害者は、本件事故当時、日本にある訴外会社において婦人服のデザイナー及びパタンナー等として稼働し、同社から月額20万円の賃金を得ていたことが認められ、上記日本における3年間にこれを上回る収入を得る蓋然性が高かっ

たとまでは認めるに足りないので、日本における収入は、年収240万円を基礎とするのが相当である。

中華人民共和国における収入は、証拠及び弁論の全趣旨により認められる同国における賃金水準や地域格差に加え、被害者が中国や日本の企業において服飾デザイナー等として稼働していた経歴や実績等をも考慮すると、平成20年の賃金センサス第1巻第1表・産業計・企業規模計・男女計・学歴計・全年齢の平均年収額である486万0,600円の3分の1である162万0,200円を基礎とするのが相当である。

生活費控除率	30%

本件事故当時、被害者の唯一の子であるAは、中華人民共和国において学生生活を営んでおり、被害者は、既に夫を亡くし、単身で日本で生活していたことが認められる。これらの被害者の家族状況や生活状況等に照らすと、生活費控除率は30%とするのが相当である。

就労可能期間	22年間（45〜67歳）

被害者（本件事故時45歳）の死亡後3年間のライプニッツ係数は2.7232であり、48歳から就労可能期間である67歳までのライプニッツ係数は、10.4398（計算式13.1630−2.7232）である。

```
コ メ ン ト
```

外国人の逸失利益算出に当たっては、日本国の永住資格の有無を検討し、ある場合には、原則日本人と同様に算出し、ない場合には、在留資格、在留期間、就業の内容、継続性、母国の賃金水準等の当該外国人の個別事情を総合考慮して、将来の日本での就労の蓋然性を検討した上で、基礎収入金額を算出する扱いとなっています。

本件では、在留期間が1年であったものの、日本国内での勤務先との間で3年間の雇用契約を取り交わしている事情を考慮して、事故後3年間は日本での就労の蓋然性が高いと判断した一方で、本件事故時までに在留期間を更新した実績はなかったため、今後長期間にわたって日本で生活した蓋然性が高かったとまでは推認できないとされた事例です。

第7章　無職者・アルバイト等

○概　説

　本章は、無職者・アルバイトの基礎収入認定事例を集めています。

　ここで無職者とは、自ら所得を得ていないというだけではなく、主婦（主夫）や若年者等、本書第8章に該当する者ではないことを前提としています。

　そして、そのような無職者の場合、所得がないわけですから、原則として、後遺障害（死亡）逸失利益も認められないとも思われます。

　しかしながら、無職者・アルバイトの状態も種々あります。

　具体的には、①全く働く意思も、意欲もない者（高齢者を含みます。）、②働く意思若しくは意欲はあるものの、具体的な活動をしていない者、③自分の将来の夢のために、アルバイト程度しか活動をしておらず、定職と呼べる職業には従事していない者、④その他、定年退職したばかりで次の仕事を探そうとしていた者や選挙活動中の者等です。

　前記①に該当する者については、そもそも、後遺障害（死亡）逸失利益は認められないのが通常ですが、他面、②〜④の者、特に、③④の場合には、後遺障害（死亡）逸失利益を全く認めないという結論は妥当ではありません。

　そこで、後遺障害（死亡）逸失利益を認めるとして、基礎収入をどうするか、という問題があります。

　この点についても、賃金センサスが参考とされる事例が多いです。

　なお、いずれも、個別具体的な事情により検討されるべきですが、賃金センサスを参考とするにしても、どの表をどのように参考とするか、という点は、非常に悩ましいところです。

　いずれにせよ、個別具体的な事例により検討されるべきではあり、事案に応じて、適宜、主張・立証が尽くされるべきではあることに注意が必要であることはいうまでもありませんが、本章記載の無職者・アルバイトの基礎収入はどのような理由でどのように算定されているか、という点は、参考になると思います。

214　　　第7章　無職者・アルバイト等

〔76〕　66歳の町議会議員の逸失利益の算出に当たり、次回の選挙において
　　も当選する可能性が高いことを根拠として、基礎収入を次回の任期中
　　の報酬相当金額として認定した事例　　（東京高判平6・2・22金判959・38）

┌──────────────────┐
│　　　事件の概要　　　│
└──────────────────┘

事故の状況：交通整理の行われていない交差点において、出会い頭での事故により、
　　　　　　被害車両に同乗していた被害者が死亡。
被　害　者：町議会議員・男性・66歳
事故日時：平成2年8月16日・時刻不明

┌──────────────────┐
│　　　判　決　内　容　　│
└──────────────────┘

基礎収入	274万4,000円（町議会議員報酬平均）

　被害者は、昭和58年7月10日及び昭和62年6月28日のA町の町議会議員選挙に当選し、副議長を務めていたもので、健康であったので、本件事故がなければ事故から約10か月後の平成3年6月の町議会議員選挙に立候補する予定であった。被害者がこれまでの選挙で得た票は、常に上位にあったが、これは被害者が妻の実家から選挙に出ていた訴外人の地盤を引き継ぎ、また、自ら経営していた事業の従業員やその他の親戚知人の票をあてにできたことによるものであり、人口が少なく、人口移動がほとんどない地域で、議員に当選するのに必要な票数が300票に満たないA町の町議会議員選挙では、被害者のように親戚や従業員が多く、さらに公的な役職の上での付き合いの多い場合には、ある程度安定的に当選に必要な支持を受けることが可能であった。

　被害者は、前記町議会議員として報酬を得ていたのであり、事故がなければ、次回の選挙にも当選して町議会議員の報酬を受けられた可能性が大きい。死亡による損害の賠償請求訴訟において、賠償すべき損害とされるのは、事故との相当因果関係のあるものであれば足りるのであり、このような因果関係の判定は、必ずしも選挙の結果を待たなければならないものではない。選挙の結果は通常予測し難く、したがって、選挙の結果による公職の報酬が損害と認められる事例は、極めて限られたものである

第7章　無職者・アルバイト等　　215

が、本件のように可能性が高いものと認められる場合にまで、選挙制度との関係で、事故との因果関係を否定するまでの必要性は認め難い。

　そうだとすると、本件の場合は、次回の選挙後の町議会議員の任期中の報酬相当額に限り、損害として認めるのが相当である。そして、土地改良区の理事については、前記のような事情を認めることができないので、現在の任期中に限り損害と認めるべきものである。

生活費控除率	40%

就労可能期間	5年間（次回の選挙の町議会議員の任期終了まで）

コメント

　逸失利益の算出に当たっては、事故前収入を原則としますが、将来得られる収入の蓋然性が立証できる場合には、将来収入を踏まえて基礎収入とする扱いとなっています。しかし、実際のケースでは、将来得られる収入の蓋然性を立証することはハードルが高く、典型的なケースでは、公務員であるとか大手大企業の社員などの場合には、賃金モデル事例などがあるため、将来得られる収入の立証は容易である反面、そのような企業以外の場合には、生活実態や収入モデルなどをきちんと立証する必要があります。

　本件では、将来町議会選挙に当選することを前提として将来収入を認定している点に特色があります。原審ではこの点を否定されたため被害者より控訴がなされた事例です。通常、選挙は、社会情勢等によって左右されるためその当選が確実といえるのは困難であると考えられますが、本件では、元来地盤があったこと、人口が少なく、親類や家族票などで安定的に当選に必要な支持を得られる環境などにあることを踏まえて、次回の選挙の任期中に限って、逸失利益の発生を認定した事例です。

〔77〕 両親らのために家事をしていた独身女性の逸失利益につき、実収入ではなく、女子平均賃金の4分の3に相当する金額を基礎に算定した事例

(東京高判平9・4・23判時1618・74)

```
┌─────────────────┐
│    事件の概要    │
└─────────────────┘
```

事故の状況：不　明

被　害　者：アルバイト兼家事手伝い・女性・症状固定時年齢不明（事故時34歳）

事 故 日 時：平成5年3月11日

受 傷 内 容：不　明

入通院状況：不　明

後 遺 障 害：症状固定日不明、12級12号「局部に頑固な神経症状を残すもの」（左膝内側圧痛、左足背の拇指と第2足趾間に感覚障害）

```
┌─────────────────┐
│    判 決 内 容   │
└─────────────────┘
```

基礎収入	263万0,550円（平成5年賃金センサス・女子労働者・学歴計・35歳から39歳の4分の3相当額）

　被害者は、本件事故当時、満34歳の独身女性であり、学習塾教師や家庭教師、自宅での塾経営等により月額12万円程度の収入を得ていた。

　他方で、本件事故当時、両親と妹の4人暮らしであったこと、父親は月額8万円ほどの年金収入があるのみで、母親（本件事故当時61歳）が被害者と共に自宅での塾経営に当たっていたが、妹は会社勤めをし、父親も母親も病気がちで、家事労働については被害者が母親以上に重要な役割を果たしてきたことが認められる。そうすると、被害者は家事労働にも相当の時間を割きながら塾経営、家庭教師などの仕事を兼ねていたもので、逸失利益算定の基礎としては、いわゆる兼業主婦に準ずるものとしてその家事労働分を斟酌すべきであり、本件に顕われた上記家族構成、生活状況、被害者の家事労働以外の実収入等をも勘案し、賃金センサスによる女子労働者の平均賃金の4分の3に相当する金額とすることが相当である。

労働能力喪失率	14%

　被害者には症状固定時において左膝内側に圧痛、左足背の拇指と第2足趾間に感覚障害が残り、右後遺障害につき12級12号に認定を受けていることに照らせば、被害者の労働能力喪失程度は14％と認めるのが相当である。被害者は右障害に加えて不安神経症も本件事故後発症し、これらを総合すると20％の労働能力喪失があるとの主張をするところ、確かに、被害者は本件事故後不安発作に悩まされる等の不安神経症を患い治療を受けていることが認められるが、これらを考慮しても、労働能力喪失の程度としては前記の14％を超えるものがあると認めるに足りない。

就労可能期間	30年間（37〜67歳）

　後遺症の内容と部位、程度に照らすと、67歳までの全就労期間にわたって後遺症による労働能力の喪失が継続されるとみられる。

コメント

　本件は、アルバイトに従事している女性被害者の事例ですが、両親が病気がちで、同居の妹も会社勤めであったことから、アルバイトの傍ら、一家の家事労働において、被害者が重要な役割を果たしていたという特殊性がありました。

　本件では、基礎収入額が争点となり、現実収入額を基準にすれば、被害者の収入は月額12万円であり（所得証明書上は27万9,750円）、被害者と同年齢の女性平均賃金センサスである350万7,400円と乖離が大きい状態でした。

　そのような状況の下、本件では、裁判所は、被害者が家事労働に、重要な役割を担っていた点を重視し、いわゆる兼業主婦に準じるものとして家事労働分を斟酌すべきと認定し、平均賃金センサスの4分の3相当額を基礎収入額として認定しました。

　アルバイト従事者に関する事例ではありますが、未婚者が家事労働を担っている場合に、家事従事部分が基礎収入額算定において考慮された事例であり、家事労働の損害評価に関する事例として、ある種参考になる事例といえます。

218 第7章 無職者・アルバイト等

〔78〕 ダイビングインストラクターを目指していた女性の被害者につき下
肢の醜状痕などを実質的に考慮して逸失利益を算定した事例

(東京地判平14・9・25交民35・5・1248)

事件の概要

事故の状況：被害者が被害車両（自転車）を運転して信号機の設置されていない横断
歩道を走行していたところ、右手道路より加害車両が横断歩道に進入し
て衝突。

被 害 者：アルバイト（ウェイトレス）・女性・症状固定時21歳（事故時19歳又は20
歳）

事 故 日 時：平成9年6月24日・AM11:45頃

受 傷 内 容：右下腿・左足背デグロービング損傷

入通院状況：入院92日、通院624日

後 遺 障 害：症状固定日平成10年8月19日、併合12級（12級相当（右下肢醜状障害）、
14級5号（左下肢醜状障害））、右下肢機能障害については後遺障害非該当

判 決 内 容

基礎収入	341万7,900円（賃金センサス平成10年度第1巻第1表、女性労働者の産業計・企業規模計・全年齢平均賃金）

　被害者が女性であり症状固定時（平成10年8月19日）において21歳であったことから、
賃金センサス平成10年度第1巻第1表の女性労働者の産業計・企業規模計・全年齢平均
賃金である341万7,900円を基礎収入とする。

労働能力喪失率	① 症状固定時から10年間　15%
	② 31〜40歳（その後10年間）　10%
	③ 41〜50歳（その後10年間）　5%

　被害者の本件事故による後遺障害は、自算会（自動車保険料率算定会の略称で、現
在の損害保険料率算出機構）の認定どおり、右下肢醜状障害は等級表12級相当、左下

肢醜状障害は等級表14級5号、右下肢機能障害は等級表非該当ということになる。

しかし、他方で、等級表の該当性は、前述のとおりその性質上、一定の基準に従った画一的な認定が必要とされるところではあるが、民事上の損害賠償における後遺障害の有無・程度及び労働能力喪失率の認定に当たっては、自賠法上の認定基準を参考にしつつも、当該被害者の後遺障害の個別具体的内容、その職業、年齢、性別及び具体的な稼働状況等を勘案して実質的に判断すべきものである。

そして、被害者の右下肢機能障害については、右足関節の可動域制限のみをとっても、他動値で、健側の80度に比して65度にまで制限されており、あと5度制限されていれば60度となって健側の4分の3以下となり等級表12級7号に該当すること（その場合の自賠法上の後遺障害等級認定に従った労働能力喪失率は14％である。）、関節の可動域制限に加えて、右膝下全周囲の表在知覚の脱失及び右のふくらはぎ部分の太さが左と比べて細いために、日常生活上の障害が生じていることが認められるのであって、被害者はこれらの右下肢機能障害によりその労働能力を相当程度喪失しているものと考えられる。

さらに、被害者の両下肢の醜状障害は、外貌の醜状と異なり衣服等により隠すことが可能であり、労働能力に影響を与えないことが一般的ではあるが、被害者は本件事故当時ダイビングインストラクターを目指し各種の資格を取得しており、近い将来同職業について生計を立て得る可能性を相当程度有していたのにもかかわらず、これを断念せざるを得なかったのであり、被害者が女性であり症状固定時において21歳であったことをも勘案した場合、両下肢の醜状障害についても、その職業選択の幅を狭め、少なくともダイビングインストラクターとなる可能性が閉ざされたという意味において、症状固定時から10年間の範囲では、労働能力を喪失せしめる一要素として考慮すべきである。

以上のほか、被害者の右足関節の可動域の制限や、左右の足の太さの違いに関しては今後の筋力トレーニング等である程度の回復が見込まれること等を勘案した結果、被害者は本件事故による後遺障害により、症状固定時（平成10年8月19日）から10年間については15％、次の10年間については10％、その後の10年間については5％の労働能力を喪失したものと認めるのが相当である。

就労可能期間	30年間（21〜50歳）

コメント

本件は、ウェイトレスのアルバイト業に従事していた被害者に関する事例で、下肢の醜状障害により後遺障害が認定されましたが、加害者は、醜状障害が労働能力に与える影響を否定し、逸失利益の発生自体を争ったところ、裁判所は、後遺障害非該当となった下肢の機能障害も加味し、細かく認定した上で、30年間にわたって逸失利益の発生を認定しました。

各後遺障害の労働能力喪失に対する影響については、下肢醜状障害のほか、後遺障害非該当と判断された下肢機能障害についても認定されていますが、下肢機能障害については、可動域制限の数値（角度）が、後遺障害に該当する場合と比較し、5度足りなかったのみ（被害者の他動値における可動域（背屈と底屈の合計）が、左足関節が80度、右足関節が65度）であり、わずかな差で非該当と認定されたことや、被害者が生活上の支障を具体的かつ多くの場面で被っていることなどを考慮し、労働能力に対する影響を肯定しています。

反面、下肢醜状障害については、人前で水着になることがはばかられるようになったため、事故当時目指していた、ダイビングインストラクター業を諦めざるを得なかった点を重視し、症状固定後10年間は醜状障害による影響を肯定し、労働能力喪失率を増加させる根拠となっています。

また、労働能力喪失期間を30年に設定しつつ、10年ごとに労働能力喪失率を変更させる等、綿密な判断がなされています。

本件は、逸失利益の判断において、後遺障害非該当とされた症状についても考慮要素とする等、様々な事情を加味して、細かな判断がなされた事例であり、参考になるものといえます。

〔79〕 大学卒業後アルバイトに従事していたが、中国留学を計画していて、将来的には貿易関係の仕事に就くことを希望していたこと等を踏まえ、大学卒男子全年齢平均賃金を用いて基礎収入を算定した事例

（東京高判平14・9・25交民35・6・1792）

事件の概要

事故の状況：信号機のない交差点を被害車両（自転車）が進行中、交差道路から進行してきた加害車両（普通乗用自動車）が出会い頭に衝突。

被 害 者：アルバイト・男性・24歳

事 故 日 時：平成7年4月18日・PM6：50頃

受 傷 内 容：頸部挫傷、右母指MP関節部側副靭帯損傷、右肩関節外傷性拘縮

入通院状況：通院A病院平成7年4月18日〜同年10月2日（実日数71日）、B病院平成7年6月28日〜平成9年2月27日（実日数57日）

後 遺 障 害：症状固定日平成9年2月27日、12級12号「局部に頑固な神経症状を残すもの」（右母指MP関節伸展・屈曲の可動域制限）

判 決 内 容

基礎収入	687万7,400円（平成9年大学卒男子全年齢平均賃金）

被害者の逸失利益を算定するに当たっては、被害者の年齢等に鑑み、症状が固定した平成9年の大学卒男子全年齢平均賃金である687万7,400円を基礎に算定するのが相当である。

労働能力喪失率	14％

MP関節の可動域制限の程度等に照らすと、その内容・程度は、後遺障害別等級表の10級7号に該当するものとはいい難く、同表12級12号の「局部に頑固な神経症状を残すもの」に該当するものと解するのが相当である。

したがって、被害者は、後遺障害によって労働能力の14％程度を失ったものとみられる。

就労可能期間	41年間（26〜67歳）

　事故後6年以上も経過した時点においても残存していることからすると、この後遺障害が近い将来消失するものと認めるのは相当でない（その上で、67歳までの41年間を就労可能期間と認定した。）。

コメント

　本件は、アルバイトに従事していた男性被害者に関する事例で、逸失利益のうち、基礎収入額が争点となり、被害者側は、大学卒の全年齢平均賃金を基準に認定すべきと主張し、加害者側は、大学卒の平均賃金を取得するとの高度の蓋然性はないとして、全労働者平均賃金によるべきとして争いました。

　一般に、現実の収入額が賃金センサスの平均額以下の場合、平均賃金が得られる蓋然性があれば、それを認め、若年労働者（事故時おおむね30歳未満）の場合には、学生との均衡もあり全年齢平均の賃金センサスを用いるのを原則としますが（『赤い本』2018年版上巻91頁以下）、本件については、加害者は、「被害者が、大学卒業後、20社程度就職活動で受けたが、就職に失敗しており、内定を受けた会社も断るなどして、アルバイトに従事し、定職についていなかった」等と主張し、争いましたが、裁判所は主張を採用せず、被害者主張どおり認定しました。

　休業損害の認定事実において、被害者が、中国に留学して語学の実力を付け、貿易関係の仕事に就きたいと考え、アルバイトをし、貯蓄を試みていた事実を挙げており、裁判所は、この点についても、考慮した上で、逸失利益における基礎収入に関する加害者主張を排斥したものと思われます。

　なお、後遺障害の内容についても、第一審では、10級7号が認定されていましたが、控訴審である本件で、改めて鑑定意見を提出したところ、可動域制限が否定され、12級12号の神経症状の認定に落ち着きました。

　その結果、12級12号該当性が認められた症状については、若干骨梁が粗い程度で、その他、他覚的所見に乏しい症状であったため、労働能力喪失期間の制限が議論され得るところでしたが、裁判所は、後遺障害等級ダウンとの兼ね合いを考慮した可能性もありますが、就労期間終期まで後遺障害が残存するものと認定し、41年間の喪失期間を認定しています。

第7章　無職者・アルバイト等　　　223

〔80〕　バンド活動をしているアルバイト従事の被害者の基礎収入を算出す
　　　るに当たり、アルバイトによる収入は賃金センサスの3割に満たないも
　　　のの、被害者が若年であること、就労実態があること、被害者の就労へ
　　　の意思などを考慮して、同基準の7割程度の収入の蓋然性を認定した事
　　　例
　　　　　　　　　　　　　　　　　　　　　　（東京地判平15・9・3交民36・5・1208）

事件の概要

事故の状況：被害者を含む友人7名でレンタカーを借りてスキー旅行に出かけた帰り
　　　　　　道の高速道路にて、被害者同乗の加害車両が運転操作を誤りスリップし
　　　　　　転覆し、被害者が車外に投げ出されて死亡。

被　害　者：アルバイト・男性・23歳

事 故 日 時：平成13年3月18日・PM7：15頃

判 決 内 容

基礎収入	363万8,460円（平成13年賃金センサス男子労働者高卒全年齢平均賃金519万7,800円の7割）

　被害者は死亡当時23歳であり、平成9年3月に専門学校卒業後、両親と同居し、就職
をしないで、アルバイトをしながらバンド活動を続けていたもので、アルバイト先も
固定されていなかったこと、被害者は、派遣会社に登録し、平成12年の同社からの給
与は26万8,080円であり被害者の通帳には平成10年2月から平成13年2月までの間、数
社から給与として数千円から14万円程度が振り込まれていること、平成12年分の振込
みは43万9,166円であり、一つの勤務先からは平成12年3月及び4月に合計24万6,600円
（勤務日数36日）、平成13年1月及び2月に合計10万1,800円（勤務日数16日）の給与を
得ているところ、平成12年の被害者の収入は、前記収入を合計すると95万3,846円とな
るが、同金額は、平成13年の賃金センサス第1巻第1表産業計・企業規模計・男子労働
者高卒該当年齢の3割に満たないことが認められ、他にアルバイトによる現金収入が
あったとしてもそれを裏付ける客観的な資料はない。しかし、各証拠によれば、被害
者はいまだ若年であり、事故前もアルバイトとはいえ現実に就労していたものである
上、今後のアルバイト先も一応決めて、両親の面倒を見ながら仕事をすると述べてい

たことが認められ、これらを総合すれば、将来的には平成13年賃金センサス第1巻第1表の産業計・企業規模計・男子労働者高卒全年齢平均賃金519万7,800円の7割程度の収入は得られるものと認めるのが相当である。

生活費控除率	50%

就労可能期間	44年間（23〜67歳）

　死亡当時の年23歳から稼働可能年齢67歳までの44年間についてライプニッツ係数を用いて中間利息を控除し、生活費控除率50%として計算すると、逸失利益は3,213万2,513円となる。

コメント

　本件の被害者は、定職に就かず、アルバイトをしながらバンド活動に勤しんでいた者です。

　本件では、加害者側より、死亡逸失利益の計算の前提となる基礎収入は、賃金センサスを前提にそのまま認定するべきではないと反論があったため、この点が争点になりました。この点、判決では、被害者の学歴、生活実態、就業実態、就業による収入を預金通帳などから詳細に検証を加えつつ、確かに収入自体は極めて少ないことを認定しつつ、アルバイトとはいえ、現実的に就労をしていたこと、被害者が若年であること、両親の面倒を見ると述べていたことなど踏まえて、賃金センサス高卒の7割を認めたものです。

　これは、被害者が23歳という比較的若年であることが大きな要素であると考えます。すなわち、若年者である場合、仮に定職に就いていたとしても年功序列の給与体系では事故前に得られている収入が少ないことや、また、将来どのような就労を行っておりどの程度の収入を得ているのかの検討・算出が困難であるため、ある程度、賃金センサスに依拠せざるを得ない事情があるからです。一方で、被害者がある程度年齢を重ねている場合には、将来の予測が立ちやすいことを根拠として、事故前の実収入を前提として計算されることが多いものといえます。

第7章　無職者・アルバイト等　　225

〔81〕　前年に定年退職した無職者で、特に再就職活動をしていた実績など
　　　は認められないが扶養すべき家族がいた事案について、事故発生の
　　　前々年度の年収を基礎収入として認定した事例

(岡山地判平16・5・7交民37・3・600)

事件の概要

事故の状況：加害車両が、前方の路上を歩行中の被害者に衝突。

被 害 者：無職・男性・症状固定時58歳

事 故 日 時：平成13年4月3日・AM1：40頃

受 傷 内 容：意識障害、頭部・左肘挫創、右下肢開放創、意思疎通不可能等

入通院状況：以下のとおり判決時まで継続的に入院

　　　　　①　B病院　平成13年4月3日〜同年4月20日

　　　　　②　C病院　平成13年4月20日〜平成14年3月18日

　　　　　③　B病院　平成14年3月18日〜同年6月22日

　　　　　④　D病院　平成14年6月26日〜同年9月30日

　　　　　⑤　E病院　平成14年9月30日〜判決時

後 遺 障 害：症状固定日平成14年6月22日、1級3号「神経系統の機能に著しい障害を残
　　　　　し、常に介護を要するもの」(両下肢完全麻痺、膀胱直腸障害等)

判 決 内 容

基礎収入	328万0,192円（前職と同程度の収入）

　被害者の平成11年分の給与所得は328万0,192円であり、平成12年分は129万4,210円
であった。

　被害者は、本件事故の前年の平成12年5月31日に満56歳で株式会社Aを定年退職し
た後、本件事故まで無職であったものであるが、高齢の母や大学進学を控えた二男と
いった扶養しなければならない家族を抱えていたものであるから、特段の事情が認め
られない本件では、当然求職活動をしていたものと推認され、他方被害者の労働能力
に格別問題とすべき点も見当たらない。それでも本件事故当時、被害者が無職であっ

たのは、被害者の年齢や地域性等の事情によって就労機会に恵まれなかったためと解される。しかしながら、少なくとも本件事故当時から症状固定時まで求職活動をすれば、前職と同程度の収入を得られた蓋然性は高かったものと解されるから、平成11年度の被害者の年収328万0,192円を基礎収入とするのが相当である。

労働能力喪失率	100％（ただし、全期間入院であり、食費等も病院等の費用で賄われていることから、15％の生活費控除をする）

基礎年収を328万0,192円とし、生活費控除率を15％として、症状固定時の満58歳から就労可能年限67歳までの9年間についての逸失利益の現在額をライプニッツ計算法によって算出すると、1,981万7,706円となる。

328万0,192円×85％×100％×7.1078＝1,981万7,706円（円未満切捨）

就労可能期間	9年間（58〜67歳）

症状固定時満58歳から就労可能年限67歳までの9年間を就労可能期間とした。

コメント

本件は、無職の被害者の逸失利益について認定した事案です。

被害者は、事故の前年の5月にそれまで勤めていた会社を定年退職した後、特に再就職はせずに無職の状態でした。被害者はパチンコや麻雀が好きで、パチンコは平日によく行っており、また酒が好きでほとんど毎日焼酎湯割りの晩酌をしていましたが、外で飲むほどの小遣いを持っておらず、パチンコに勝ったときに外で飲酒する程度でした。

また、定年退職した事故前年度（平成12年）の年収は、その前の年（平成11年）よりも低額な129万4,210円でした。

裁判所は、これらの事実を認定しつつ、被害者が高齢の母や大学進学を控えた二男といった扶養しなければならない家族を抱えているのであるから当然に求職活動をしていたものと推認されるとし、被害者の労働能力に格別問題とすべき点も見当たらないとして、平成11年度の被害者の年収328万0,192円を基礎収入とするのが相当であると判断しました。

なお、本件事故当時、被害者が無職であったのは、被害者の年齢や地域性等の事情によって就労機会に恵まれなかったためと解されるけれども、少なくとも本件事故当時から症状固定時まで求職活動をすれば、前職と同程度の収入を得られた蓋然性は高かったものと解されるとして、退職後、相当期間無職の状態であったことについても言及しています。

　無職者であったとしても、一概に逸失利益が否定されるものではなく、被害者に労働の意思及び能力があると推認されるのであれば、事故前の年収で高かった時期のものなどを考慮して、合理的な金額を基礎収入として認定することがあります。

　本件もそのような事例であり、被害者が平日パチンコによく行っていたことなどにあえて言及しつつも、扶養すべき家族がいる事実などから再就職の意思が推認されており、労働の意思の部分については、ある程度緩やかに認定していることが見受けられる事例です。

〔82〕　大学卒業後にアルバイトに従事していた被害者の従前の仕事内容た
る造園設計と、腕関節の参考運動である回内・回外運動の可動域制限
を考慮して、労働能力喪失率を20％とした事例

（東京地判平17・6・30交民38・3・876）

事件の概要

事故の状況：片側2車線の道路の第2車線を走行していた被害車両が、対向車線の第2
車線から路外の駐車場に進入しようと右折した加害車両と衝突。

被　害　者：アルバイト・男性・症状固定時27歳

事 故 日 時：平成11年3月14日・PM7：43頃

受 傷 内 容：右前腕骨骨折、右橈骨神経不全麻痺等

入通院状況：入院42日、通院807日（実日数68日）

後 遺 障 害：症状固定日平成13年4月18日、併合11級（12級12号「局部に頑固な神経症
状を残すもの」（右前腕骨骨折による右橈骨神経の神経障害）、12級5号「鎖
骨、胸骨、ろく骨、けんこう骨又は骨盤骨に著しい変形を残すもの」（腸
骨採取による骨盤骨の変形））※ただし、被害者は右前腕の可動域制限10
級10号を主張し、併合9級と争った。

判 決 内 容

基礎収入	680万4,900円（平成13年大卒男子賃金センサス）

　被害者は、27歳で大卒であるから、平成13年大卒男子賃金センサスである680万
4,900円を基礎収入とするのが相当である。

　これに対し、加害者らは、被害者の実収入を基礎とすべきと主張するが、被害者が
20代後半と若く、将来の40年間を通してみた場合、同年齢の大卒男子労働者の賃金セ
ンサス程度の収入を得る蓋然性はあるというべきであるから、加害者らの主張は採用
できない。

労働能力喪失率	20％

　上記認定によれば、被害者には、右橈骨神経領域（右前腕）に、知覚鈍麻、しびれ等が残存しているから、右橈骨神経に障害が認められ、症状固定後3年以上経過した現在も症状が残存していることから、局部に頑固な神経症状（12級12号）を残存したと認められる。

　ところで、被害者は、上記神経症状と、関節の可動域制限等を総合して10級10号の後遺障害が残存したと主張するものと解されるが、同号（腕関節の機能に著しい障害を残すもの）に該当するというためには、患側の可動域制限が、主要運動である屈曲（掌屈）・伸展（背屈）運動について健側の2分の1以下に制限されている必要があるところ、被害者主張の可動域制限は、参考運動の制限にすぎない。そうすると、腕関節の機能に著しい障害が残存したとまではいうことはできない。

　しかし、被害者は、農学部造園学科を卒業し、造園設計の仕事に携わってきたものであるが、造園設計においては、製図など微細な手作業を要する領域が相当程度存在すると考えられるところ、被害者は、腕関節に回内・回外の制限があることにより、思うように手のひらを回すことができないというのであるから、被害者が造園設計の業務に従事するには、労働能力に相当の影響があると考えられる。また、被害者は、営業職に就いているが、コンピュータの入力作業が多く、疲れやすいと感じているものでもある。

　以上を総合すると、上記右橈骨神経の障害及び腕関節の可動域制限により、併合11級に相当する20％の労働能力を喪失したとみるのが相当である。

　なお、被害者には、腸骨採取による骨盤骨変形の後遺障害（12級5号）が残存しているが、この骨盤骨変形が、被害者の労働能力に直接影響を与えたと認めるに足りる証拠はない。

就労可能期間	40年間（27〜67歳）

　機能障害と職業との関係を考慮して、喪失期間は27歳（症状固定時）から67歳までの40年間とするのが相当である。

コメント

　本件は、大学卒業後にアルバイトに従事していた男性被害者に関する事例で、主に、労働能力喪失率が争点となりましたが、そもそも、被害者は、右前腕の可動域制限（10級10号）も併せて残存しているとして、併合9級が相当であると主張しましたが、裁判所は、政府保障事業が認定した、併合11級との認定をベースとして判断しました。

　その上で、裁判所は、併合11級認定の一つの要素となっている、腸骨採取による骨盤骨変形の後遺障害について、労働能力への影響を否定したため、本来であれば、併合11級認定の一要素が欠けてしまったわけで、11級相当の労働能力喪失率から低く認定されると考えられますが、その他、非該当と判断された右前腕の可動域制限についても、被害者が造園設計業に携わっている等、従事している業務の具体的内容を考慮すれば、労働能力への影響が認められるとして、11級相当の20％が相当であると判断しました。

　細かな判断で、複雑ではありますが、後遺障害等級表記載の労働能力喪失率を定型的に当てはめるのではなく、症状内容や業務内容を具体的に分析し、労働能力喪失率を個別具体的に判断した事例といえます。

　なお、被害者が転職を繰り返していた事実等から、加害者は、事故前の実収入を基礎収入とすべきであると主張し、基礎収入額を争いましたが、裁判所は、被害者が症状固定時27歳と若年であったこと等を考慮して、賃金センサスによって基礎収入額を算定しています。

〔83〕 戸籍上女性、心理上男性の性同一性障害者であるアルバイト従事の
被害者の後遺障害逸失利益の基礎収入を賃金センサス男性労働者全年
齢平均賃金の80％とした事例

（岡山地倉敷支判平20・10・27交民41・5・1362）

事件の概要

事故の状況：被害者が自転車に乗車し道路を横断中、交差方向から走行してきた加害
車両が衝突。
被 害 者：アルバイト・女性（ただし心理上男性）・症状固定時26歳（事故時25歳）
事 故 日 時：平成15年8月17日・AM0：10頃
受 傷 内 容：外傷性くも膜下出血、脳挫傷、外傷性脳神経損傷
入通院状況：入院15日、通院206日（実日数19日）
後 遺 障 害：症状固定日平成16年6月16日、5級2号「特に軽易な労務以外に労務に服す
ることができないもの」（顔面知覚鈍麻、左顔面神経麻痺、聴神経、嗅神
経損傷等）嗅覚脱失、味覚障害、左難聴については後遺障害非該当

判 決 内 容

基礎収入	392万1,040円（賃金センサス平成16年男性労働者高卒全年齢平均賃金の8割）

①被害者が高卒で働き始めたこと、②本件事故までの間、短期間のうちに転々と職
を変えており、その内容もアルバイトが多かったこと、③本件事故前実収入は手取り
月額16万円強にとどまること、④他方、被害者は、生物学的には女性であることが明
らかであるにもかかわらず、心理的には男性であるとの持続的な確信を持つ性同一性
障害者であり、②の職歴もその影響を否定できないところ、平成13年6月に名を「Ａ」
から「Ｂ」に変更し、同年7月から同障害に対するホルモン治療を継続していた上、性
別適合手術を強く希望していたこと、⑤被害者は本件事故当時25歳と若いこと等の諸
事情に照らすと、賃金センサス平成16年男性労働者高卒全年齢平均賃金の8割である
392万1,040円を基礎収入とするのが相当である。

労働能力喪失率	79%

就労可能期間	41年間（26〜67歳）

コメント

　本件は、戸籍上は女性ですが、心理上は男性という、性同一性障害をもった被害者に関する事例で、基礎収入額が争点となりました。被害者は、社会生活上は男性として生活していたことから、男性労働者の平均賃金によるべきであると主張しましたが、加害者は、事故当時の被害者の実収入が、男性の賃金センサスに比べて、大幅に少ないこと等を理由とし、女性労働者高卒全年齢平均賃金によるべきであるとして争いましたが、裁判所は、男性労働者高卒全年齢平均賃金の8割を基礎収入として採用しました。

　裁判所は、実生活上の状況や事故以前からホルモン治療を継続していて、名を変更し、事故時には性別適合手術を強く希望していた等の状況を踏まえて、戸籍上の性別にとらわれることなく、男性労働者の平均賃金センサスを採用したものと思われますが、反面、転々と職を変えていたことや、事故時の現実収入が男性労働者の賃金センサスと比較して、著しく低かったこと等を考慮して、8割の金額に減額されたものと想像されます。

　被害者の特性からして、判断内容については参考となる事例ではありますが、判断の中身自体は、個別具体的事情を元に判断した事例判断であり、他の事案と比較しても判断手法は何ら変わりないものと思われます。

　なお、被害者が性別適合手術を断念し、希望だった建設業で働くことが困難となったこと等を考慮し、後遺障害等級5級ながら、慰謝料については、1,700万円（いわゆる『赤い本』では5級相当の慰謝料額は1,400万円）が認定されています。

第7章　無職者・アルバイト等　　233

〔84〕　無職で一人暮らしであったが症状固定後長男家族と同居し家事を分
　　　担する等の就労の可能性がある被害者に、賃金センサス65歳以上女性
　　　労働者の平均賃金の70％を基礎とした逸失利益を認めた事例

（東京地判平22・2・9交民43・1・123）

事件の概要

事故の状況：加害者が運転するトラックが信号による交通整理が行われていない交差
　　　　　　点を右折しようとした際、交差道路の右方から直進してきた被害者運転
　　　　　　の自転車に対し、トラックの前部を衝突させ、ブレーキと間違えてアク
　　　　　　セルを踏み込みトラックを加速させるなどして、自転車もろとも被害者
　　　　　　を路上に転倒させた。
被　害　者：無職（一人暮らし）・女性・症状固定時69歳（事故時67歳）
事故日時：平成15年6月14日・PM6:50頃
受傷内容：頭蓋骨骨折、脳挫傷、外傷性くも膜下出血等
入通院状況：入院132日、通院521日（実日数40日）
後遺障害：症状固定日平成17年4月7日、5級2号「神経系統の機能又は精神に著しい
　　　　　　障害を残し、特に軽易な労務以外の労務に服することができないもの」
　　　　　　（高次脳機能障害）

判決内容

基礎収入	199万0,310円（平成17年賃金センサス65歳以上女性平均284万3,300円の70％）

　被害者は、本件事故当時67歳の無職女性で、本件事故よりも前に夫を亡くし、アパ
ートでの一人暮らしをしていたものであるが、平成17年4月7日の症状固定日の時点で
69歳であり、それ以降長男であるAの家族と同居し、その家事を分担する等の就労の
可能性があり、労働の意欲及び能力は有していたと考えられるから、後遺障害逸失利
益の発生が認められるが、その算定に当たっての基礎収入は、上記の各事情に照らし、
平成17年の賃金センサス女性労働者学歴計の該当年齢層（65歳以上）の平均年収であ
る284万3,300円の70％である199万0,310円とするのが相当である。

労働能力喪失率	79%

　被害者の後遺障害は5級に該当することに鑑みると、労働能力喪失率は79%とするのが相当である。

就労可能期間	9年間（69〜78歳）

　就労可能期間は被害者の平均余命期間19年の2分の1に相当する9年（その場合のライプニッツ係数は7.1078）とすべきである。

コメント

　本件は、一人暮らしの高齢女性であった被害者に関する事案で、将来的に、長男家族と同居し、家事従事をしていた可能性があったとして、後遺障害逸失利益を認定しつつ、基礎収入額を女性65歳以上の平均賃金センサスの70%の金額にて算定した事例です。

　高齢者事案における後遺障害逸失利益等の基礎収入額の定め方については、就労の事実があれば、実収入を基準とし、就労の事実がなければ、就労の蓋然性の有無を判断し、逸失利益の発生を検討した上で、賃金センサスの年齢別平均賃金額を基礎とし、基礎収入額が定められることになりますが（『赤い本』2018年版上巻91頁以下）、本裁判例は、被害者が一人暮らしであったものの、将来的に長男の家に同居する可能性があったと認め、家事従事の蓋然性ありとして、後遺障害逸失利益の発生自体を肯定したと考えられます。

　本件では、事故当時は週に数回長男宅にて家事の手伝いを行っていた事実や長男らとの交流状況が主張立証されているようですが、事故前から同居が決まっていた等、将来的に他人のために家事を行うことについて、確定していたとの事実は存在していないようですので、主張立証状況から、家事従事を行うことの蓋然性の高さを認定したか、あるいは、蓋然性自体を広い概念で捉えたのではないかと思われます。

　なお、基礎収入額について、賃金センサスをベースに算定しつつ、賃金センサスの金額の70%に制限されていますが、これは、長男宅の家事については、長男の妻が事故時担っていたため、同居した場合の家事労働内容が被害者と長男妻との分担になることを想定し、家事労働内容の一部を担うとの事実を考慮した上で、一定程度制限したものと思われます。

第7章　無職者・アルバイト等　　235

〔85〕　7級相当の外貌醜状の症状固定時24歳無職女子の逸失利益について、
　　　事故直前までホステス、音楽活動に従事していたことや、事故後、実際
　　　に音楽活動を再開した等の事情に照らすと、稼働意欲を否定できず、
　　　将来にわたって、平均賃金相当の収入を得る蓋然性があったと認定し、
　　　基礎収入を全女子平均賃金で認定し、67歳まで労働能力喪失率20％で
　　　認めた事例　　　　　　　　　　　　　（大阪地判平25・1・16交民46・1・63）

事件の概要

事故の状況：被害者が道路の中央分離帯付近で、友人ともみ合い、車道に飛び出し、
　　　　　　直進走行してきた加害車両と衝突。
被　害　者：無職（音楽活動、ホステス業を休業中）・女性・症状固定時24歳（事故時
　　　　　　23歳）
事 故 日 時：平成21年7月1日・PM9:05頃
受 傷 内 容：頸椎捻挫、腸骨骨折、腹腔内出血等、顔面挫創、瘢痕拘縮、左側上顎中
　　　　　　切歯歯冠破折等
入通院状況：入院100日、通院67日
後 遺 障 害：症状固定日平成21年12月14日、7級12号「外貌に著しい醜状を残すもの」
　　　　　　（左前額部に生じた、長さ5cm以上の白色線状痕）

判 決 内 容

基礎収入	346万8,800円（平成19年度賃金センサス・女子全年齢平均賃金）

　証拠によれば、①被害者は事故当時23歳と若年の女性であったこと、②被害者は平成21年2月に実家に帰るまでは、音楽活動及びホステスとしての稼働によって収入を得ており、また事故後平成22年からは芸能活動を再開しているのであって、稼働意欲を否定することはできない等の事情が認められる。

　そうすると、平成21年2月以降の実家での生活状況や、その際における生活の混乱、薬物の影響等は、逸失利益を考慮する際の長いスパンの中で見れば一時的なものと評

価すべきであり、被害者は将来にわたって、平均賃金相当の収入を得る蓋然性があったと認められる。

労働能力喪失率	20％

外貌醜状については、人間の機能面・精神活動面に直接影響を及ぼすものではなく、通常の仕事をする上での影響は一般的に小さいと思われること、また年齢経過と共に瘢痕の状況・生活に対する影響等が変化していくことを考慮すると、特段の事情がない限り、同等級の他類型の後遺障害に比べ、労働能力喪失率については限定的に考えるべきである。

被害者についてみると、①被害者が若い女性であること、②被害者は音楽業に従事しており、人前で歌を披露するなどの活動の中で、瘢痕の存在は相当程度の影響を及ぼすこと、③被害者はホステス業に従事していたこともあり、こちらも外見の重要性が否定できない仕事であったこと等の事情があり、これらの事情は喪失率を高く認定する要素となる。

その一方で、④被害者の瘢痕は左前額部の線状痕であり、髪型を工夫することで相当程度カバーできるものであること、⑤線状痕という形態やその長さに照らし、ある程度年月の経過等によって状況に変化が生じ、稼働能力への影響にも一定の緩和が生じる可能性はあること、⑥被害者自身、事故後の音楽活動について、事故前より進化した旨述べており、瘢痕の音楽活動への実際の影響は、髪型の制約など限定的なものにとどまっていること等の事情が認められる。

以上を総合すると、本件後遺障害による被害者の労働能力喪失率は、67歳までの期間全体を平均して、20％であると考えるのが相当である。

就労可能期間	43年間（24〜67歳）

コメント

本件は、音楽活動やホステス業に従事していた被害者が、当該職業を休業していた際に発生した事故で、無職者であることなどから、休業損害については、制限的に認

定されましたが、逸失利益については、事故直前まで稼働していた事実や、事故後、音楽活動を再開している等の事情から、稼働意欲を否定できないとして、全女性平均賃金をベースに、逸失利益の発生を肯定しました。

　また、被害者の後遺障害内容が外貌醜状障害であったことから、労働能力喪失率が争点となりましたが、本件では、外貌醜状障害については、労働能力喪失率を限定的に考えるべきとした上で、傷の形状や位置、性状と被害者の性質や業務内容を細かく分析した上で、7級相当の56％から大きく下がった、11級相当の20％と認定されています。

　なお、外貌醜状障害における逸失利益において、減額認定がなされた場合には、慰謝料額が調整されることがありますが、本件では、7級相当の1,000万円の慰謝料がそのまま認定されています。

238　　　第7章　無職者・アルバイト等

〔86〕　外貌醜状9級の症状固定時46歳無職男子の逸失利益について55歳ま
　　で労働能力喪失率10％、その後12年間を5％で認めた事例

（神戸地判平25・9・19交民46・5・1268）

```
事件の概要
```

事故の状況：直進走行中の加害車両が、タクシーから降車して路上にいた被害者に衝
　　　　　　突。
被　害　者：無職・男性・症状固定時46歳
事 故 日 時：平成23年3月5日・AM2：35頃
受 傷 内 容：頭部裂傷、頭部・顔面打撲・挫創、左上肢、腰背部、頸部、左膝打撲等
入通院状況：通院189日（実日数49日）
後 遺 障 害：症状固定日平成23年9月9日、9級16号「外貌に相当程度の醜状を残すもの」
　　　　　　（左前額部に5cm以上の線状痕）

```
判 決 内 容
```

基礎収入	240万円（20万円×12か月）

　逸失利益算定に当たっては、月額20万円程度の収入を得られる職を求めていたとこ
ろ、ようやく平成25年5月就職するに至ったことからすると、被害者主張の平成21年賃
金センサス第1巻第1表産業計・企業規模計・男性労働者学歴計の年収額529万8,200円
を得る蓋然性を認めることはできず、年収240万円（20万円×12か月）を基礎とするの
が相当である。

労働能力喪失率	①　46歳から55歳までの9年間　10％
	②　56歳から67歳までの12年間　5％

　被害者は、本件事故当時、無職であったものの就労の意欲はあり、本件事故後、平
成25年5月から介護付きのグループホームでパートのヘルパーとして現に就職してい
ることから就労の能力もあったということはできる。そして、被害者の後遺障害は、

第7章　無職者・アルバイト等　　　239

外貌醜状であるところ、本件事故後、施設入居者と対面で接するような介護職に就いていることや外貌醜状の部位や程度、更に被害者の年齢からすると、労働能力に大きな影響を及ぼすものとは認められないが、将来被害者の希望する営業職への転職の機会が制限される可能性が皆無とはいえないことなども考慮すると、被害者は、本件事故による後遺障害により、症状固定時の46歳から67歳までの21年間にわたり労働能力を喪失し、そのうち55歳までの9年間は10%、その後12年間は5%の労働能力を喪失するものと認めるのが相当である。

就労可能期間	21年間（46〜67歳）

コメント

　本件は、男性の被害者に関する事案で、事故当時は無職でしたが、就労の事実や就労の蓋然性を認定した上で、逸失利益の発生を肯定した事案になります。また、外貌醜状障害になりますので、後遺障害の内容からして、逸失利益の発生が肯定できるかについても問題となりますが、将来的な他職種への転職可能性が制限されること等が考慮され、逸失利益が認定された事例としても特殊性があるものと考えられます。

　まず、男性はいわゆる失業者に該当しますが、失業者の場合、労働能力及び労働意欲があり、就労の蓋然性があるものは、逸失利益が肯定され、失業前の収入が基礎収入の参考とされ、平均賃金以下の場合には、平均賃金が得られる蓋然性が立証されれば、平均賃金センサスを用いて認定されます（『赤い本』2018年版上巻104頁以下）。

　この点、被害者は、就労の意欲があったことや、現に就職していることから就労の能力があったと認定されていますが、反面、収入については、事故前、デリバリーヘルス経経営業に従事していたが、心身の不調により辞め、その後は、デリバリーヘルス経経営業への復帰を企図することなく、月額20万円程度の職を求めて就職活動していたことなどを考慮し、年収240万円（20万円×12か月）を基礎収入として認定しました。

　この点は、平均賃金が得られる蓋然性の立証がなされず、平均賃金センサスが採用されなかった事案の一例といえます。

　他方で、外貌醜状については、現在就いている介護職に影響を及ぼすとは認められないが、他方で、将来被害者が希望する営業職への転職の機会が制限される可能性が

皆無とはいえないことなどを考慮し、就労可能年終期まで21年間にわたり労働能力を喪失したと認定し、そのうち55歳までの9年間は10%、その後12年間は5%の労働能力を喪失という形で、制限的ではありますが（9級相当であれば35%）、労働能力喪失を肯定しています。

　現在の職業については、外貌醜状による影響が否定されていますので、この点を突き詰めれば、逸失利益を否定する判断にもつながるものと思われますが、年齢や事故前の就労状況等を加味して、抽象的ながらも将来的な影響を認定したものと思われます。

第7章　無職者・アルバイト等　　　241

〔87〕　農作業に従事し、収穫された作物を近隣や親戚に配るなどしていた
　　　無職者について、年齢別平均賃金の30％を基礎収入として認定した事
　　　例
　　　　　　　　　　　　　　　　　　　（大阪地判平25・10・17交民46・5・1356）

事件の概要

事故の状況：交差点で転倒した被害車両（普通自動二輪車）と対向加害車両（普通乗
　　　　　　用自動車）が側面衝突。
被　害　者：無職（農作業に従事し、収穫された作物を近隣や親戚に配るなどしてい
　　　　　　た）・男性・症状固定時68歳
事 故 日 時：平成22年5月2日・PM2：00頃
受 傷 内 容：頭部外傷Ⅲ型、急性硬膜下血腫、脳挫傷、外傷性くも膜下出血
入通院状況：入院205日
後 遺 障 害：症状固定日平成22年11月22日、1級1号「神経系統の機能又は精神に著し
　　　　　　い障害を残し、常に介護を要するもの」（運動麻痺、遷延性意識障害等、
　　　　　　左右上下肢麻痺、筋力低下、視覚、聴覚などの感覚機能障害、認知症、
　　　　　　失行、失認、失語、肩、肘、手、手指、足の拘縮、摂食、嚥下障害）

判 決 内 容

基礎収入	103万1,130円（症状固定時の平成22年の産業計・企業規模計・学歴計・男性労働者65〜69歳の平均賃金の30％）

　証拠及び弁論の全趣旨によれば、被害者（昭和17年○月○日生）は、本件事故当時、
妻と2人暮らしであったこと、昭和51年頃から、妻と共に、スーパーマーケット内で化
粧品販売業を経営し、平成16年3月に、他者へ店舗を譲ったこと、その後、長女の嫁ぎ
先から田畑を借り、農作業に従事し、収穫された作物を近隣や親戚に配るなどしてい
たこと、耕作面積は本件事故当時は約40坪であったこと、自治会役員を務め、ボラン
ティア活動などにも従事していたことが認められるのであり、これによれば、被害者
には、就労の意欲、能力があったものと解されるし、また、数年以上にわたって、妻
との家庭の生計を担ってきていたものといえる。以上の諸事情を総合考慮すれば、症
状固定時である平成22年の、産業計・企業規模計・学歴計・男性労働者65〜69歳の平

均賃金が343万7,100円であることに照らし、被害者には、その30％に当たる103万1,130円程度の収入を得られた蓋然性があるものと解する。

労働能力喪失率	100％

就労可能期間	8年間

労働能力喪失期間は平均余命の2分の1である8年とする。

コメント

　本件被害者は、無職でしたが、「農業耕作を始めて、野菜を頒布しながら、ゆくゆくは有償で販売して事業として成り立つことも念頭において、菜園での作業を続け、耕作面積、収穫は増えた。また、被害者は、長年商店街での会長職や責任ある役員としての仕事の中で、地域社会にも貢献してきた。このような事情に照らすと、被害者には、平成21年賃金センサス産業計企業規模計学歴計男子65～69歳の平均賃金360万2,800円程度を得られる蓋然性があり、これを基礎収入とすべきである。」と主張していました。

　裁判所は、被害者の主張していた事情から、「被害者には、就労の意欲、能力があったものと解されるし、また、数年以上にわたって、被害者法定代理人との家庭の生計を担ってきていたものといえる。」として、症状固定時の学歴計・男性労働者65～69歳の平均賃金の30％に当たる103万1,130円程度の収入を得られた蓋然性があると判断しました。

　無職者について、その者の日頃の活動（収益性はない）を参考に、平均賃金の30％という水準で基礎収入を認定した事案であり、無職者の場合であっても水準はともかく逸失利益請求の余地があることについて参考になる事例といえます。

第8章　その他

○概　説

　本章は、給与所得者以外の者のうち、第2章～第7章に入らない者の基礎収入認定事例を集めています。

　具体的には、①再就職内定者・休職者関係、②幼児・学生関係、③家事従事者（主婦・主夫）関係です。

　いずれも、典型事案ではありませんので、個別の対応が必要となりますが、②幼児・学生関係、③家事従事者（主婦・主夫）関係については、専ら賃金センサスが参考とされています。

　②幼児・学生関係については、未就業であり、かつ、若年であるということから、将来得べかりし所得について、参考とするべき実際の値が存在しません。しかしながら、そうであるからといって後遺障害逸失利益を否定することは、妥当ではありません。そこで、賃金センサスを参考に、当該幼児・学生が、どの程度の所得を得ることができそうであるのかが検討されています。

　また、③家事従事者（主婦・主夫）関係については、現在の実務では、賃金センサス、産業計、企業規模計、学歴計、女性労働者の全年齢平均賃金が参考にされており、この点については、おおむね確定している事項といっても過言ではないでしょう。しかしながら、同裁判例掲載箇所を確認いただければ分かるとおり、全ての裁判例が、前記平均賃金をそのまま基礎収入としているというわけではありません。高齢主婦（主夫）や兼業主婦（主夫）といった場合、別途の考慮もなされています。

　これは、主婦（主夫）業についての後遺障害逸失利益が、主婦（主夫）の所得に着目しているものではなく、主婦（主夫）業の対価性、すなわち、主婦（主夫）業そのものの内容に着目しているという点があることからの帰結です。

　いずれにせよ、本章掲載事例の被害者は、いわゆる給与所得者等とは全く異なる別途の視点にて判断されています。

　これは、そもそも、後遺障害逸失利益が、得べかりし利益を予想するというフィクションの世界である上に、更に、基礎収入についても数値になっていない事情を数値化するという、フィクションにフィクションを重ねているものですので、非常に興味深いものです。

しかしながら、フィクションであるからといって、特別、何も主張・立証しなくていいというわけではありません。

個別具体的な事案に応じて、裁判所に、当該被害者の基礎収入について、幾らと認定するべきか、という回答を求めるために、自らの立場に沿って、各種、主張立証すべきであるという点については、他の事案と異なるものではありません。

第8章　その他　　245

第1　再就職内定者・休職者

〔88〕　有名私立大学を卒業して就職した後に、留学をしてMBAを取得し、大卒男子平均賃金を上回る給与を得ていた被害者につき、再就職時に年俸1,500万円等の条件で内定を得、翌年も同程度の年俸で契約更新する可能性は低いとはいえず、後遺障害等級14級の労働能力喪失期間5年間にも年間1,500万円の収入を得た蓋然性があるとして、逸失利益を算定した事例　　　　　　　　　　　　（大阪地判平17・10・12交民38・5・1406）

事件の概要

事故の状況：事故現場交差点において被害車両が直進しようとしたところ、赤信号となったため停止線手前で停止したが、後続の加害車両が停止しなかったため、停止した被害車両に追突。

被　害　者：証券会社勤務（MBA取得者・再就職内定）・男性・症状固定時年齢不明（30歳代）

事 故 日 時：平成11年1月9日・AM10:50頃

受 傷 内 容：頸部・腰部捻挫

入通院状況：以下のとおり判決時まで継続的に通院

　　　　　　①　W保険病院　平成11年1月9日

　　　　　　②　X病院　平成11年1月12日～同年12月28日

　　　　　　③　Y外科　平成11年5月27日～平成12年12月28日

　　　　　　④　Z病院　平成11年5月28日

後 遺 障 害：症状固定日平成11年8月時点（裁判所認定。後遺障害診断書上の症状固定日の記載は平成12年12月9日。）、14級10号「局部に神経症状を残すもの」（頸部・腰部捻挫）

判 決 内 容

基礎収入	1,500万円（再就職先で内諾を得ていたと被害者が主張する年俸額）

（1）　証拠によれば、以下の事実が認められる。

ア　大学の卒業・就職

　被害者は、昭和63年3月31日、A大学経済学部経済学科を卒業し、b証券株式会社（以下「b証券」という。）に就職した。

　イ　留　学

　被害者は、平成6年8月から平成8年5月まで、B国C所在のD大学に留学し、産業経営学の修士号を取得した。

　被害者の平成8年当時の給与は、c投資顧問株式会社から295万1,256円支給された。

　ウ　b証券の破綻

　　（ア）　b証券は、平成9年11月に大蔵大臣に対し自主廃業を届け出、その後、平成10年3月に上場廃止処分を受け、平成11年6月に破産宣告を受けたことは、公知の事実である。

　　（イ）　被害者の平成9年中のb証券から得た収入は、710万4,817円であった。

　　（ウ）　被害者は少なくとも平成10年1月までb証券に在籍し、同月は60万7,720円（手取額43万6,000円）の給与の支給を受けた。

　エ　E株式会社への就職内定

　被害者は、平成10年12月、平成11年3月からE株式会社に年俸制・財務生産管理担当部長待遇で就職する内定を得ていた。同会社は、役員は平成17年当時代表取締役F外6名であった。なお、同社は、調査嘱託に対し、平成11年3月当時従業員13名、年俸制の従業員はおらず、賃金給与額は合計4,565万0,959円、取締役報酬額の限度額は2,893万円、平成10年度の売上高は2億5,056万0,858円、平成15年度の売上高は12億8,992万3,481円であると回答している。

（2）　検　討

　上記によれば、被害者は、社会的に著明な私立大学経済学部を卒業した上、b証券に就職し、留学をしてMBAの資格を取得し、破綻寸前のb証券においてさえ平成9年には同年大卒男子平均賃金30歳〜34歳平均（598万2,900円）の1.18倍の給与を得ていたものであるから、被害者がその後、E株式会社に再就職をするに当たり、年俸1,500万円・成果報酬ボーナス・ストックオプションの付与という条件で内定を得たと主張する点も、あながちあり得ないとはいえない。

　また、E株式会社の記載した確認書面は契約書そのものではないこと、年俸制での内約であること、取締役報酬総額が2,893万円であったことなどからすれば、契約年度以降については同様に1,500万円その他の条件を継続して得られたかどうかは不透明な面もあるが、他方で、上記のとおりのE株式会社代表取締役の被害者の採用に関する裁量性の程度や、同代表取締役が、同時期以降の売上につき、具体的な数字を挙げた上、飛躍的に伸びていると陳述していることからすれば、それなりのキャリアを積

んだ被害者を翌年も同程度の年俸で契約更新する可能性は低いとはいえないこと、被害者は事故・症状固定後5年後である平成16年12月以降は1か月平均149万0,476円（年収に換算すると、1,788万5,712円）の収入を現実に得たことなどの事実に照らせば、後遺障害認定14級の労働能力喪失期間5年間の見通しとしても、年間1,500万円の収入を得た蓋然性がないとはいえない。

労働能力喪失率	5%

就労可能期間	5年間

　被害者が後遺障害等級14級の認定を受けていることが認められ、その内容に照らせば労働能力喪失期間は5年と認めるのが相当である。

コメント

　本件は、有名私立大学を卒業して就職した後に、留学をしてMBAの資格を取得し、現実に同年代の大卒男子の平均賃金以上の収入を得ていた者について、被害者主張によれば、再就職先で年収1,500万円＋αという待遇での内諾があったとの事実を、あながちあり得ないとはいえないと判断し、労働能力喪失期間の5年間について、基礎収入を再就職先での条件であった年収1,500万円と認定した事例です。

　おそらく、再就職先から被害者がもらっていた確認書面は、労働条件に関する契約書そのものではないものの、年俸等の条件面の記載のある書面は再就職先から交付されており、これが証拠として提出されたものと推測されます。

　被害者の経歴や、現実に得ていた収入等に照らし、年収1,500万円という再就職先の提示した条件が現実的であるとの認定となり、当該再就職先の年収額をもって、基礎収入として認定されました。

　被害者に関して、再就職先の内定があり、提示されている条件が事故前に就業していた会社の給与等よりも良い場合で、当該再就職先の条件が契約書等に記載されていない場合には、本件のように、被害者の肩書・資格・現実に前の会社で得ていた収入等の事情を勘案し、再就職先の条件どおりの年収を得続ける蓋然性を判断していくことになります。

〔89〕 近い将来タクシー会社を設立する確実な予定があったタクシー運転手の基礎収入を算出するに当たり、タクシー会社からの給与収入の額を基礎とせず、企業規模計・学歴計・全労働者の全年齢の平均賃金を基礎とした事例 （仙台地判平20・10・29交民41・5・1382）

事件の概要

事故の状況：被害者運転の被害車両が信号機により交通整理のされている交差点を走行していたところ、居眠り運転をして赤信号を無視して交差点に進入した加害車両に衝突され、脳挫傷により被害者が死亡。

被　害　者：タクシー運転手・男性・40歳

事 故 日 時：平成19年5月29日・AM4：05頃

判 決 内 容

基礎収入	487万4,800円（賃金センサス平成17年第1巻第1表産業計企業規模計学歴計全労働者全年齢の平均収入額）

　被害者は、本件事故当時、タクシー会社の乗務員としてタクシー運転手として働き、平均して1か月当たり約13万4,000円の収入を得ていた。しかし、被害者は、事故の約2年程前から、高齢者、障害者の介護を目的としたタクシー会社を設立しようと考え、東北運輸局宮城支局の担当職員から指導を受けて、駐車場の確保、事務所の新築に向けての準備、乗務員の募集、会社設立費用の調達など、事故から数か月後頃に会社を設立するとともに、一般乗用旅客自動車運送事業の許可を受け、この事業を営むための準備を整え、本件事故の3日後には一般乗用旅客自動車運送事業許可申請書を提出するまでになっていたことも認められる。そうすると、被害者には、本件事故当時、事故から数か月後にはタクシー会社を設立する確実な予定があったと認められるから、逸失利益を算出するに当たっては、この当時務めていたタクシー会社からの給与収入の額ではなく、新規設立する会社から支払われたと見込まれる役員報酬の額をその基礎収入の額とみるのが相当である。

　被害者は、設立するタクシー会社では、1年当たり1億1,880万円の営業収入が得られ、その50％の賃金、1ℓ当たり80円の割合による燃料費、その他の固定費（合計3,334万

3,000円）を支払い、自分に対する役員報酬を600万円としても、515万7,000円の営業利益が確保できると見積もっていたことが認められる。また、A市周辺では介護タクシーを利用すると見込まれる高齢者の数が増加しているほか、介護タクシーの料金は通常のタクシーよりも高く設定されていることも認められる。

しかし、A市周辺では、タクシーの台数が、事故当時には5年前と比べて1.5倍に増えていること、国土交通省は、事故から数か月前に、A市について、タクシーの新規参入、増車を禁止することができる緊急調整地域に指定したこと、新規に参入したタクシー会社の中には、営業不振により、1年足らずで、全ての従業員を解雇せざるを得なかったところもあることも認められる。

これらの事情をもとに検討すると、被害者が、タクシー会社を設立できたとしても、A市周辺では、本件事故の当時、緊急調整地域に指定されるほど、供給が過剰の状態になっていた。さらに、新規参入が禁止される前に、被害者と同じように、介護タクシーを利用する高齢者を当て込んで、別のタクシー会社も参入する可能性もあった。そうすると、介護タクシーを利用すると見込まれる高齢者の数が増加しているし、その料金は通常のタクシーよりも高く設定されているからといって、その設立の当初から、その見積りのとおりの営業収入を得られたとまでは認められない。

この他に、被害者が、タクシー会社を設立できたとしても、その燃料費、固定費が、その見積りのとおりでとどまるとまでも認められない（例えば、燃料費が1ℓ当たり100円に上がったときには、その額は1,650万円に増加する。）ことや、このタクシー会社から支払われたと見込まれる役員報酬はその全てが労働の対価ではなく、利益配当の部分も含まれていることや、年齢や男女の違いでこの報酬の額に目立った違いが生ずるとは考えにくいことも考慮すると、被害者は、本件事故がなければ、就労可能な67歳までの27年間を通じて、賃金センサス平成17年第1巻第1表の産業計企業規模計学歴計全労働者全年齢の平均収入額である487万4,800円を得ることができたとまでは認められるが、それ以上に、この表の男子労働者学歴計40〜44歳の平均収入額である653万1,600円を得ることができたとまではみることはできない。

生活費控除率	40%

被害者は、本件事故の当時、独身で、両親と同居していたが、その収入の全てを生活費として家庭に入れるとともに、身体障害者である親族の介護の中心的役割を果たしており、一家の支柱であったことが認められる。そうすると、その生活費控除割合は40%にとどまるとみるのが相当である。

就労可能期間	27年間（40〜67歳）

　死亡時の年齢が40歳であるから、本件事故により67歳までの27年間、労働能力喪失による得べかりし利益を喪失したと認められる。

コメント

　本件は、事故発生時（死亡時）に給与所得者の地位にあったものの、近い将来において、独立して会社を設立する予定であり、かつ、具体的な会社設立の準備をしていた被害者の基礎収入の算出に当たって、将来得られる収入の蓋然性を丁寧に事実認定して、独立開業後の収入を基礎収入にすると判断した事例です。

　死亡逸失利益を算出する前提となる基礎収入の認定に当たり、原則は、事故当時の収入を基礎としますが、将来得られる収入の蓋然性が認められる場合には、将来得られる収入を基礎として算出されます。

　本件では、単にいつかは独立したいという程度のものではなく、対外的に独立に向けた活動をしていたこと、設立する会社における売上、経費、役員報酬や営業利益を具体的に見積もっていたことを裏付ける証拠が丁寧に提出された結果、事故当時の収入を基礎として逸失利益を算定するのではなく、新規設立する会社から支払われたと見込まれる役員報酬の額をその基礎収入の額とみるのが相当であると認めた点に意義があります。そのため、裁判においては、具体的、客観的な資料をもって、独立起業する予定であったことや、独立起業後にどのようにしてどの程度の利益を確保する蓋然性があったのかを立証できるか否かがポイントとなりそうです。

第8章　その他　　251

〔90〕　事故時、休職中で復職の目処は立っておらず、事故後に仕事を辞め
　　　た被害者について、事故と失職との因果関係を否定しつつ、休職前の
　　　収入をもって基礎収入と認定した事例

（東京地判平28・3・29交民49・2・507）

$$\boxed{\text{事件の概要}}$$

事故の状況：交差点において、被害者運転の自転車と加害者運転の普通乗用自動車が
　　　　　　側面衝突。
被　害　者：休職中（事故後に離職して生活保護）・女性・事故時44歳
事 故 日 時：平成21年1月7日・AM11：50頃
受 傷 内 容：肺挫傷、肋骨骨折、腰部打撲、頭部顔面打撲、全身痛等
入通院状況：入院109日
後 遺 障 害：症状固定日平成23年1月31日、併合7級（14級9号「局部に神経症状を残す
　　　　　　もの」（頭頸部受傷後の頸肩腕痛、頭痛、両腕の痛み、痺れ等／腰部受傷
　　　　　　後の腰痛、下肢痛、両脚（足）／顔面打撲後の左三叉神経痛）、7級12号
　　　　　　「女子の外貌に著しい醜状を残すもの」（眼瞼挙上術の手術痕（8.2cm、
　　　　　　1.5cm）、鼻翼母斑手術痕））

$$\boxed{\text{判 決 内 容}}$$

基礎収入	343万4,656円（休職前年の平成18年収入年額）

(1)　被害者は、平成13年7月19日から、ａ社に勤務し、平成19年2月当時、ａ社ｂ支店
　　で一般事務職に就業していたが、休職中であった。被害者は、平成19年2月2日、Ａ
　　病院脳外科を受診し、「5、6年ほど前より頭痛があり、最近痛みが強く、仕事も休
　　んでいる。頭痛が強く、嘔吐することもある。左眼の奥や左後頭部痛がある。」な
　　どと訴えた。
　　　その後、被害者は、検査及び複数の医師の診察を受け、内服薬を処方されたが、
　　後頭部と左眼の奥の痛み及び肩こりが続く等し、通院を継続した。

(2) そして、本件事故後、被害者は、通院を継続したが、復帰できず、平成21年12月31日、休職期間満了のため、a社を退職した。なお、被害者は、平成22年9月24日から、生活保護を受給している。

(3) 被害者は、本件事故当時、就労不能の診断を受けてから既に2年近くが経過していたにもかかわらず、仕事に復帰していなかった。また、H医師は、本件事故前までの被害者の状態について、精神療法、理学療法等で少しずつ改善したが、全体的には症状消長と評価していた。

　これらの事実に照らすと、被害者は本件事故がなくてもa社に復職できなかった可能性が高いといわざるを得ない。

　したがって、本件事故によって被害者がa社に復職できなかったとは認められないから、現在の被害者の状態と本件事故との間に相当因果関係があるとは認められない。

(4) 前記のとおり、被害者は本件事故がなくてもa社に復職できなかった可能性が高いといわざるを得ないが、再就職の可能性がなかったとまではいえない。そして、被害者の後遺障害の内容及び程度、特に手術痕は、その部位に照らし、再就職の支障になると認められる。

　以上の事情を勘案すると、被害者が主張する年収（343万4,656円）を基礎収入として、労働能力喪失率15％、喪失期間21年とする逸失利益を認めるのが相当である。

労働能力喪失率	15％

　被害者は本件事故がなくてもa社に復職できなかった可能性が高いといわざるを得ないが、再就職の可能性がなかったとまではいえない。そして、被害者の後遺障害の内容及び程度、特に手術痕は、その部位に照らし、再就職の支障になると認められる。

　以上の事情を勘案すると、被害者が主張する年収（343万4,656円）を基礎収入として、労働能力喪失率15％、喪失期間21年とする逸失利益を認めるのが相当である。

就労可能期間	21年間

第8章　その他　　253

コメント

　本件は、無職者について、被害者主張のとおり、事故発生から3年前の休職開始前の現実収入額を基礎収入として、逸失利益を認定した事例です。

　被害者は、本件事故当時、既に私病で休職を開始してから2年程度が経過しており、具体的な就労復帰の目処も立っていない状態でした。

　そして、裁判所は、被害者が主張する日時に復職できたと認めるのは困難であり、むしろ、被害者は本件事故がなくても復職できなかった可能性が高いといわざるを得ないと判断しています。

　しかしながら、裁判所は、本件事故がなくとも、従前勤めていた職場において復職できなかった可能性が高いといわざるを得ないが、再就職の可能性がなかったとまではいえないとして、被害者の主張するとおりの額（休職前年の平成18年収入年額）で基礎収入を認定しました。

　一方で、本件事故がなくても復職できなかった可能性が高いという事情については、労働能力喪失率を認められた等級に対して低く認定することで、バランスをとっています。

　無職者については、労働能力及び労働意欲の観点から、就労の蓋然性がある者について、再就職によって得られるであろう収入を基礎収入とすべきですが、基本的には、失業以前の収入を前提として、判断されることが多いといえます。

　また、就労の蓋然性については、ある程度緩やかな認定がなされる傾向にあり、本件でも、就労の蓋然性が極めて低いものの、それでも就労の蓋然性なしとはいえないとして、基礎収入自体は被害者主張のとおりで認定されつつ、労働能力喪失率でバランスをとっています。

第2　幼児・学生等

〔91〕　死亡した女子小学生（8歳）の基礎収入について、女子労働者の平均
　　　給与額に限らず、家事労働相当額として年60万円を加算して算定した
　　　事例　　　　　　　　　　　　　　　（東京高判昭55・11・25判時990・191）

事件の概要

事故の状況：加害者が加害車両を運転し、先に自車を追い抜いた車両を再び追い抜く
　　　　　　ため、先行車との十分な車間距離をとることなく、制限速度を著しく超
　　　　　　える約80km/hで走行し、交差点に近づいた際、その対面信号が赤色を
　　　　　　表示し、先行者が交差点手前の横断歩道手前停止線で停止した車両に次
　　　　　　いで停止しようとしたのを認め、追突を避けるため、中央線右側に進出
　　　　　　し、しかも、赤信号を無視してそのままの速度で同交差点を通り抜けよ
　　　　　　うとしたところ、被害者が同交差点出口付近に設けられた横断歩道上を
　　　　　　横断歩行中であることを認めたが、もはや衝突回避の措置をとり得ず、
　　　　　　自車前部を被害者に激突させて被害者が即死。

被　害　者：小学生・女性・8歳

事 故 日 時：昭和51年1月13日・PM3：54頃

判　決　内　容

基礎収入	231万2,300円（昭和54年賃金センサス女子全労働者・産業計・企業規模計・学歴計に家事労働相当額を加算した額）

　被害者が死亡時8歳の女子であったことは当事者間に争いがなく、その平均余命が
69年を下らないことは公知の事実である。その逸失利益の額を、中学校卒業時から67
歳まで稼動し毎年女子労働者の平均的収入（昭和54年センサスによるパートタイム労
働者を除く女子全労働者・産業計・企業規模計・学歴計の表による各年齢階級の平均
給与額＝年額171万2,300円）のほか家事労働相当額年60万円を加算し、その5割相当の

第8章　その他　　255

生活費を支出するものとしてライプニッツ方式により民事法定利率（年5分）による中間利息を控除して事故時の現価を算出すると概算1,589万円となる。

生活費控除率	50%

その5割相当の生活費を支出するものとしてライプニッツ方式により民事法定利率（年5分）による中間利息を控除して事故時の現価を算出すると概算1,589万円となる。

就労可能期間	中学校卒業時〜67歳

中学校卒業時から67歳まで稼動するものと認める。

コメント

1　本件は、女子小学生の逸失利益算定について、賃金センサスにおける平均賃金に、家事労働相当額60万円を加算した事案です。

2　これは、女子年少者に関して、賃金センサスの女子労働者平均賃金を採用することが、男女間格差が狭まっているという観点から、妥当といえるのか、という問題意識から判断されたものと考えられます。

　特に、年少者については、将来的にどのような職業に就くか不確定な部分が大きいため、逸失利益算定における蓋然性判断において、女子平均賃金を採用することが相当であるか、疑問があります。

　そこで、過去の裁判例では、①女子労働者の平均賃金に家事労働分を加算するという方法、又は、②全労働者の平均賃金を基礎収入として逸失利益を算定する方法等の方法にて、このような男女間格差の問題に対処してきました。

　本裁判例は、①の方法にて、男女間格差の問題に対処した裁判例と考えられます。

3　もっとも、最高裁昭和62年1月19日判決（民集41・1・1）において、「被害者が専業として職業に就いて受けるべき給与額を基準として将来の得べかりし利益を算定するときには、被害者が将来労働によって取得しうる利益は右の算定によって評価し尽くされることになると解するのが相当であり、したがって、これに家事労働分を加

算することは、将来労働によって取得しうる利益を二重に評価計算することに帰するから相当ではない。」と判示しており、女子の平均賃金に家事労働相当額を加算することを明確に否定しています。

そのため、現在では、①の方法を採用する裁判例はほとんどないと思われます（影山智彦裁判官「女子年少者の逸失利益算定における基礎収入について」『赤い本』2018年版下巻12頁）。

現在では、女子年少者の逸失利益については、女性労働者の全年齢平均ではなく、全労働者（男女計）の全年齢平均賃金で算定するのが一般的であるとされています（『赤い本』2018年版上巻155頁）。

第8章　その他　　257

〔92〕　事故後、高校を退学してスーパーに勤務していた被害者（症状固定
　　　時17歳男性）について、基礎収入を賃金センサス学歴計・男子労働者全
　　　年齢平均として、67歳まで79％の労働能力喪失を認めた事例

（神戸地判平5・5・21交民26・3・657）

事件の概要

事故の状況：被害者が運転する自転車に、後方から進行してきた加害車両（普通乗用
　　　　　　自動車）が衝突。

被　害　者：高校1年生・男性・症状固定時17歳（事故時16歳）

事 故 日 時：昭和63年7月5日・AM8：05頃

受 傷 内 容：急性硬膜外出血、多発性脳損傷、左鎖骨骨折、左前頭部・側頭部・頭頂
　　　　　　部骨折など

入通院状況：入院257日、通院日多数

後 遺 障 害：症状固定日平成2年5月19日、5級2号「神経系統の機能又は精神に著しい
　　　　　　障害を残し、特に軽易な労務以外の労務に服することができないもの」
　　　　　　（言語能力、記憶力などの低下、視力の低下、食べ物の嚥下が若干困難、
　　　　　　四肢の運動能力の低下、軽度の四肢不全麻痺による右指屈曲の不十分、
　　　　　　歩行がやや不安定）

判 決 内 容

基礎収入	455万1,000円（昭和63年度賃金センサス第1巻第1表産業計・企業規模計・学歴計・男子労働者の全年齢平均給与額）

　被害者は、本件事故当時、16歳で高校第1学年に在学中であり、平成元年4月に復学
し、同年10月まで通学した。

　しかし、被害者は、本件後遺障害のために、その知能が明らかに低下し、授業内容
を理解できず、授業中はほとんど寝ているだけで、持参した昼食もほとんど食べず、
テストの答案も作成できず、ただ学校に行っているだけという状態であった。

　そのうち、被害者が他の生徒からいじめられるようなこともあったため、高校側も
同人の処遇に窮し、ついに被害者の両親に対し、自ら退学するよう申し入れた。

被害者の両親も、やむなく同校の右申入れに応じ、被害者は、平成2年2月に退学した。

その後、被害者は、心身障害福祉センターでリハビリを行い、平成2年4月から職業訓練校に入学し、1年間の課程を修了した。

その後、被害者は、平成3年5月、スーパーにパート従業員として就職することができ、その後現在まで同店パート従業員として勤務している。

上記認定各事実を総合すると、被害者の本件逸失利益算定の基礎収入は、昭和63年度（被害者は当時16歳）賃金センサス第1巻第1表産業計・企業規模計・学歴計・男子労働者の全年齢平均給与額年額455万1,000円（ただし、被害者自身の主張に従う。）と推認するのが相当である。

労働能力喪失率	79%

被害者は、鮮魚パックを、その種類ごとに、売り場の所定場所に置くように指示されているが、本件後遺障害による記憶力低下のため、鮮魚の種類を覚えることができず、売り場に置いてあるパック鮮魚の形を見て、それと同じ鮮魚パックを置くようにしている。

スーパーでは、被害者に対し単独で業務を任せられる状態ではないため、被害者の稼働中別に従業員を配置して、被害者の援助をしているが、被害者は、右付添従業員は勿論、他の従業員らに対しても十分に意思を疎通できない。

また、被害者には、本件後遺障害による軽度の四肢不全麻痺があるが、同人の体右半分の硬直は、本件症状固定後も、次第に激化し現在ではその右半身がほとんど毎日のように硬直する。

被害者は、その右手が硬直するために、左手で箸を持ったり、字を書く練習をしているが、左手の握力が十分でないこともあり、いまだ、習熟の域に達していない。

また、被害者は真っ直ぐに歩くことが困難である、被害者の話す言葉はやや不明瞭で、その話を聞きなれた母が何度か聞いてようやく理解できたということもある。

被害者は、食事に時間がかかり、30分ないし45分を要する。

さらに、被害者は、癇癪を起こして物を投げつけることがある。

以上の各事実を総合すると、被害者は本件後遺障害により実損、すなわち経済的損失を被っていると認められ、労働能力を喪失していると認められるところ、その喪失率は79％と認めるのが相当である。

なお、加害者らは、被害者の労働能力はリハビリにより回復するから喪失率を低減すべきである旨主張している。

しかしながら、被害者の右認定各事実と前期認定にかかる同人が本件症状固定時同人の後遺障害は今後改善される可能性がないと診断されていることを合わせ考えると、同人の労働能力喪失率を同人が67歳に達するまでの間とする前記認定説示を正当として是認すべきである。

また、被害者に対する雇用の実態が障碍者福祉を目的としたものであり、同人に対して支給させる給与も、健常者の労働の対価というよりも、むしろ福祉的要素の強いものであり、同人が現実に収入を得ているからといって労働能力喪失率を逓減することはできない。

就労可能期間	49年間（18〜67歳）

被害者には、当該スーパー正社員に採用される見込みが全くなく、むしろ同会社からいつでも解雇される恐れがある。

なお、被害者の就労可能期間は満18歳から満67歳までの49年間と認めるのが相当であるため、ライプニッツ計算方法により中間利息を控除して算定する必要がある。

コメント

本件は、事故当時高校1年生男子であった被害者が、高校を中退し、障害者福祉を目的とした雇用によりスーパーのパート従業員として就職をしていた場合に、被害者の主張どおり、学歴計・男子労働者の全年齢平均賃金を基礎収入とした事例です。

本件で、加害者側は、被害者の基礎収入は、満18歳の高卒男子の平均賃金を基礎とすべきとの主張をしていましたが、かかる主張は認められませんでした。

本件は、被害者の事故後における高校での様子や、被害者が退学に至る過程を、丁寧に事実認定することで、被害者の基礎収入を賃金センサスの学歴計で算定したところが参考になる裁判例です。

〔93〕 死亡した男子中学生（14歳）の基礎収入額算定について、被害者が在籍していた中学校から大学への進学率が約80％であると認められるとしても、大学を卒業することの蓋然性が高度であるとは認められないとして、大学卒の賃金センサスによることを否定した事例

(東京地判平6・3・18交民27・2・386)

事件の概要

事故の状況：加害車両（普通乗用自動車）が信号機により交通整理が行われている交差点を直進進行中、交差点出口の横断歩道上を左方から右方に向けて自転車に乗って横断してきた被害者と接触し、被害者が死亡。

被　害　者：中学生・男性・14歳

事 故 日 時：平成3年7月10日・PM2:25頃

判決内容

基礎収入	533万6,100円（平成3年賃金センサス男子・企業規模計・学歴計・全年齢）

　被害者は、事故当時14歳のＡ大学付属Ａ学校中等部3年に在学していた男子中学生であったことが認められ、これによると、被害者の逸失利益は、事故時の平成3年賃金センサス・男子・企業規模計・学歴計・全年齢の年収額金533万6,100円を算定の基礎とし算出すべきである。

　被害者側は、「被害者は学力優秀かつ健康な男子であり、右中等部では同高等部への無試験で100％進学することができ、また、同高等部からＡ大学への進学率は約80％であることから、被害者がＡ大学へ進学する蓋然性は極めて高いものであった。」として、逸失利益の算定基礎としての所得を大卒者の賃金センサスによるべきである旨主張するが、被害者がいまだ中学3年生であったことからすると、たとえその主張するところが真実であるとしても、上記の点のみをもっては、いまだ大学を卒業することの蓋然性が高度であるとまでは認定することができない。

生活費控除率	50％

就労可能期間	47年間（20〜67歳）

　20歳時から一般的に就労可能とされる67歳時までの年数につき該当ライプニッツ係数を用い中間利息を控除して算出すべきである。

コメント

1　本件は、本件事故当時14歳の男子中学生が死亡した事案について、被害者側は大卒者の賃金センサスを基準に逸失利益を算定すべきであると主張したのに対し、裁判所は、被害者側が主張した事実のみをもってしては、いまだ大学を卒業することの蓋然性が高度であるとまでは認定することができないとして、学歴計の平均年収を逸失利益算定における基礎収入額とした事例です。

2　学生・生徒・幼児等の逸失利益算定における基礎収入額は、賃金センサス第1巻第1表産業計、企業規模計、学歴計、男女別全年齢平均の賃金額を基礎とするのが原則となっています（『赤い本』2018年版上巻153頁）。

　すなわち、かかる原則と異なる賃金額を基準とした逸失利益を請求する場合には、相応の主張立証が必要となってくるものと考えられます。

　本裁判例は、被害者側が大卒者の賃金センサスを基準とした逸失利益を請求しましたが、大卒者の賃金センサスを基準とするに足りる事実の主張立証がなかったために、原則どおりの賃金額を基礎として逸失利益を算定したものと考えられます。

3　では、中学生が死亡した事案につき、全年齢平均の賃金額でなく、大卒者平均の賃金額を基準とした逸失利益が認められるためには、いかなる事実を主張立証すればよいのでしょうか。

　(1)　本裁判例は、「いまだ大学を卒業することの蓋然性が高度であるとまでは認定することができない」として、大卒者の賃金センサスを基準とすることを否定しています。

　　そうだとすれば、抽象的な規範ではありますが、「大学を卒業することの蓋然性が高度であると認定できる場合」には、大卒者の賃金センサスを基準とした逸失利益の算定が認められることになると考えられます。

　(2)　そこで、「大学を卒業することの蓋然性が高度であると認定できる場合」とは、どの程度の蓋然性をいうのかが問題となります。

本件では、被害者は、Ａ大学付属Ａ学校中等部3年に在学していた男子中学生であり、かかる中等部では同高等部への無試験で100％進学することができ、また、同高等部からＡ大学への進学率は約80％であることを被害者側は主張していましたが、裁判所はかかる事実が真実であったとしても、「大学を卒業することの蓋然性が高度である」と認定できないとしました。

すなわち、被害者が約80％の確率で大学に進学できる可能性があったとしても、「大学を卒業することの蓋然性が高度であると認定できる場合」には該当しないということになります。

(3)　もっとも、高校生が死亡した事案については、大学進学に向けた準備といった事情を中心として、大卒者の賃金センサスを基準とする逸失利益を認めています（**事例〔103〕**参照）。

これらの裁判例では、大学進学率を具体的に挙げているわけではありませんが、横浜地裁平成6年10月13日判決（交民27・5・1403）が、高校に通学する傍ら、夜は大学受験準備のため予備校に通う18歳の健康な男子という事実から大学を卒業する蓋然性を認めており、比較的緩やかな要件で大学卒業の蓋然性を認めていることがわかります。

本裁判例と上記横浜地裁判決との大きな相違点は、被害者が中学生であるか、高校生であるか、という点であり、そうだとすれば、本裁判例が約80％の大学進学率がありながら大学を卒業することの蓋然性を認めていないのは、被害者が中学生であったからと考えられます。

すなわち、中学生は高校生と比較し、将来の展望が不明瞭なところもあることから、「大学を卒業することの蓋然性が高度であると認定できる場合」のハードルを上げたものと考えられます。

(4)　以上の裁判例の比較からすると、被害者が中学生であったとしても、高校生であったとしても、大卒者の賃金センサスを基準とした逸失利益が認められるためには、「大学を卒業することの蓋然性が高度であると認定できる場合」という要件が必要となりますが、裁判所は、被害者が中学生である場合には、高校生である場合と比較して、「蓋然性」のハードルを高く設定しているものと考えられます。

第8章　その他　　263

〔94〕　女児（3歳）の後遺障害（下肢の露出面に掌大の醜い跡を残すもの、
　　　14級5号）につき、逸失利益を認めず慰謝料算定の斟酌事由とした事例

（東京地判平6・9・20交民27・5・1246）

事件の概要

事故の状況：道路脇の桑の垣根の切れ目から道路上に進出した被害者に接触した加害
　　　　　　車両（普通乗用自動車）が同乗者の指示に従って後退したところ、再度
　　　　　　被害者の左足をひいた。

被　害　者：幼児・女性・事故時3歳

事 故 日 時：平成元年8月8日・AM6：35頃

受 傷 内 容：左足関節部内側の皮膚がめくれる等の傷害

入通院状況：通院（実日数）30日

後 遺 障 害：症状固定日不明、14級5号「下肢の露出面に掌大の醜い跡を残すもの」（肥
　　　　　　厚性瘢痕）

判 決 内 容

基礎収入	逸失利益否定（慰謝料で斟酌）

労働能力喪失率	逸失利益否定（慰謝料で斟酌）

就労可能期間	逸失利益否定（慰謝料で斟酌）

　被害者は、平成元年9月下旬に創傷は治癒したが、同年12月に右傷害部分にかゆみを
伴う肥厚性瘢痕が残り、ステロイド軟膏の湿布等の治療を受けたが、右瘢痕は消失せ
ず、平成2年10月には9.5cm×3.4cm大の外傷性瘢痕拘縮が認められた。そして、被害
者の成長とともに、平成4年12月には、これが10.5cm×3.6cm大に拡大し、その後中央
部4cm×2.3cm大の部分に肥厚性瘢痕がある状態となった。

上記部分には真の皮膚がないことから、知覚・感覚過敏の症状を呈しやすく、現に被害者は温度差に敏感で厚さと寒さのため痛むことがあり、また、拘縮性の肥厚部分は周囲の正常な部分と同じように成長しないことから、成長につれて何らかの運動機能障害が生じるおそれがある。もっとも、被害者は元気に通学し、プールに入り、また、運動会にも出ている。

以上の事実によれば、被害者には後遺障害別等級表14級5号（下肢の露出面に掌大の醜い跡を残すもの）の後遺障害があるもとの認められるのが相当である。また、皮膚が欠落し、肥厚部分もあるが、醜状部分の大きさ、程度からして12級14号に相当する後遺障害とまでは認めるに至らず、これらは慰謝料で斟酌すれば足りる。被害者には肥厚部分に痒みや疼痛があり得るが、これは醜状痕と派生関係にあり、この点も慰謝料で斟酌すれば足りる。

被害者の左足首の瘢痕、拘縮性の肥厚、知覚・感覚過敏については、その部位や程度等から考えて、また、被害者が現に元気に通学していることも参酌すると、これらによって将来の労働能力に影響を与えるものであると認めるのは困難である。なお、肥厚部分の存在が原因で被害者の成長につれて何らかの運動機能障害が生じるおそれがあるとしても、運動機能障害の内容、これが生ずる蓋然性共に不明であって、右おそれを理由に労働能力が喪失したと認めることもできない。右後遺障害の存在及び影響についても、慰謝料の算定に当たって斟酌すべき事由とするのが相当であって、独立に逸失利益を認めることはできない（後遺障害の部位、程度、内容、及び将来において手術費用を出費すべき不安感、逸失利益の生じる可能性等、本件に顕れた一切の事情を斟酌すると、後遺症慰謝料としては、350万円が相当である。）。

コメント

本件は、事故当時3歳の被害者（女児）の後遺障害（下肢の露出面に掌大の醜い跡を残すもの、14級）について、逸失利益を否定し、慰謝料を350万円とした事例です。

一般的に、外貌醜状については、労働能力の減少を認めるか否か争われることが多く、特に被害者が若年者の場合は、将来の職業が未定であり、しばしば問題となります。

本件では、被害者の醜状痕は下肢であることや、将来運動機能障害が生じるおそれがあるとしてもその内容や蓋然性が不明であること等から、労働能力の喪失が否定され、慰謝料で斟酌されることとなりました。

もっとも、例えば、醜状痕の存在自体が、被害者の行動を制限しており、将来を考える上で職業について自由に考え選択することができない場合などに、労働能力喪失を認めた裁判例も存在します（横浜地判平21・4・23自保1794・19、『赤い本』2018年版上巻136頁）。

第8章　その他　　265

〔95〕　死亡した男児（6歳）が、大半の卒業生が大学に進学している私立小
　　　学校に合格し入学が決まっていたことから、諸般の事情を考慮し、基
　　　礎収入を大卒男子労働者全年齢の平均年収とした事例

（東京地判平6・10・6交民27・5・1378）

┌─────────────┐
│　事件の概要　│
└─────────────┘

事故の状況：加害車両（普通貨物自動車）が信号機の設置されていない交差点におい
　　　　　　て左折しようとしたところ、かかる交差点の横断歩道上を自転車に乗っ
　　　　　　て走行していた被害者に接触し、被害者が死亡。
被　害　者：幼児・男性・6歳
事 故 日 時：平成4年4月2日・PM1：00頃

┌─────────────┐
│　判 決 内 容　│
└─────────────┘

基礎収入	656万2,600円（賃金センサス平成4年第1巻第1表産業計大卒男子労働者全年齢）

　被害者は、本件事故当時、満6歳の健康な男子であったこと、5歳4か月の段階で知能
指数153との評価を受けるようになっていたほか、意欲が旺盛で、思考速度が速く、集
中力があるとの評価も受けていたこと、平成4年度のA小学校の入学考査に合格し、同
小学校に入学する予定であったこと、A小学校の卒業生の進学先に関する同小学校の
追跡調査の結果、同小学校が把握している範囲では、同小学校に昭和45年に入学して
昭和51年に卒業した25名のうち24名（医学部に進学して医師になった者は9名であ
る。）、昭和50年に入学して昭和56年に卒業した卒業生32名のうち25名（医学部に進学
した者は2名である。）が、海外留学を含め、それぞれ大学に進学しているなど、ほぼ
例外なく大学に進学していることが認められる。そして、知能指数の高低が直ちに将
来の進学等と結びつくとはいえず、被害者の年齢等不確定な要素が多いとはいうもの
の、本件事故当時における被害者の知能の程度、右A小学校の追跡調査の結果などを
総合考慮すると、被害者は、本件事故に遇わなければ、大学の医学部に進学して医師
又は歯科医師となる高度の蓋然性まで認めることは困難であるとしても、少なくとも
4年制の大学に進学してこれを卒業する高度の蓋然性があると認められるから、これ

を前提とし、22歳から67歳までの45年間にわたり稼働可能であり、その稼働期間中、賃金センサス平成4年第1巻第1表の産業計大卒男子労働者全年齢の平均年収656万2,600円を得られたはずであると認めるのが相当である。

生活費控除率	50%

就労可能期間	45年間（22～67歳）

　4年制の大学に進学してこれを卒業する高度の蓋然性があると認められるから、これを前提とし、22歳から67歳までの45年間にわたり稼働可能であると認められる。

コメント

　本件は、本件事故当時6歳の男児について、4年制の大学を卒業する高度の蓋然性が認められるとして、大卒男子労働者全年齢の平均年収を逸失利益算定における基礎収入額とした事例です。

　学生・生徒・幼児等の逸失利益算定における基礎収入額は、賃金センサス第1巻第1表産業計、企業規模計、学歴計、男女別全年齢平均の賃金額を基礎とするのが基本となっています（『赤い本』2018年版上巻113頁）。

　学生・生徒・幼児等の中でも、高校生などにおいては、その高校の大学進学率などを考慮して大卒の賃金センサスを基礎収入としている事例も数多く存在します（東京高判平15・2・13交民36・1・6、横浜地判平6・10・13交民27・5・1403、京都地判平23・3・11交民44・2・357等）。

　しかし、本件では、本件事故当時6歳の男児について、学歴計ではなく、大学卒の賃金額を基礎とした点に事案の特殊性があります。

　本件では、5歳4か月で受けた知能診断テストの結果、8歳2か月の知能（知能指数153）があると判定されたこと、A小学校の入学が決定していたこと、A小学校の進学先実績などを踏まえて、被害者が少なくとも4年制の大学に進学してこれを卒業する高度の蓋然性があると認められると判断しています。

　この中でも、本件では特に、A小学校に入学が決定しており、A小学校の卒業生がほぼ例外なく大学に進学しているという実績が、大卒の賃金センサスを基礎収入とす

ることに大きく貢献しているものと考えられます。

しかし、本件では、かかる進学実績だけではなく、知能テストの結果など、諸般の事情を考慮して判断しています。

これは、高校生の逸失利益算定において大学卒の賃金額を基礎収入と認めている裁判例と比較すると、非常に綿密な判断がされていることが分かります（前掲平成6年横浜地裁判決では、高校に通学し、予備校にも通う健康な男子であるという事実から、大学卒の賃金額を基礎収入としています。）。

そのため、小学校入学前の児童が大学卒の賃金額を基礎収入と認定されることは非常にハードルが高いことが分かり、被害者側としては、入学先の小学校の進学実績だけでなく、被害者の知能指数などの立証が必要となってくるものと想定されます。

〔96〕 左足関節の機能に著しい障害を残す大学生につき、職業選択の範囲が制限されること自体が労働能力の喪失にほかならないとした事例

(大阪地判平9・12・18交民30・6・1780)

事件の概要

事故の状況：加害車両（自動二輪車）が信号機のある交差点を直進中、対向車線から右折しようとしていた被害車両（原動機付自転車）と衝突。

被 害 者：大学生・女性・症状固定時22歳（事故時20歳）

事 故 日 時：平成5年10月1日・AM8：55頃

受 傷 内 容：左踵骨骨折、左距骨骨折、左足関節内果骨折、左足関節外側側副靱帯損傷

入通院状況：通院585日（実日数104日）

後 遺 障 害：症状固定日平成7年5月8日、10級11号「1下肢の3大関節中の1関節の機能に著しい障害を残すもの」（歩行後の疼痛、ランニングができない、軽度の跛行がある、階段、坂道の歩行が困難等の自覚症状のほか、左下腿に筋萎縮、足関節の運動に制限ありとして、左足関節の機能に著しい障害）

判 決 内 容

基礎収入	339万9,500円（平成6年賃金センサス・産業計・企業規模計・学歴計、25ないし29歳の女子労働者の平均年収）

　被害者は現在のところ将来の職業は未定であるが、中学と高校の社会科の教員免許を持っており、就労の意思及び能力があることは認められるところ、A教育大学大学院卒業予定の平成10年3月から67歳に至るまでの42年間は就労が可能であり、本件事故に遭わなければ、右期間中平成6年賃金センサス・産業計・企業規模計・学歴計・25ないし29歳の女子労働者の平均年収である339万9,500円を下回らない収入を得ることができたものと認められる。

労働能力喪失率	27％

　被害者は、後遺障害により就労可能期間（42年間）を通じてその労働能力の27％を喪失したものと認められる。

なお、加害者は、被害者に足関節に何らかの後遺障害が残ったとしても、それは労働能力の27％も喪失するような重篤なものとは考えられないと主張するが、確たる根拠もない主張であり採用できない。

また、加害者は、被害者が将来右障害の影響のない職種を選択すれば労働能力の喪失はないともいえると主張するが、右のように職種の選択の範囲が制限されること自体が労働能力の喪失にほかならないのであって、加害者の右主張もまた採用できない。

就労可能期間	42年間（25〜67歳）

被害者は、Ａ教育大学大学院卒業予定の平成10年3月から67歳に至るまでの42年間は就労が可能であると認められる。

コメント

一般的に、労働能力の低下の程度については、労働省労働基準局長通謀（昭32・7・2基発551）別表労働能力喪失率表を参考とし、被害者の職業、年齢、性別、後遺症の部位、程度、事故前後の稼働状況等を総合的に判断して具体的にあてはめて評価するものとされています（『赤い本』2018年版上巻89頁）。

被害者が学生・生徒・幼児等の未就労者の場合、今後どのような職に就くか未定であるため、労働能力喪失率をどのように評価すべきか、しばしば問題となります。

本件の被害者は、事故時（20歳）及び症状固定時（22歳）は大学生、裁判時は大学院生で、将来の職業は未定であったこと等から、加害者側から、被害者は、将来障害の影響のない職種を選択すれば労働能力の喪失はないと反論されています。

しかしながら、裁判所は、職種の選択の範囲が制限されること自体が労働能力の喪失にほかならないとして、加害者側の反論は採用できないとしており、本件は、この点が参考になる裁判例といえます。

〔97〕 事故時及び症状固定時高校3年生であった被害者につき、事故の結果一浪せざるを得なかったと推認でき、事故がなければ22歳から就労できたといえるとした事例 （東京地判平9・12・24交民30・6・1838）

事件の概要

事故の状況：加害車両（普通乗用自動車）が中央線を突破し、被害者同乗の被害車両（普通乗用自動車）に衝突。

被　害　者：高校3年生・男性・症状固定時18歳（事故時18歳）

事 故 日 時：平成4年5月4日・AM5:10頃

受 傷 内 容：外傷性左横隔膜破裂、脾臓破裂、左腎臓破裂、左多発肋骨骨折、左肺挫傷

入通院状況：入院29日

後 遺 障 害：症状固定日平成4年8月31日、8級11号「脾臓又は1側の腎臓を失ったもの」（脾臓破裂、左腎臓破裂）

判 決 内 容

基礎収入	656万2,600円

　（判決文には明確な記載はないものの、被害者・加害者間において争いがないか、口頭弁論終結時に、大学に入学している事実から、基礎収入については大卒男性全年齢平均賃金にて算出したものと思われる。）

労働能力喪失率	45％

　健康な腎臓であれば、左右1対の4分の1程度になっても人間の生命、健康の維持に必要な腎臓の機能は最小限度保たれ、2つの腎臓のうちの1つを失っても生命や健康上何らの問題もないともいえようが、人間の生命、健康が維持できたからといって、労働能力の喪失がないとはいえない。

　また、脾臓は、生命の維持に不可欠な臓器ではなく、これを失っても他の臓器がその機能を代行し特別の支障はないと一般的にいわれているが、失ったことにより体が

疲れやすくなるともいわれており、医師も過度の運動等の制限を指示することが多い。

被害者は本件事故後非常に疲れやすくなり、大学に通学する際、バス、電車で立っていると息が切れ、睡眠時間を約10時間取らないと疲れが残り、就職活動のための会社訪問をした日は睡眠時間を約10時間ないし12時間取らないと翌日身体を動かせない状態にある。

また、被害者は週2回（連続ではない。）深夜のアルバイトをしているが、アルバイトに行く直前まで約10時間の睡眠を取り、勤務時間中も特別に2時間の休憩を取らせてもらい、その時間休憩室で寝ているという状態であり、アルバイト後も疲れが残っている。

以上述べた、1側の腎臓及び脾臓を失ったため労働能力喪失がないといえないこと、被害者の現在の状態、労働能力喪失率の考え方を総合すると、被害者の労働能力喪失率は45％とするのが相当である。

就労可能期間	45年間（22〜67歳）

　被害者は、本件事故により大きな傷害を負った上に、平成4年5月4日から同年6月1日まで入院しており、6月中旬から高校に通学しているが、通学の際タクシーを利用したり、学校に遅刻させてもらったり、授業中に休ませてもらったりしており、勉学に影響があったと推認できる。

　以上から、本件事故による入院及び後遺障害は、当時高校3年生であった大学入試の準備に大きな影響を与え、その結果、一浪せざるを得なかったものと推認できる。

　したがって、被害者は、本件事故がなければ、18歳で大学に入学でき、大学を卒業する22歳から就労できたといえ、それに基づくライプニッツ係数は、49年（67歳から症状固定日の年齢18歳を引いた年数）に相当するライプニッツ係数18.1687から、4年（大学を卒業するはずであった22歳から症状固定日の年齢18歳を引いた年数）に相当するライプニッツ係数3.5459を控除した14.6228となる。

コメント

　本件は、事故当時高校3年生であった被害者が、その後一浪して大学へ進学しましたが、その一浪した期間分の後遺障害逸失利益、すなわち、就労可能期間の始期を22歳とするか、23歳とするかが争点となった事例です。

本件のように、症状固定時に被害者が未就労の場合、労働能力喪失期間に対応するライプニッツ係数を算出するに際しては、症状固定時から就労可能な年数のライプニッツ係数（本件の場合には、18歳から67歳までの49年に対応するライプニッツ係数）から、症状固定時から就労可能な歳に達するまでのライプニッツ係数（本件の場合には、18歳から22歳又は23歳までの4年又は5年のライプニッツ係数）が控除されます。

そのため、就労可能となる年齢を何歳と認定するかによって、後遺障害逸失利益の金額は相当程度変わってきます。

本件で、加害者側は、本件交通事故がなくても一浪したことから、就労可能な歳は、23歳からと積算すべきと主張しました。

これに対して、裁判所は、これをうかがわせる証拠がないから加害者側の主張は失当とし、また、本件事故による入院及び後遺障害は、被害者の大学入試の準備に大きな影響を与え、その結果一浪せざるを得なかったと推認できるとし、就労可能期間の始期を、一浪していなかった場合の22歳と認定しました。

事故に基づく被害者の身体の不調等を丁寧に事実認定することで、本件事故がなければ現役で大学へ進学でき、22歳から就労できたとされ、67歳までの49年に対応するライプニッツ係数から、症状固定日の18歳から22歳までの4年に相当するライプニッツ係数を控除して労働能力喪失期間を算定したところが参考になります。

なお、本件の被害者は片方の腎臓と脾臓を失っているところ、加害者側から、片方の腎臓を失っても労働能力の喪失には至らず、また被害者は20代であるから脾臓の代替機能の回復も高く、労働能力の喪失が生じるか疑問であると反論されています。

これに対しても、被害者側が、被害者の後遺障害の内容について、日常生活の不利益を細かく主張・立証したことで、結果的に8級相当の45％の労働能力喪失率が認められており、この点についても参考となります。

第8章　その他　　273

〔98〕　小学生（10歳）の後遺障害（左下肢の欠損等、併合3級）による逸失
　　　利益について、大卒者の平均賃金を基礎収入として、67歳まで100%の
　　　労働能力喪失を認めた事例　　　　　　　（大阪地判平12・2・9交民33・1・233）

事件の概要

事故の状況：信号機により交通整理の行われている交差点において、被害車両（自転
　　　　　　車）が加害車両（普通乗用自動車）に、横断歩道上で側面衝突された。
被　害　者：小学生・男性・症状固定時16歳（事故時10歳）
事 故 日 時：平成3年3月5日・PM6:43頃
受 傷 内 容：右側頭部陥没骨折、脳挫傷、左脛腓骨開放性骨折、右脛腓骨骨折、右硬
　　　　　　膜下血腫、左片麻痺、遷延性意識障害
入通院状況：入院192日、通院（実日数）271日
後 遺 障 害：症状固定日平成9年9月19日、併合3級（13級2号（左目視野変状）、5級5号
　　　　　　（左下肢の欠損）、7級4号（頭部神経障害））

判 決 内 容

基礎収入	687万7,400円（平成9年度賃金センサス、産業計、企業規模計、大卒男子労働者の全年齢平均賃金）

　被害者は平成11年4月、A大学経営学部に進学している。

　したがって、平成9年度賃金センサス、産業計、企業規模計、大卒男子労働者の全年齢平均賃金年687万7,400円を基礎に算定する。

労働能力喪失率	100%

　被害者は、平成11年4月、A大学経営学部に進学し、自宅から大学まで徒歩、電車、バスを乗り継いで通学していることが認められ、被害者自身は将来大学を卒業後、就職したいと考えていることが認められ、その可能性も十分に存するというべきではあるが、被害者の後遺障害の内容からすると、就職し、収入を得ることができるとして

も、それは被害者の人並み以上の努力を要することが十分に推認できるから、逸失利益の算定に当たっては、労働能力喪失率は100％とすべきである。

就労可能期間	44年間（23〜67歳）

　被害者は、平成15年（被害者23歳）から67歳まで就労可能として、被害者の逸失利益の本件事故時の現価をライプニッツ算定法により算定した。

┌─────────────────┐
│　　コ　メ　ン　ト　　│
└─────────────────┘

　本件は、事故当時10歳の被害者（男性）の後遺障害逸失利益算定に当たり、基礎収入を、大卒男子労働者の平均賃金を用いて、就労可能期間を23歳から67歳までの44年間とした裁判例です。

　学生、生徒、幼児等の基礎収入は、学歴計、男女別全年齢の賃金額を基礎とするのが一般的ですが、大学生になっていない被害者であっても、大卒の賃金センサスが基礎収入と認められる場合があります。

　本件の被害者は、事故当時10歳、症状固定時16歳でしたが、その後実際に大学に進学したことから、大卒男子労働者の平均賃金が認められています。

　なお、大卒の賃金センサスによる場合は、就労の始期が遅れてしまうことに注意が必要となります。

　本件では、事故時（10歳）から23歳までの13年のライプニッツ係数が引かれており、この点は被害者にとって厳しい判決内容となっています。

　次に、本件では、被害者は大学に進学しており、今後就職する可能性も十分にあるとされながらも、被害者の後遺障害の内容からすると、仮に就職し収入を得られたとしてもそれは被害者本人の人並み以上の努力を要することが十分に推認できるとして、労働能力喪失率を、67歳まで100％喪失すると認定しています。

　いまだ就労を開始していない若年者は、就労可能期間が長期間となる可能性がある上に、今後の就労状況等に不確定な要素が多いため、労働能力喪失率や労働能力喪失期間について争いになることが多いです。

　本件では、後遺障害によって、被害者が行うことができなくなった日常生活動作を丁寧に列挙することで、67歳まで100％労働能力を喪失すると認定されており、参考になる事例といえます。

〔99〕　意識障害、四肢麻痺等で後遺障害等級1級3号該当の16歳の高校生につき、推定余命を制限的に考えずに61年間とし、生活費控除も否定して逸失利益を算定した事例　　（大阪地判平12・7・24交民33・4・1213）

事件の概要

事故の状況：道路左側を走行中の被害車両（自転車）が、右側に道路を横断しようとしたところ、後方から進行してきた加害車両（普通乗用自動車）と衝突。

被　害　者：高校生・男性・症状固定時18歳（事故時16歳）

事 故 日 時：平成7年11月11日・PM5：00頃

受 傷 内 容：頭部外傷Ⅲ型、意識障害等

入通院状況：入院1301日（症状固定後も含む。）

後 遺 障 害：症状固定日平成10年4月22日、1級3号（意識障害、四肢麻痺等）

判 決 内 容

基礎収入	575万0,850円（平成9年賃金センサス産業計・企業規模計・学歴計の男子労働者の全年齢平均年収額）

　被害者は、本件事故当時16歳であったところ、本件事故に遭わなければ、年収575万0,850円（平成9年賃金センサス産業計・企業規模計・学歴計の男子労働者の全年齢平均年収額）を得ることができたと認められる。

労働能力喪失率	100％（生活費控除せず）

　被害者は、本件事故により後遺障害別等級表1級3号に該当する後遺障害を残し、労働能力を100％喪失したものと認められる。

　なお、加害者らは生活費を控除すべきと主張するが、被害者は今後も生命維持のため生活費の支出を要することは明らかであるから、逸失利益の算定に当たり、生活費を控除すべき理由はなく、加害者らの主張は採用できない。

就労可能期間	49年間（18～67歳）

　被害者は、本件事故に遭わなければ、18歳から67歳までの49年就労可能であったと認められる。

　（推定余命について）被害者の症状等からすれば、本件事故による脳の器質的障害により、生命維持について特段の障害があるとは認められない。また、感染症等に罹患する危険性については、その危険性が通常人よりは高いとはいえ、それを考慮した介護がなされていれば、その危険性は回避できるものといえる。

　この点、加害者らは、被害者の推定余命を20年から25年と主張し、医師の意見書、脳損者への介護料支給の実態を集計した自動車事故対策センターの資料を一つの根拠とする。しかし、上記意見書によっても、被害者が20ないし25年後に死亡すると推定することにつき合理的な裏付けがあるとは認め難い。また、事故対策センターの資料は、過去一定期間についての統計にすぎず、しかも、そのサンプル数は極めて少ないものであるところ、今日の脳損者をめぐる医療の進歩を考慮すれば、脳損者の余命を一般人より制限すべき具体的な事情は認められないから、加害者らの主張は採用できない。

　したがって、平成7年度簡易生命表男子平均余命に照らし、被害者の推定余命を事故時の16歳から77歳までの61年間とするのが相当である。

コ　メ　ン　ト

　本件は、意識障害・四肢麻痺等の障害により、後遺障害1級3号の認定を受けた事故当時高校1年生・男性の後遺障害逸失利益を算定するに当たり、推定余命は20年ないし25年であり、生活費控除を50％とすべきとした加害者側の主張を退け、就労可能期間を18歳から67歳までの49年間と認定し、生活費控除もしなかった事例です。

　後遺障害でいわゆる植物状態になった被害者に対し、加害者側から、被害者の推定余命を制限的に考えるべきとの主張がなされることがあります。

　特に、被害者が幼児・学生等の若年者である場合、労働能力喪失期間の終期を67歳とするか、推定余命で算定するかで、認定金額に大きな差が出てくるため、問題となります。

　本件では、被害者の症状を丁寧に事実認定し、今日の脳損者をめぐる医療の進歩を考慮し、加害者側の主張を退けており、事実認定の仕方が参考になる裁判例といえます。

　また、被害者は今後も生命維持のため生活費の支出を要することは明らかであることから、生活費控除も否定しており、この点も参考になります。

〔100〕　事故時大学生で、現時点において就職の見込みが立っていない男性の高次脳機能障害（5級）による逸失利益について60％の労働能力喪失を認めた事例　　　　　　（東京地判平12・12・12交民33・6・1996）

事件の概要

事故の状況：自転車に乗っていた被害者に後方から進行してきた加害車両（普通貨物自動車）が衝突。

被　害　者：大学2年生・男性・症状固定時25歳

事故日時：平成5年8月20日・PM6：05頃

受傷内容：脳挫傷、頭蓋骨骨折、急性硬膜血腫

入通院状況：入院83日、通院（実日数）88日

後遺障害：症状固定日平成9年10月24日、5級2号（頭部外傷後の神経症状）

判決内容

基礎収入	680万9,600円（男子大卒の全年齢平均賃金（平成8年））

　被害者が本件事故当時大学生であったことを考慮し、基礎収入を、被害者の主張どおり、男子大卒の全年齢平均賃金（平成8年）とした。

労働能力喪失率	60％

　被害者の後遺障害は高次脳機能障害であるが、その具体的な症状としては、四肢の運動麻痺ではなく、神経学臨床検査においても、左手に軽度の振せんを認める以外には特に異常はなく、歩行や日常生活動作の障害は認められない。しかし、会話中の声も小さく、かつ認知障害、脱抑制、発動性の低下などによる意欲やコミュニケーション上の障害が軽度に認められるというものである。

　被害者は、本件事故後に大学の工学部建設学科を卒業し、その際卒業論文も提出しているし、日常生活に大きな支障はない。

しかしながら、就職の点では、筆記試験に合格しても面接試験で不採用になるなど、いまだに安定した職に就けず、職業訓練校に通うなどの努力はしているものの現時点において就職の見込みは立っていない。また、感情抑制ができず、コミュニケーションをうまくとれないために対人関係でも問題を起こしがちである。

以上によれば、被害者は、家庭内における日常生活には支障はなく、潜在的な知的能力はあるが、社会の中で適応し、自己の能力を発揮する、とりわけ仕事に就くことには今暫くの努力を要するものと認められ、また、就職した際も安定して就業できるかは疑問であり、被害者の担当できる職務内容もおのずから相当限定されざるを得ないものと思料される。

被害者が本件事故当時大学生であり、大学卒業後は当然大学で身につけた専門的知識等を活用して社会に貢献し、右貢献にふさわしい収入を得られたであろうことからすれば、後遺障害による労働能力喪失率は、被害者の日常生活上の不都合よりも相当大きなものと評価すべきである。

就労可能期間	42年間（25〜67歳）

就労可能年数を67歳までの42年として、事故時点における現価（年5％のライプニッツ方式により、事故時から67歳までの45年の係数から事故時から症状固定時までの4年の係数を引く。）を求める。

$$\boxed{\text{コ メ ン ト}}$$

本件は、事故当時大学生であり、日常生活に大きな支障はないものの、いまだ安定した職に就けず、現時点において就職の見込みは立っていない男性の高次脳機能障害（後遺障害等級5級）による逸失利益について、労働能力喪失率を60％とした事例です。

高次脳機能障害は、被害者によって、現れる症状や、日常生活及び就労との関係で生じる具体的な不都合性の内容に違いがあるため、しばしば労働能力喪失率を認定する際争いとなることがあります。

本件では、被害者は本件事故後に大学の工学部建設学科を卒業し、その際論文も提出していることから、日常生活に大きな支障はないと認定されています。

しかしながら、被害者は、就職の点では、いまだ安定した職に就けず、就職の見込みが立っていないことや、感情抑制ができず、コミュニケーションをうまくとれないために対人関係でも問題を起こしがちであると認定されています。

第8章　その他　　　279

　そして、本来であれば大学卒業後は大学で身につけた専門的知識等を活用して社会
に貢献し、右貢献にふさわしい収入を得られたであろうとして、労働能力喪失率を、
日常生活上の不都合よりも相当大きなものと評価し、60％と認定しています。
　本件は、当該被害者が、現状、高次脳機能障害により就職との関係でどのような不
利益を被っているのか、具体的な事実を挙げることで、日常生活に大きな支障はない
場合でも、相応の労働能力喪失率が認定されているという点で、参考になる裁判例で
す。

280　　第8章　その他

〔101〕　死亡した女子中学生（14歳）の逸失利益算定について、基礎収入を
　　　　女性労働者の全年齢平均年収ではなく、全労働者の全年齢平均年収と
　　　　した事例　　　　　　　　　　　　　（大阪高判平13・9・26交民34・5・1203）

```
┌─────────────┐
│  事件の概要  │
└─────────────┘
```

事故の状況：被害車両（普通乗用自動車）が信号機により交通整理の行われている交
　　　　　　差点を右折可の青色矢印信号に従って右折しようとしていたところ、赤
　　　　　　信号を無視して交差点を約70km/hで対向直進してきた加害車両（普通
　　　　　　乗用自動車）がその前部を被害車両の左側部に衝突させ、被害車両の助
　　　　　　手席に同乗していた被害者が死亡。

被　害　者：中学生・女性・14歳

事 故 日 時：平成8年12月28日・PM10:20頃

```
┌─────────────┐
│  判 決 内 容  │
└─────────────┘
```

基礎収入	495万5,300円（平成8年賃金センサス・産業計・企業規模計・学歴計・全労働者）

　逸失利益（基礎収入）の算定に当たっては、当事者の提出する証拠資料に基づき、
可能な限り蓋然性のある損害額を算出するよう努めるべきところ、その蓋然性に疑い
が持たれるときは、控え目な算定方法を採用して客観性のある額を算出すべきであろ
う。

　裁判実務上、未就労年少女子の逸失利益算定のための基礎収入としては、男女別の
賃金センサスによる女子労働者の全年齢平均賃金が用いられていたところ、生活費控
除の割合の配慮等はなされたとはいえ、未就労年少男子と比較して逸失利益額は低額
となっていた。現在のところ、我が国においても男女の平均賃金に格差があることは
厳然とした事実であり、その格差が今後容易に解消される見込みはないことからする
と、かかる算定方法も、必ずしも不合理な算定方法であるとはいえない。

　しかし、未就労年少者は、一般に就労という面においても、現に労働に従事してい
る者とは異なり、不確定的な要素があり、多くの可能性を有することも事実で、その

意味で常に現在就労する労働者の労働の結果でもある男女間の賃金格差を将来の逸失利益の算定に直接反映させることは、算定方法としては控え目に過ぎ、可能な限り蓋然性のある額を算出したことになるのか疑問であって、社会状況ないしは労働環境等の変化に即応して、より合理的な算定方法が探索されるべきことはいうまでもない。

今日、被害者側の主張するように、雇用機会均等法の制定により広い職業領域で女性労働者の進出確保が図られ、これを支援する形で、労働基準法上、女性の勤務時間等に関する規制が緩和されるとともに、男女共同参画社会基本法が制定され、女性の労働環境をめぐる法制度、社会環境はそれなりに大きく変化しつつある。その結果として、今日の上記賃金格差の原因ともいうべき従来型の就労形態にも変化が生じ、女性がこれまでの女性固有の職域だけでなく、男性の占めていた職域にまで進出する社会状況が現実のものとなりつつあることは否定できない。

そうすると、男女の賃金格差が完全に解消される蓋然性はないとしても、女性も男性並みに働き、かつ、男性と同等に扱われる社会的基盤が形成されつつあることは確かな事実であり、このような社会状況等の変化を踏まえるならば、逸失利益の算定においても、女性が将来において選択し得る職域の多様さを反映する方法が選択されて然るべきである。

かかる観点からいうと、特段の事情のない限り、労働者全体の就労を基礎とする全労働者の平均賃金の方が、未就労年少女子にとって、可能な限り蓋然性のある額を算出しうる、より合理的な算定方法であると考えられる。

上記のような社会状況の変化が認められるとしても、その変化は賃金格差の解消ないし縮小とは結びついておらず、したがって、全労働者の平均賃金の採用は、その算定額の蓋然性に疑いが残るとする加害者の主張は誤りとはいえないが、社会状況等に上記のような変化が生じている以上、当該未就労年少女子が生存していた場合、全労働者の平均賃金程度の収入を得ることは、通常の能力と意欲さえあれば、それほど困難なことではない社会的基盤が形成されつつあるものといえ、その意味で、全労働者の平均賃金を採用したとしても、その算定額の蓋然性に、損害の公平な分担という制度本来の趣旨からみて看過し難いほどの疑いが生じるとまではいい難い。

加害者が指摘する、現実には可能性の少ない逆相続を前提とするものであるから控えめな算定をすることは何ら不合理ではないとの主張は、考慮に値する主張ではあるが、ここでは当該年少者が生存していた場合における逸失利益の算定方法の当否が問題とされているのであるから、上記の判断を左右するものではない。

被害者は、本件事故当時満14歳の健康な女子中学生であり、将来は保母の職を希望して大学進学も目指していたことが認められ、したがって、被害者については、本件

事故年である平成8年度の賃金センサスの産業計・企業規模計・学歴計の全労働者平均賃金の年収495万5,300円をもって、逸失利益算定の基礎収入とするのが自然である。

生活費控除率	45%

　上記のとおり、男女の賃金格差が完全に解消される蓋然性はないとしても、女性も男性並みに働き、かつ、男性と同等に扱われる社会的基盤が形成されつつあることは否定し難い事実である。こうした社会状況等の変化を前提にすると、女性がそうした社会に参画し、男性並みに稼働し、全労働者の平均賃金程度の収入を上げるためには、従前とは異なり、それ相応の生活費の増加が見込まれることは明らかで、その程度・割合も男性並みに考えた上逸失利益を算定するのが、やはり損害の公平な分担という制度本来の趣旨に合致すると解される。

　もっとも、労働の実態を男性と全く同様に考えることもできないところで、女性の消費支出の動向も男性とは異なる。これら事情を勘案すると、逸失利益の算定に当たって、未就労年少女子の場合の生活費控除率は45％とするのが相当である。

　被害者側は、生活費控除率についても、法の下の平等の理念からみて、男女に差を設けるべきではなく、男女とも40％の率で計算した額を控除すべきである旨主張するが、社会状況等に上記のような変化が認められるとしても、やはり男性と女性とでは労働の実態を全く同様に考えることはできず、実際に支出する生活費の額にも、おのずと差異が生じることは否定できない。

　逸失利益の算定に当たって、このような事実上の差異を斟酌するのは制度本来の趣旨に合致するところであって、男女の人間としての価値に本質的な差異を認めてのことではなく、直接、法の下の平等の理念と関係する問題ではない。被害者側の上記主張は採用できない。

就労可能期間	49年間（18〜67歳）

コ　メ　ン　ト

1　本件は、女子中学生が死亡した場合の逸失利益算定において、①基礎収入を男女計平均賃金とすべきか、女性労働者の平均賃金とすべきか、という点、及び、②基

礎収入を男女計平均賃金とした場合の生活費控除率は40％とすべきか、それ以外の割合とすべきか、という点が争われた事案において、①について、男女計平均賃金とし、②について、生活費控除率を45％とした裁判例です。

　本件については、①について解説し、年少女子の基礎収入について、男女計平均賃金とした場合の生活費控除率をどのようにするかという点については、**事例〔117〕**において解説しています。

2　学生・生徒・幼児等の逸失利益算定における基礎収入額は、賃金センサス第1巻第1表産業計、企業規模計、学歴計、男女別全年齢平均の賃金額を基礎とするのが原則となっています（『赤い本』2018年版上巻153頁）。

　もっとも、女子年少者の逸失利益については、女性労働者の全年齢平均ではなく、全労働者（男女計）の全年齢平均賃金で算定するのが一般的であるとされています（『赤い本』2018年版上巻155頁）。

3　本裁判例は、「特段の事情のない限り、労働者全体の就労を基礎とする全労働者の平均賃金の方が、未就労年少女子にとって、可能な限り蓋然性のある額を算出しうる、より合理的な算定方法であると考えられる」と判示しており、未就労年少女子においては、全労働者の平均賃金を基礎収入とすることが原則であり、「特段の事情」が認められる場合のみ、異なる基準の賃金を基礎収入とすると判示していると読めます。

　したがって、本裁判例は、女子年少者の逸失利益算定においては（女子年少者をどの年齢で区別するかは別途問題とはなりますが）、特段の事情のない限り、全労働者（男女計）の全年齢平均賃金で算定することを明示した裁判例と考えられます。

〔102〕　死亡した女子小学生（10歳）の逸失利益算定について、基礎収入を全労働者の全年齢平均年収ではなく、女子労働者の全年齢平均年収とした事例

（東京高判平13・10・16交民34・6・1818）

事件の概要

事故の状況：被害者が下校のため、小学校の正門前の横断歩道上を横断していたところ、加害車両が被害者に衝突し、被害者が2月27日に死亡。

被　害　者：小学生・女性・10歳（死亡時11歳）

事故日時：平成10年2月9日・PM3：00頃

判決内容

基礎収入	345万3,500円（平成11年賃金センサス産業計・企業規模計・学歴計・女子労働者全年齢）

　従来、損害賠償請求における幼児・年少者（年少者）の逸失利益の算定に当たっては、裁判実務上一般に、被害者の性別に応じて、賃金センサスによる男女別平均賃金をその基礎収入としてきた。最高裁判所もこのような算定を是認している（最判昭62・1・19民集41・1・1ほか）。本件においては、上記取扱いの是非が問われている。

　年少者の逸失利益の算定は、過去において現実に一定額の収入を得ていた者の逸失利益の算定と異なり、事柄の性質上、的確な数額の立証が極めて困難である。しかし、この場合に立証がないとして請求を棄却するのは、被害者に対する救済を否定することとなり、不合理である。反対に、逸失利益として、将来それを得られる蓋然性が認められない収入・利益について、その賠償を命じることもまた不合理である。そこで、裁判所は、当事者が提出する全ての証拠資料に基づき、経験則と良識を用いて、できる限り蓋然性のある逸失利益の額を算定するべく努めるのである。そして、蓋然性に疑いがもたれる場合には、逸失利益の賠償を否定するのではなく、被害者側にとって控えめな算定方法を採用することにより、不法行為者に過当な責任を負わせる結果を避けつつ、被害者の救済を実現してきた。逸失利益算定についての従来からの取扱いは、このような考え方に基づくものであるということができる。その根底にあるのは、できる限り蓋然性のある額を算定することにより、不法行為者と被害者の双方にとって、公平な結果を実現しようという考えである。

第8章　その他　　　285

　年少者の逸失利益の算定に当たり賃金センサスの男女別平均賃金を基礎収入とすることに対する最も大きな疑問は、それが女子も男子と同様の業務に従事し得るという年少者の将来における可能性を無視する結果をもたらすことから生じていると考えられる。確かに、現在の社会環境や法制度とその将来に向けての変化を考えると、将来の就労可能性という点において、男女差は解消しつつあるといってよいであろう。しかし、逸失利益の算定において考慮すべきことは、単なる可能性ではなく、蓋然性なのである。年少者の一人一人に男女を問わず等しい就労可能性が与えられていても、それが故に、一般的に女子が将来男子と同じ収入を得られる蓋然性があるということにはならないのである。

　平成12年賃金センサスにおける男子労働者の平均賃金は560万6,000円であり、女子労働者のそれは349万8,200円である。また、平成7年賃金センサスにおける男子労働者の平均賃金は559万9,800円であり、女子労働者のそれは329万4,200円である。これをみると、この5年間において、男子労働者の平均賃金はほぼ横ばいであり、女子労働者のそれは約20万円の増加がみられるが、男女の平均賃金の格差はいまだ大きい。男女の平均賃金の格差はわずかずつ減少する方向にあることはうかがわれるものの、これが近い将来に解消するとはいい難い状況にある。このように現に存在する数値の差は大きいのであって、この現実を無視して存在しない数値を算定の基礎とするのは、統計の利用による算定そのものの基本を危うくしかねず、賛同することができない。

　そうすると、上記格差が解消することを前提に、女子年少者について、賃金センサスによる全労働者の平均賃金を基礎収入として逸失利益の額を算定し、不法行為者にその損害賠償をさせることは、現段階においては、できる限り蓋然性のある額を算定することにより不法行為者と被害者の双方にとって公平な結果を実現しようという前記の考えに照らして、必ずしも合理的な損害賠償額の算定方法ではないといわざるを得ない。

　以上のとおりであって、本件において、被害者の逸失利益の算定に当たり、女子労働者の平均賃金を基礎収入とすることは、合理的な損害額の算定方法であるということができる。

生活費控除率	30%

就労可能期間	49年間（18〜67歳）

コメント

1 本件は、本件事故当時10歳の女子小学生について、女子労働者の全年齢平均年収を逸失利益算定における基礎収入額とした事例です。

2 学生・生徒・幼児等の逸失利益算定における基礎収入額は、賃金センサス第1巻第1表産業計、企業規模計、学歴計、男女別全年齢平均の賃金額を基礎とするのが基本となっています（『赤い本』2018年版上巻153頁）。

　また、女子年少者の逸失利益については、女子労働者の全年齢平均賃金ではなく、男女を含む全労働者の全年齢平均賃金で算定するのが一般的とされています（『赤い本』2018年版上巻155頁）。

3 もっとも、本件は、女子年少者の逸失利益について、全労働者の全年齢平均賃金を基礎収入として算定するのではなく、女子労働者の全年齢平均賃金を基礎収入として算定したことに特徴があります。

　その理由として、本裁判例は、「できる限り蓋然性のある額を算定することにより、不法行為者と被害者の双方にとって、公平な結果を実現」するという一般論から、「年少者の一人一人に男女を問わず等しい就労可能性が与えられていても、それが故に、一般的に女子が将来男子と同じ収入を得られる蓋然性があるということにはならない」ということを判示しています。

　すなわち、将来的に、女子が男子と同じ収入を得られる可能性までは認められるとしても、蓋然性までは認められないため、全労働者の全年齢平均賃金で算定することは妥当でないと判断したものと考えられます。

4 一方で、東京高裁平成13年8月20日判決（交民34・4・845）は、女子小学生の死亡による逸失利益算定に当たり、「本来有する労働能力については、個人による差はあっても性別に由来する差は存在しない」、「少なくとも義務教育を終了するまでの女子年少者については、逸失利益算定の基礎収入として賃金センサスの女子労働者の平均賃金を用いることは合理性を欠く」といった理由から、全労働者の全年齢平均賃金を基準に算定しています。

　その他にも、女子小学生が死亡した場合の逸失利益算定に当たり、全労働者の全年齢平均賃金を基礎収入として算定している裁判例として、東京地裁平成19年12月17日判決（交民40・6・1619）、大阪地裁平成16年8月27日判決（交民37・4・1146）、大阪地裁平成14年2月7日判決（交民35・1・214）等があります。

5　では、上記のように、裁判例の判断が分かれている状況において、女子小学生が死亡した場合の逸失利益算定に当たり、基礎収入について、女性労働者の全年齢平均賃金を基準に算定すべきでしょうか。それとも、全労働者の全年齢平均賃金を基準に算定すべきでしょうか。

　この点について、本裁判例は、「男女の平均賃金の格差は未だ大きい」、「この格差が近い将来に解消するとは認められない」、「上記格差が解消することを前提に、女子年少者について、賃金センサスによる全労働者の平均賃金を基礎収入として逸失利益の額を算定し、不法行為者にその損害賠償をさせることは、現段階においては〔中略〕必ずしも合理的な損害賠償額の算定方法ではないといわざるをえない」と判示しています。

　そうだとすれば、本裁判例は、本判決を提示した平成13年頃を基準として、男女の平均賃金の格差を勘案していたにすぎず、現在における男女間の格差を勘案した場合には、別の結論が生じることも十分に考えられるところです。

　実際に、賃金センサス平成28年第1巻第1表男性学歴計全年齢平均賃金は549万4,300円であり、女性学歴計全年齢平均賃金は376万2,300円ですので、その差額は、173万2,000円であり、平成12年賃金センサスにおける男女間の差額が210万7,800円であることからすれば、その格差は本裁判例の頃と比較し、更に是正されていることが分かります。

　もっとも、それでも男女間の賃金格差は存在し、賃金格差のみを考慮した場合には、本裁判例と同じく、女性労働者の全年齢平均賃金を基礎収入として判断することが妥当のようにも思えます。しかし、女性の雇用促進、女性が働きやすい環境を求めるといった社会情勢やこれを支える法制度が整備され、現に結婚後も就労を維持する女性が増えて共働きの家庭も多くなっているといった状況に照らせば、将来の多様な就労可能性という点については、平成13年頃と比較して、現在は、男女間の格差はますます狭まっているといえます。

　そのため、現在では、女子年少者の逸失利益算定における基礎収入としては、全労働者の平均賃金を用いるのが合理的との見解が強く、実際、近時の実務においては、女子年少者の逸失利益については全労働者の平均賃金を用いるという方法によって、逸失利益額における男女間の格差の問題に対処するのが一般的となっているようです（影山智彦裁判官「女子年少者の逸失利益算定における基礎収入について」『赤い本』2018年版下巻11・12頁）。

〔103〕 音大付属高校に在籍しており、バイオリン演奏という専門的な技術を有していた女子高校生（15歳）が死亡した際の基礎収入額算定について、将来音楽関係の仕事に就く可能性が高く、このような職種において男女間の賃金格差は認められないとして、大卒男子労働者の平均賃金の9割を基礎収入とした事例　（名古屋地判平15・4・28交民36・2・574）

事件の概要

事故の状況：加害車両1（普通乗用自動車）が単独事故を発生させ、停止していたところに被害車両が接触し、その後、加害車両2が加害車両1に衝突し、その後、加害車両3が加害車両1に衝突した。加害車両3が加害車両1に衝突したことによって、加害車両1もろとも被害車両に衝突して乗り上げ、加害車両1が炎上し、その炎が加害車両3及び被害車両に及び、両車両共炎上し、その結果、被害車両の後部座席に乗車していた被害者が死亡。

被　害　者：高校生・女性・15歳

事 故 日 時：平成9年8月4日・AM3：55頃

判決内容

基礎収入	687万7,400円（平成9年賃金センサス第1巻第1表・産業計・企業規模計・大学卒・男子労働者全年齢）の9割

　被害者は、平成9年4月からＡ音大付属高等学校に入学していることが認められ、これらの事実からすると、被害者は、本件事故で死亡することがなければ、大学を卒業して音楽関係の仕事に就職した蓋然性が高いということができる。ただし、同大学を卒業後に演奏家となる蓋然性に関しては、本件全証拠によっても同大学卒業生がいずれも演奏家となっているとは認められないことに照らせば、たやすく肯認できない。

　そうであるとしても、被害者はバイオリン演奏においていわば専門的な技術を有しているのであり、このような職種において男女間に賃金格差があるとは認められないことからすれば、被害者の基礎収入の算定においてはそのような事情を考慮するのが相当である。

　そこで、被害者の基礎収入については、平成9年賃金センサス産業計・企業規模計・大学卒・男子労働者全年齢平均賃金687万7,400円の9割をもって相当と認める。

生活費控除率	35%

就労可能期間	45年間（22～67歳）

コメント

1 総論

　本件は、15歳女性の高校生が死亡した事案につき、大学卒男子労働者全年齢平均の賃金センサスを基礎収入とした事例です。

　ここでは、①死亡時高校生であるにもかかわらず、大学卒の労働者の賃金センサスが用いられた点、及び、②女性であるにもかかわらず、男子労働者の賃金センサスが用いられた点に特徴があります。そのため、本件では、①及び②を分けて解説します。

2 ①について

　本裁判例は、被害者が在籍していた音大付属高校の卒業生の8割から9割強が音楽大学に入学しているという事実から、被害者が、本件事故で死亡することがなければ、大学を卒業して音楽関係の仕事に就職した蓋然性が高いと判示しています。

　横浜地裁平成6年10月13日判決（交民27・5・1403）は、高校に通学する傍ら、夜は大学受験準備のため予備校に通う18歳の健康な男子という事実から、本件事故に遭わなければ、大学を卒業して社会人として就労をはじめ、67歳まで稼働することを前提とした逸失利益を認定しています。また、京都地裁平成23年3月11日判決（交民44・2・357）は、在籍していた高校が中高一貫の進学校であること、学業成績が優秀であったこと、高校2年生の3月に卒業式において在校生を代表して送辞を述べるなどしていたこと、本件事故以前に具体的な大学進学の希望を既に表明していたこと、父母らがこれを応援していたこと、から、大学に進学し卒業する蓋然性が認められる、と認定しています。

　以上のような裁判例の傾向から考えますと、大学進学に向けた準備をしていることが、大学に進学し卒業する蓋然性の高さを認定する前提としているように思えます。そして、かかる事情に加え、学業成績などが考慮されているものと考えられます。

　本裁判例でも、被害者が在籍していたのが音大付属高校であったこと、その卒業生

の8割から9割強が音楽大学に入学しているという事実からすれば、大学卒の労働者の賃金センサスを基礎収入として認定することは容易であったといえるでしょう。

3　②について

　本判決は、被害者が、本件事故で死亡することがなければ、大学を卒業して音楽関係の仕事に就職した蓋然性が高いとまでは認定していますが、演奏家となる蓋然性については否定しています。

　もっとも、被害者が、バイオリン演奏においていわば専門的な技術を有しており、このような職種において男女間に賃金格差があるとは認められないことから、男子労働者の賃金センサスを用いています。

　女子高校生の逸失利益算定について、男女計の賃金センサスを用いている裁判例は多く見当たります。

　上記京都地裁判決は、「今後50年程度将来までにわたる男女の賃金格差の動向については、雇用機会均等法の施行や、男女共同参画政策の推進などに照らし、格差が相当程度縮小してゆくことが予想され、50年後まで概ね現在と同様の性別による賃金格差が維持されると予想することに合理性は見いだせず、若年未就労者女性の基礎収入については男女平均賃金を採用することにむしろ合理性が認められる。」と判示しています。この裁判例は、先例として非常に意味を有する裁判例であると考えられます。

　その後、大阪地裁平成27年10月30日判決（交民48・5・1335）は、女子高校生が死亡した事案における被害者の逸失利益について、被害者側は男女計平均賃金を、加害者側は女性平均賃金を基礎収入として主張した事案について、裁判所は、男女計平均賃金を基礎収入として逸失利益を認定しました。この裁判例も、上記京都地裁判決のような考え方を前提にしたものと考えられます。

　以上の裁判例の傾向からいえば、女子高校生の逸失利益算定においては、男女平均賃金を基本的には算定する傾向にあるといえます。

　影山智彦裁判官「女子年少者の逸失利益算定における基礎収入について」『赤い本』2018年版下巻16頁においても、高校生については、大学進学等の進路が具体的に決まっているような場合等については、個別の事情に応じて判断するとしても、それ以外の場合には、基本的には全労働者の平均賃金を用いることとしてよいのではないか、との記載があります。

　本件では、被害者側にて、バイオリン演奏という専門的な技術を有していることを立証できたために、男子平均賃金を基礎収入とすることが例外的に認められたものと考えられます。ただし、男子平均賃金の9割を基礎収入と認定した点は、現実の男女間賃金格差の事実を考慮したものと考えられます。

第8章　その他　　291

〔104〕　死亡した女児（5歳）の逸失利益算定について、基礎収入を女性労働
　　　者の全年齢平均年収ではなく、全労働者の全年齢平均年収とした事例

（東京地判平15・12・8交民36・6・1570）

事件の概要

事故の状況：加害車両（普通乗用自動車）の運転者が酒酔いの状態で運転して、対面
　　　　　　信号が赤色を表示していることを認めながら、あえて信号を無視して交
　　　　　　差点を通過しようと約60km/hの速度で交差点に進入したところ、かか
　　　　　　る交差点の横断歩道上を青色の信号表示に従って自転車に乗って走行し
　　　　　　ていた被害者に接触し、被害者が死亡。
被　害　者：幼児・女性・5歳
事故日時：平成13年7月26日・AM11：10頃

判決内容

基礎収入	502万9,500円（平成13年賃金センサス第1巻・第1表・産業計・企業規模計・学歴計・全労働者全年齢）

　被害者は、本件事故当時、5歳の女児であったから、本件事故に遭わなければ、18歳
から67歳までの49年間就労し、その間、本件事故の発生した平成13年賃金センサス第
1巻・第1表の産業計・企業規模計・学歴計による全労働者の全年齢平均年収502万
9,500円を得ることができたものと認めるのが相当である（死亡した年少女子について全
労働者の平均賃金を基礎収入とすべきことについては、東京地判平13・3・8判時1739・21、東京高判
平13・8・20交民34・4・845などを参照）。

生活費控除率	45％

　諸般の事情を考慮し、生活費控除率を45％として逸失利益を算定する。

就労可能期間	49年間（18〜67歳）

　被害者は、本件事故当時、5歳の女児であったから、本件事故に遭わなければ、18歳
から67歳までの49年間就労できたと認めるのが相当である。

コメント

　本件は、本件事故当時5歳の女児について、全労働者の全年齢平均年収を逸失利益算定における基礎収入額とした事例です。

　学生・生徒・幼児等の逸失利益算定における基礎収入額は、賃金センサス第1巻第1表産業計、企業規模計、学歴計、男女別全年齢平均の賃金額を基礎とするのが基本となっています（『赤い本』2018年版上巻153頁）。

　もっとも、女子年少者の逸失利益については、女性労働者の全年齢平均賃金ではなく、男女を含む全労働者の全年齢平均賃金で算定するのが一般的とされています（『赤い本』2018年版上巻155頁）。

　本裁判例は、上記の原則どおり、本件事故当時5歳の女児が死亡した事件について、男女別全年齢平均の賃金額を基礎とするのではなく、全労働者の全年齢平均の賃金額を基礎とした裁判例です。

第8章　その他　　293

〔105〕　死亡した女子大学生（19歳）の逸失利益算定について、基礎収入を
　　　大卒女子全年齢平均賃金とした事例

（大阪地判平16・3・29交民37・2・453）

$\boxed{\text{事件の概要}}$

事故の状況：東西に延びる道路を、加害者が酒気を帯びて加害車両（普通貨物自動車）
　　　　　　を東から西に向かって運転中、西から東に向かって走行していた被害者
　　　　　　が乗っていた自転車が歩道から道路に進入してきた際に衝突し、被害者
　　　　　　が死亡。
被　害　者：大学生・女性・19歳
事 故 日 時：平成13年12月8日・PM11：20頃

$\boxed{\text{判 決 内 容}}$

基礎収入	453万0,100円（平成13年賃金センサス・産業計・企業規模計・大学卒・女子労働者全年齢）

　被害者は本件事故当時19歳で大学1年生であったことなどを考慮すれば、被害者は、本件事故により死亡しなければ、後記就労可能期間を通じて、平成13年賃金センサス・産業計・企業規模計・大卒女子全年齢平均賃金である453万0,100円の年収を得られる蓋然性があったものと認められる。

　これに対し、被害者側は、被害者の死亡逸失利益を算定するに際しての基礎収入は、平成12年賃金センサス大卒女子全年齢平均賃金と同男子全年齢平均賃金との平均値である559万9,000円によるべきである旨主張するが、被害者側の主張する各種法整備が進みつつあることは事実であるとしても、既に大学に入学し、まもなく社会に出るであろう被害者が、後記就労可能期間を通じて被害者側の主張する程度の収入を得られる蓋然性があったものと認めるには足りず、被害者側の主張は採用できない。

生活費控除率	40％

　被害者は、本件事故当時、大学1年生の独身女子であったことなど諸般の事情を考慮すれば、生活費控除率は40％と認めるのが相当である。

就労可能期間	45年間（22〜67歳）

　被害者は、本件事故当時19歳で大学1年生であったことを考慮すれば、本件事故により死亡しなければ、22歳から67歳までの45年間にわたり就労することが可能であったと認められる。

コメント

1　本件は、大学1年生女子が死亡した事故における逸失利益の基礎収入につき、平成12年賃金センサス大卒女子全年齢平均賃金と同男子全年齢平均賃金との平均値によるべきであるとの被害者側の主張を排斥し、賃金センサスにおける大卒女子労働者の全年齢平均年収を基礎とすべきと判示した裁判例です。

2　学生・生徒・幼児等の逸失利益算定における基礎収入額は、賃金センサス第1巻第1表産業計、企業規模計、学歴計、男女別全年齢平均の賃金額を基礎とするのが原則となっています（『赤い本』2018年版上巻153頁）。

　もっとも、女子年少者の逸失利益については、女性労働者の全年齢平均ではなく、全労働者（男女計）の全年齢平均賃金で算定するのが一般的であるともされています（『赤い本』2018年版上巻155頁）。

　そのため、大学生女子について、女子年少者に近いものとして全労働者の全年齢平均賃金で算定するのか、それとも、女子年少者とは評価できないとして男女別全年齢平均賃金で算定するのかが問題となります。

3　本裁判例においては、被害者側が主張する男女間の賃金格差等を是正する法整備が進みつつあるという点を前提としつつ、「既に大学に入学し、まもなく社会に出るであろう被害者が、後記就労可能期間を通じて被害者側の主張する程度の収入を得られる蓋然性があったものと認めるには足り」ないことから、男女別全年齢平均賃金を基礎として逸失利益算定を行っています。

　逸失利益算定における基礎収入の認定については、裁判上、将来得られるであろう相当程度の蓋然性のある収入額が証拠等によって認定されることになります。そのため、将来的に、どのような賃金を得る蓋然性があるか、という観点から基礎収入を認定すべきということになります。

そうすると、大学生の場合、進学した学部等の事情から就労可能性についても相当程度具体的となり、大卒女子の平均賃金を取得する蓋然性が認められるものと想定されます。したがって、大学生の場合には、女子の大卒等の平均賃金を基礎とし、それでは実態に合わないというべき具体的な事情が存在する場合には個別の認定によって判断するのが相当と考えられます（影山智彦裁判官「女子年少者の逸失利益算定における基礎収入について」『赤い本』2018年版下巻16頁）。

　本裁判例においても、女子の大卒等の平均賃金を基礎とするのでは実態に合わないというべき具体的な事情が認められなかったために、大卒女子全年齢平均賃金を基礎収入として認定したものと考えられます。

　実際に、大阪高裁平成9年5月29日判決（交民30・3・646）は、大学の建築関係の学科の2回生であり将来一級建築士になることを志していた女子大学生が死亡した事案につき、被害者が建築士等の専門職として稼働することが十分予測され、同性の同級生の多くが就職して男子とそれほど変わらない収入を得ていることから、男子と女子の平均値をもってその基礎収入とするのが相当であるとしています。

　これは、女子の大卒等の平均賃金を基礎とするのでは実態に合わないというべき具体的な事情が認められたために、女子の大卒等の平均賃金ではない賃金が基礎収入として認められた事例と考えられます。

〔106〕 高次脳機能障害が残存した博士課程の大学院生の逸失利益につき、定年までは賃金センサスの1.4倍を、定年後67歳までは賃金センサスを算定基礎とした事例 （東京地判平16・6・29交民37・3・838）

事件の概要

事故の状況：制限速度80km/hの高速道路を130km/hにて走行した加害者運転の加害車両（普通乗用自動車）が、ハンドル操作の誤りにより転覆回転し、加害車両の助手席に同乗していた被害者が負傷。

被 害 者：大学院薬学系研究科博士課程院生・男性・症状固定時27歳

事 故 日 時：平成9年4月24日・AM10:50頃

受 傷 内 容：急性硬膜下血腫、脳挫傷、肋骨骨折、外傷性くも膜下出血、肺挫傷、両側前腕開放骨折

入通院状況：入院545日

後 遺 障 害：症状固定日平成11年8月2日、併合1級（頭部外傷に伴う歩行障害、記憶障害、認知障害、外傷性てんかん、失調性、構音障害、嗅覚障害等（1級3号）、半盲症（9級3号））

判 決 内 容

基礎収入	① 944万2,580円（60歳までは平成14年度賃金センサス第1巻第1表・企業規模計・男性労働者・大学卒・全年齢平均賃金である674万4,700円の1.4倍を採用） ② 747万5,400円（60歳～67歳は上記賃金センサス60歳から64歳までの平均年収を採用）

　被害者は、a大学薬学部、同大学院薬学系研究科修士課程を経て、本件事故当時同博士課程に在学中であった。また、学部卒業直後には薬剤師の資格を得た。

　同博士課程に進学後、同大学のティーチングアシスタントとして、後輩の実験、研究の指導をする仕事を与えられ、同大学の研究室から助成金として月2万円の手当が出ることになっていた。この職務は、学業優秀でかつ研究指導能力のある者に限られ、

平成9年度に選ばれたのはわずか3人であった。また、被害者は、学内で活躍するのみならず、国内外の薬学、化学の専門誌に論文を投稿し、投稿料も得ていた。

被害者は、本件事故がなければ、平成12年3月に博士課程を修了することは確実であった。

被害者は、平成8年の大学院研究科修士課程1年在籍中に、Ｂ製薬の入社試験に合格し、内定を得、平成9年4月から同社へ入社するまでの3年間、さらなる研鑽を積むために学業に専念するよう、同社から月10万円の奨学金を受けていた。

製薬会社からの奨学金制度は、厳しい審査を経てごく一部の学業優秀な者のみに与えられるのであって、大学院研究科においても、年間3～4名しか対象とならない。

被害者は、Ｂ製薬への入社を強く希望していた。具体的にはＣ都市にあるＢ製薬創薬研究所に勤務することを考えていた。

以上によれば、被害者が、平成12年4月にＢ製薬に入社することは確実であった。

そして、Ｂ製薬における収入を考慮する場合、被害者は、同社の賃金体系に従って、昇給・昇進し、同社において少なくとも8等級の次長になる蓋然性は高いものと認めることができる。

Ｂ製薬に28歳から60歳まで勤め次長になった場合の生涯賃金によれば、被害者がＢ製薬においておおむね得られる蓋然性のある年収と、最新の統計資料である平成14年度賃金センサス第1巻第1表・男性労働者・大学卒の年収とを比較すると、被害者がおおむね得られる蓋然性のある年収は同賃金センサスの当該年齢に対応する年収額の約1.4倍強と解される。

労働能力喪失率	100％

被害者は本件事故に遭わなければ、平成12年4月（28歳）からＢ製薬において就労を開始し、60歳までの32年間就労可能であったと認められるところ、前記後遺障害により労働能力を100％喪失したものと認められる。

就労可能期間	39年間（28～67歳）

被害者は本件事故に遭わなければ、平成12年4月（28歳）からＢ製薬において就労を開始し、60歳までの32年間就労可能であったと認められる。

平成14年度賃金センサス第1巻第1表によれば、企業規模計・男子労働者・大学卒・60歳から64歳までの平均年収は747万5,400円であり、この金額を基礎として、ライプニッツ方式により年分の割合による中間利息を控除して60歳から67歳までの7年間の逸失利益を計算すると、本件事故時における現価は864万5,300円となる。

コメント

　一般的に、被害者が事故当時学生・生徒・幼児等であった場合、賃金センサス第1巻第1表の産業計、企業規模計、学歴計、男女別全年齢平均の賃金額を基礎として基礎収入を算定し、被害者が大学生の場合は、大卒の賃金センサスを基礎収入とすることが多いです（ただし、その場合は就労の始期が遅れることに注意が必要です。）。

　本件では、被害者が事故当時、特定の会社への内定が決まっていたこと、事故前における被害者の成績・実績等に鑑みて、将来その会社で一定以上出世する蓋然性が高いことを認定し、60歳までは、上記賃金センサスの1.4倍相当の額を基礎収入として認めているところが特徴的です。

〔107〕 事故時大学生であった女性の後遺障害逸失利益について、労働能力
喪失期間を15年（12級）、基礎収入を賃金センサス女性・大卒・全年齢
の9割とした事例 （東京地判平16・12・21交民37・6・1695）

事件の概要

事故の状況：加害車両（自家用普通乗用自動車）が、横断歩道上で被害者の運転する
足踏式自転車と衝突。

被　害　者：大学生・女性・症状固定時25歳

事 故 日 時：平成9年5月21日・PM5:40頃

受 傷 内 容：頸椎捻挫、外傷性胸郭出口症候群等

入通院状況：入院73日、通院（実日数）99日

後 遺 障 害：症状固定日平成11年9月14日、12級12号「局部に頑固な神経症状を残すも
の」（外傷性胸郭出口症候群に基づく左側頸部痛、頭痛、左胸・背部痛・
腋窩部痛、左上肢しびれ等）

判 決 内 容

基礎収入	① 就職遅延による逸失利益…302万2,200円（平成11年賃金センサス女性労働者・大卒20歳ないし24歳平均年収） ② 後遺障害逸失利益…407万7,090円（平成13年賃金センサス女性労働者・大卒・全年齢の平均年収453万0,100円の9割）

　（①について）被害者は、本件事故に遭わなければ、平成11年3月（24歳）に大学を
卒業するはずであったが（被害者は、大学入学前に2年浪人している。）、本件事故に遭
い2年留年したため、平成13年3月（26歳）に大学を卒業したことが認められ、被害者
の就職遅延による損害に係る基礎収入は、平成11年賃金センサス女性労働者・大卒20
歳ないし24歳の年収302万2,200円とするのが相当である。

　（②について）被害者は、本件事故当時、a大学に在学中であったこと、被害者は、
大学を卒業した26歳から41歳までの15年間にわたり、労働能力の14%を喪失したもの

と認めるのが相当であること（労働能力喪失を認める期間が15年間であり、その間の平均年収は全年齢の平均年収よりやや低額であると考えられること）からすれば、後遺障害逸失利益の算定に当たっては、被害者が大学を卒業した26歳から41歳までの15年間を通じ、平均して、平成13年賃金センサス女性労働者・大卒・全年齢の平均年収453万0,100円の9割である407万7,090円の収入を得られた蓋然性があるものと認め、同額を基礎収入とするのが相当である。

労働能力喪失率	14%

　被害者には、左側頸部痛、頭痛、左胸・背部痛・腋窩部痛、左上肢しびれ等の神経症状が残存しているところ、これらは胸郭出口症候群に基づくものと認められ、自算会が認定したとおり、被害者の後遺障害等級は12級10号（局部に頑固な神経症状を残すもの）に該当するものと認めるのが相当である（被害者も、後遺障害等級については、それを超える等級を主張するものではない。）。

就労可能期間	15年間（26～41歳）

　被害者の後遺障害等級に加え、被害者の症状は、平成11年9月14日の症状固定日から約5年以上を経過した時点においても基本的には残存しているものの、やや症状の改善もみられること、被害者の神経症状については心因的な影響があるものと推認されることなどを総合考慮すると、被害者は、大学卒業時（26歳）から15年間にわたって、その労働能力を14％喪失したものと認めるのが相当である。

　被害者は、労働能力喪失率を30％、労働能力喪失期間を大学卒業時（26歳）から41年間として後遺障害逸失利益を主張するが、上記説示に照らし、その主張は採用することができない。

コメント

　一般的に、労働能力喪失期間の終期は、原則として67歳とされています。ただし、後遺障害の具体的症状に応じて適宜判断すべきであるとされ、労働能力喪失期間が制限されている例もあります。

本事例は、被害者（事故当時大学生・女性）が、後遺障害等級12級（局部に頑固な神経症状を残すもの）に該当するものと認められたものの、症状固定日から約5年以上を経過した時点においてやや症状の改善が見られることや、被害者の神経症状については心因的な影響があるものと推認されることなどを総合考慮され、労働能力喪失期間を15年間（大学卒業時の26歳から41歳まで）と認定されています。

そして、労働能力喪失を認める期間が上記の26歳から41歳までの15年間であり、その間の平均年収は全年齢の平均年収よりやや低額であると考えられることから、被害者の基礎収入は、平成13年賃金センサス女性労働者・大卒・全年齢の平均年収453万0,100円の9割である407万7,090円とされました。

本件は、被害者が大学生と若年者で、労働能力喪失期間が制限的に認定されている場合に、基礎収入を、賃金センサス全年齢平均の満額とせず、その9割としているところが特徴的といえます。

なお、本件では、被害者の症状固定時の年齢は25歳であり、就労可能期間は26歳から41歳と認定されていますので、後遺障害逸失利益の算定に当たり、ライプニッツ係数9.8854（症状固定時25歳から41歳までの16年のライプニッツ係数10.8377－症状固定時25歳から就労開始時26歳のライプニッツ係数0.9523）を用いて中間利息が控除されていることも念のため付言します。

〔108〕 教職等の仕事に従事することを目的として教育学部に進学した大学生（19歳）が死亡した場合の逸失利益算定について、基礎収入は、教職員の給与を基準とせず、大卒男子労働者全年齢平均年収とした事例

（岡山地判平17・11・4交民38・6・1517）

事件の概要

事故の状況：居眠り運転をしていた加害車両（普通乗用自動車）が、道路左側の待避所に停止中の大型貨物自動車の右側に衝突し、加害車両に同乗していた被害者が死亡。

被　害　者：大学生・男性・19歳

事故日時：平成16年8月8日・PM3：25頃

判決内容

基礎収入	658万7,500円（平成15年賃金センサス第1巻第1表・産業計・企業規模計・大学卒・男子労働者全年齢平均年収）

　被害者は、本件事故がなければ、A大学を卒業する平成20年4月から平成65年3月（同年4月で満68歳）までの45年間、賃金センサス平成15年第1巻第1表の企業規模計・産業計・大卒男子労働者の全年齢平均年収658万7,500円を得られた蓋然性が高いから、その金額が本件事故による被害者の逸失利益と解すべきである。

　被害者は、教職等の仕事に従事することが目的でA大学教育学部に進学しており、高校教師による高度の蓋然性があるから、逸失利益の基礎収入は、高校教師ないし教職員の給与を基準とすべき旨主張するが、被害者は、A大学教育学部総合教育課程生涯教育コースに在学していたものの、いまだ1年生であって将来の進路変更の余地がないではなく、また、同コースの卒業生の大半が教員になるものと認めるに足りる証拠はないから、被害者の職業を高校教師ないし教職員に特化して逸失利益を算定することはいまだ合理的とはいえない。

生活費控除率	50%

就労可能期間	45年間（22〜67歳）

　A大学を卒業する平成20年4月から平成65年3月（同年4月で満68歳）までの45年間を就労期間と認めた。

コメント

1　本件は、大学の教育学部に所属している大学1年生男子が死亡した事故における逸失利益の基礎収入につき、高校教師ないし教職員の給与を基準とすべきであるとの被害者側の主張を排斥し、賃金センサスにおける大卒男子労働者の全年齢平均年収を基礎とすべきと判示した裁判例です。

2　学生・生徒・幼児等の逸失利益算定における基礎収入額は、賃金センサス第1巻第1表産業計、企業規模計、学歴計、男女別全年齢平均の賃金額を基礎とするのが原則となっています（『赤い本』2018年版上巻153頁）。

　そのため、かかる原則と異なる賃金額を基準とした逸失利益を請求する場合には、相応の主張立証が必要となってくるものと考えられます。

3　本裁判例においては、被害者は、A大学教育学部総合教育課程生涯教育コースに在学していたことは認定されていますが、「いまだ1年生であって将来の進路変更の余地がないではな」いこと、また、「同コースの卒業生の大半が教員になるものと認めるに足りる証拠はない」ことから、高校教師ないし教職員に特化して逸失利益を算定することは合理的とはいえないとしています。

　したがって、本裁判例も上記原則と異なる賃金額を基準とするには、相応の主張立証が必要であるということを前提に、本裁判において顕出している事実からでは、大学卒の平均賃金を基準とする事実が認められるのみで、高校教師ないし教職員の賃金を基準とするには主張立証が不十分であると判断したものと考えられます。

　本裁判例の判示からすると、仮に、被害者が大学4年生で教育実習などを経て進路がほぼ確定している場合や、大学の同様のコースの卒業生の大半が教員になったという立証資料等が存在する場合などには、高校教師ないし教職員に特化して逸失利益を算定することが認められる可能性があります。

304　　　第8章　その他

〔109〕　死亡した男子高校生（17歳）の逸失利益算定について、賃金センサ
　　　　スの大卒男性労働者全年齢平均年収を基礎に算定し、当時アルバイト
　　　　をしていたため、高校卒業までのアルバイト収入を含めて算定した事
　　　　例　　　　　　　　　　　　　　（大阪地判平18・2・16交民39・1・205）

```
┌─────────────────┐
│   事件の概要   │
└─────────────────┘
```

事故の状況：アルコールの影響により正常な運転が困難な状態で加害者が運転する加
　　　　　　害車両（普通貨物自動車）が、交差点を南から北に向かって50km/hで走
　　　　　　行し、交差点南側に設けられた横断歩道上を対面青信号に従って西から
　　　　　　東に向かい横断走行中の被害自転車に衝突し、被害者は自転車もろとも
　　　　　　路上に転倒し、死亡。

被　害　者：高校生・男性・17歳

事 故 日 時：平成15年1月22日・PM9：40頃

```
┌─────────────────┐
│   判 決 内 容   │
└─────────────────┘
```

基礎収入	①　大学卒業後：658万7,500円（平成15年賃金センサス第1巻第1表・産業計・企業規模計・大学卒・男性労働者全年齢） ②　高校卒業まで：月5万1,000円（アルバイト収入）

　被害者は大学進学の可能性が非常に高かったことが認められ、逸失利益の損害の算
出においては、平成15年度賃金センサス第1巻、第1表、産業計・企業規模計・男性労
働者・大学卒・全年齢平均賃金である年収658万7,500円を用いるのが相当である。

　被害者は、本件事故当時、アルバイトによる収入を得ており、本件事故直前の1か月
の収入は5万1,000円であったことが認められる。

生活費控除率	40%

　生活費控除率については、将来一家の支柱となる可能性が認められるので、40％と
するのが相当である。

| 就労可能期間 | ① 大学卒業後：45年間（22〜67歳） |
| | ② 高校卒業まで：14か月間 |

就労可能年数については、大学卒業後の22歳から就労することを前提として計算するのが相当である。

本件事故がなければ、本件事故の翌月である平成15年2月から高校卒業予定の平成16年3月までの14か月間、同様の収入を得ることができたはずである。

コメント

1　総論

本件は、事故時高校生が死亡した事案について、①大卒の賃金センサスを用いた点、②被害者が本件事故当時アルバイトをしていたことから、本件事故の翌日から高校卒業予定まで、本件事故の1か月前の収入を基礎とした逸失利益を認めた点に特徴があります。

①の点については、大学進学の可能性が非常に高いという認定をし、大卒の賃金センサスを判断しています。これは、**事例〔103〕**のコメントを参照してください。そのため、本判決については、以下において②の点を解説していきます。

②の点については、学生が死亡した事案における、逸失利益算定においては、通常、大学を卒業し、就職することが予定される22歳から計算されることになります。そうすると、死亡時から22歳までは逸失利益について空白の期間が生じることになります。

この期間については、収入がないことが通常ですので、通常、逸失利益は認められません。しかし、死亡時にアルバイト等で収入を得ていた場合に、その収入が認定されるかが問題となります。

この点については、民法上、交通事故がなかったならば被害者が得られたであろう収入と事故後に現実に得られる収入との差額を損害と捉える考え方（いわゆる差額説）によると、アルバイト収入においても、交通事故がなかったならば被害者が得られていたであろうと認められるのであれば、すなわち、将来的にアルバイト収入を得られる蓋然性が認められる場合には、逸失利益として認定されることになります。

本裁判例においても、本件事故当時、アルバイトによる収入を得ていたことが認められ、本件事故直前の収入が認められ、かつ、本件事故後も同様の収入を得ることが

できたはずであると認定されています。すなわち、将来的にアルバイト収入を得ることのできる蓋然性が認められたために、アルバイト収入分の逸失利益が認められたものと考えられます。

2 なお、本裁判例では、アルバイト収入につき、生活費控除及び中間利息控除がされていませんが、高校生についても、そのアルバイト収入から生活費を支出することも考えられるところであり、また、将来利益を現在に引き直して受領することになるため、生活費控除及び中間利息控除がされる可能性があることには注意する必要があります。大阪地裁平成27年1月13日判決（交民48・1・25）（**事例〔117〕**）は、短大生死亡の事案について、短大卒業までのアルバイト収入を認めましたが、生活費控除率50％、ライプニッツ計算での中間利息控除を認めています。

　本件では、学生アルバイトで収入も少額で短期間であるため、生活費控除をせず、また、口頭弁論終結時は、高校卒業予定日を過ぎていたため、中間利息控除もしなかったものと考えられます。

〔110〕　書道の才能があり、大学での課程を通じ更に高めて特別な技能とし
て修得するに至った事故時大学生である女性被害者の基礎収入を、賃
金センサス大卒女性労働者全年齢の1.1倍とした事例

（東京地判平19・9・25交民40・5・1228）

事件の概要

事故の状況：被害者が、自転車を運転して交差点を横断中に、加害車両（普通自動車）
　　　　　　に衝突された。
被　害　者：大学生・女性・症状固定時25歳（事故時22歳）
事故日時：平成13年12月5日・AM1：00頃
受傷内容：脳挫傷、右鎖骨骨折等
入通院状況：入院308日、通院565日（実日数79日）
後遺障害：症状固定日平成16年4月28日、併合1級（2級（右片麻痺及び体幹失調を含
　　　　　　む高次脳機能障害）、12級（右鎖骨変形及び複視（正面視）））

判決内容

基礎収入	491万1,500円（平成14年賃金センサス第1巻第1表・大卒・女性労働者・全年齢平均年収額446万5,000円に1割を加算した金額）

　被害者は、幼い頃から書道の才能を有し、Ａ大学教育人間科学部芸術環境創造課程
書表現コースに入学して、平成14年3月に予定されていた卒業後は、高等学校の教員と
なる希望を有しており、殊に、被害者は書道に関して有していた才能を大学での課程
を通じ更に高めて特別な技能として修得するに至っていたことに照らすと、被害者は、
就労可能期間を通じ、平成14年賃金センサス第1巻第1表の大学を卒業した女性の労働
者の全年齢の平均年収額である446万5,000円に1割を加算した金額に相当する収入を
得ることが可能であったと推認することができる。

労働能力喪失率	100％

　本件において、加害者は、本件事故による後遺障害により被害者が労働能力を100％
喪失したことは争っていない。

就労可能期間	42年間（25～67歳）

　後遺障害の内容等に照らすと、被害者は、本件事故による傷害の症状が固定した25歳から67歳までの42年間の就労可能期間において、労働能力を100％喪失したというべきである。

コメント

　一般的に、学生・生徒・幼児等の後遺障害逸失利益は、賃金センサス第1巻第1表の産業計、企業規模計、学歴計、男女別全年齢平均の賃金額を基礎とします。

　もっとも、上記賃金額以上の賃金を得る蓋然性が高い場合は、個別具体的な基礎収入が認定されることがあります。

　本件では、被害者は事故当時大学生であったため、大卒者の平均賃金を採用することについては争いはないかと思います（本件の被害者は、事故時22歳、症状固定時25歳ですので、就労の始期が遅れるといった大卒者の平均賃金を採用することのデメリットも関係ありません。）。

　本件では、さらに、被害者が、幼い頃から書道の才能を有していたこと、A大学教育人間科学部芸術環境創造課程書表現コースに入学しており、書道に関して有していた才能を大学での課程を通じ更に高めて特別な技能として修得するに至っていたこと、大学卒業後は高等学校の教員となる希望を有していたこと等を丁寧に事実認定し、基礎収入を、女性・大卒者・全年齢平均賃金額の1.1倍で認定しているところが特徴的です。

　本件は、被害者が従前有していた才能、被害者が入学した学部の特徴、当該学部で修得した技能の内容等を細かく主張立証しており、基礎収入を賃金センサスより高い額で認定したいときに参考となる事例といえます。

〔111〕 高校生である被害者の歯牙損傷（10級4号）に係る後遺障害逸失利益を、労働能力喪失率20％で67歳まで認めた事例

（大阪地判平21・1・30交民42・1・96）

事件の概要

事故の状況：加害車両（普通貨物自動車）が、前方不注視の状態で、制限時速50km/hのところ70km/hないし80km/hで進行し、前方を歩行していた被害者に衝突し被害者が転倒。

被　害　者：高校生・男性・事故時16歳

事 故 日 時：平成17年11月13日・AM0：33頃

受 傷 内 容：外傷性肝損傷、上顎骨骨折、歯槽骨骨折、口唇裂創、右肩甲骨骨折、腰椎横突起骨折、肺挫傷

入通院状況：入院10日、通院146日（実日数55日）

後 遺 障 害：10級4号（14歯以上の歯科補綴）※なお、被害者は、歯科に通院治療中であった平成18年4月17日に別の自動車事故に遭い死亡したため、症状固定日は明確でない。

判 決 内 容

基礎収入	552万3,000円（平成17年賃金センサス男性学歴計全年齢平均賃金）

　被害者は、本件事故当時高校生の男性である（平成18年4月17日に別の自動車事故に遭い、その翌日死亡した。）。

労働能力喪失率	20％

　被害者は歯を損傷し、14歯以上の歯科補綴が必要となったことが認められる。

　なお、被害者は、現に歯科補綴を受けないまま別の事故により死亡したものであると認められるが、歯の損傷という障害内容に照らすと、仮に被害者が死亡していなけ

れば症状がより改善していたものと認めることはできないから、被害者は後遺障害等級10級4号の後遺障害を残していたものと認めることができる。

後遺障害の内容が歯の欠損等であり、歯科補綴によりある程度機能が回復することなどにも照らすと、後遺障害等級10級4号に該当するからといって直ちに27％の労働能力喪失があったとみることには疑問があるので（醜状障害におけるのと同様）、20％の限度で労働能力の喪失を認めることとする。

就労可能期間	49年間（18〜67歳）

（ただし、ライプニッツ係数は）事故日から67歳までの51年間に相当するライプニッツ係数から、事故日から就労開始まで2年間とみて、これに相当する同係数を控除する。

$$\boxed{コ \ \ メ \ \ ン \ \ ト}$$

本件は、高校生である被害者の歯牙損傷（10級4号）に係る後遺障害逸失利益を、労働能力喪失率20％で67歳まで認めた事例です。

一般的に、歯牙損傷については、外貌醜状と同様、労働能力の減少を認めるか否か争われることが多く、特に被害者が未就労の若年者の場合は、将来の職業が未定であること等から、しばしば問題となります。

本件の被害者は、本件交通事故の後、別の交通事故により死亡していますが、歯の損傷という障害内容に照らすと、仮に被害者が死亡していなければ症状がより改善していたものを認めることはできないことから、後遺障害を残していたものと認められました。

そのため、症状固定日が明確でない点を考慮したものと思われますが、逸失利益起算日を事故日としており、特殊性が認められます。

もっとも、歯科補綴によりある程度機能が回復することなどにも照らし、労働能力喪失率は、20％の限度で認められています。

本件は、若年者の歯牙損傷について、労働能力喪失率を調整しつつも、労働能力喪失を認めている点で参考になる裁判例といえます。

第8章　その他　　311

〔112〕　顔面部醜状痕（12級14号）、症状固定時9歳女子の逸失利益について
　　　労働能力喪失率を14％で認定した事例

(大阪地判平21・1・30交民42・1・101)

事件の概要

事故の状況：飲酒運転かつ居眠り運転の加害車両（普通乗用自動車）が、約100km/h
　　　　　　でA車両（普通乗用自動車）に衝突し、そのはずみでA車両が被害車両
　　　　　　（普通乗用自動車）に衝突（玉突き追突）。
被　害　者：幼児・女性・症状固定時9歳（事故時1歳）
事故日時：平成8年8月31日・PM11：15頃
受傷内容：左顔面裂傷、左目瞼裂傷（その後の兎眼）、左網膜振盪
入通院状況：入院95日、通院（実日数）49日
後遺障害：症状固定日平成16年11月22日、12級14号「外貌に醜状を残すもの」（顔面
　　　　　部醜状痕）

判決内容

基礎収入	350万2,200円（平成16年賃金センサスによる女性の平均賃金）

　被害者の基礎収入については症状固定時における平成16年賃金センサスによる女性
の平均賃金を採用する。

労働能力喪失率	14％

　被害者は、おおむね大きな瘢痕（20×35mm、10×20mm、8×32mm）が3か所、線
状痕（2×20mm、3×8mm）が2か所と多発的に生じている。
　このような醜状痕の部位、個数、程度等及び被害者がまだ未就業の女性であること
に鑑みると、対人接客等の見地において被害者の就業機会が一定限度制約されること
は否定できないと考えられる。また、自ら醜状を意識することによる労働効率の低下

も考えられるところである。そうすると、本件においては、逸失利益が生じるものと考えることが相当であり、その程度も、前記認定のような醜状痕の個数、程度にも鑑みると、後遺障害等級12級相当で14％は生じているとみることが相当である、形成外科に関する医療の進歩があるとしても、現時点でこの醜状を治癒させるに足りる技術が確立しているものとは認められず、この認定を左右するものではない（なお、後遺障害慰謝料についても増額されている。）。

就労可能期間	49年間（18〜67歳）

　被害者は18歳で就職するものと仮定し、なお、遅延損害金の請求が症状固定日以降とされていることに照らし、症状固定日時点の現価を算定することが相当である。

コメント

　本件は、事故当時1歳、症状固定時9歳女性の、顔面部醜状痕に基づく後遺障害逸失利益について、労働能力喪失率を14％で18歳から67歳までの49年間認めた事例です。
　一般的に、外貌醜状については、労働能力の減少を認めるか否か争われることが多く、特に被害者が未就労の若年者の場合は、将来の職業が未定であり、しばしば問題となります。
　本件では、醜状痕の部位、個数、程度等、及び、被害者がまだ未就業の女性であることから、対人接客等の見地において被害者の就業機会が一定限度制約されることは否定できないとしており、就業機会の制約という考えが逸失利益を認める上で一つのポイントとなっています。
　さらに、自ら醜状を意識することによる労働効率の低下についても触れられ、結果として、労働能力喪失率を、67歳まで14％で認めています。
　本件では、被害者の顔面醜状痕は後遺障害等級は12級と認定されていますが、実際は、等級認定には足りない瘢痕・線状痕が多発しており、そういった事実も鑑みて、最終的に14％の労働能力喪失率が認められており、参考になります。
　なお、本件では、後遺障害慰謝料についても通常より増額されています。本件では、被害者の線状痕が連続しているとか、瘢痕が近接しているものであるとは認められず、単純に長さあるいは面積を合算して後遺障害の程度を評価することが相当であるとは

第8章　その他　　313

認められないものの、後遺障害慰謝料の基準として、長さ3cmであれば後遺障害等級12級で280万円が相当となるものが、長さ5cmに達したとたんに突然後遺障害等級7級で1,030万円が相当となるというのは極端であり、必ずしも長さに比例して算定されるべきものではないことなどから、12級相当の基準額から2倍の増額をすることが相当とし、さらに、加害者の過失の重大性、悪質性、被害者の精神的苦痛の大きさにも照らし、更に4割の増額をすることが相当として、784万円を認定しています。

　また、本件では、遅延損害金の請求が症状固定日以降とされていることに照らし、症状固定日時点の現価を算定することが相当であるとして、症状固定日から67歳まで58年に相当するライプニッツ係数（18.8195）から、症状固定日から18歳まで9年に相当するライプニッツ係数（7.1078）を控除して、逸失利益を算定しています。

〔113〕 事故時予備校生であった被害者の基礎収入を、賃金センサス男子大学・大学院卒平均賃金とした事例 （東京地判平22・9・30交民43・5・1265）

事件の概要

事故の状況：加害車両（原動機付自転車）運転者が自分の腕に被害者（自転車乗車中）を掴ませて牽引して走行していたところ、被害者が転倒。

被 害 者：予備校生・男性・症状固定時19歳（事故時18歳）

事 故 日 時：平成18年8月7日・PM8：50頃

受 傷 内 容：第12胸椎破裂骨折、脊髄損傷

入通院状況：入院256日

後 遺 障 害：症状固定日平成19年4月19日、1級1号「神経系統の機能又は精神に著しい障害を残し、常に介護を要するもの」（両下肢足趾完全麻痺、知覚麻痺、膀胱直腸障害）

判 決 内 容

基礎収入	680万7,600円（平成19年賃金センサス男子大学・大学院卒全年齢平均）

　被害者は、本件事故当時大学入学を目指して浪人中であったが、Ａ予備校の大学受験科トップレベル国公立大医進コースに在籍していたことが認められる上、昨今の大学進学率等に照らすと、大学に進学できた蓋然性があるといえるから、基礎収入は症状固定時の平成19年賃金センサス男子大学・大学院卒全年齢平均680万7,600円によるのが相当である。

労働能力喪失率	100%

就労可能期間	44年間（23〜67歳）

　被害者は、症状固定時19歳であり、大学を卒業すれば23歳であるので、症状固定時

である19歳から就労可能年齢である67歳まで48年（ライプニッツ係数18.0772）から、19歳から23歳までの4年（ライプニッツ係数3.5460）を控除する必要がある。

コメント

　本件は、事故当時無職であった予備校生（18歳）が交通事故に遭い、人身損害を被った場合の後遺障害逸失利益の算定事例です。

　学生・生徒・幼児等の基礎収入は、賃金センサス学歴計、全年齢平均の賃金額とすることが一般的ですが、大学生になっていない者についても、大卒の賃金センサスが基礎収入と認められる場合があります。

　本件では、被害者が事故当時大学入学を目指して浪人中であったこと、A予備校（国内大手）の大学受験科トップレベル国公立医進コースに在籍していたこと、そして、昨今の大学進学率等に照らして、被害者の大学に進学できた蓋然性が認められるとして、大学・大学院卒の賃金センサスを基礎収入としています。

　なお、大卒・大学院卒の賃金センサスを用いる場合、就労の始期が遅れるため、全体としての損害額が学歴計平均額を使用する場合と比べ減ることがあることに注意が必要です。

316　　　第8章　その他

〔114〕　7級の症状固定時20歳女子大学生の外貌醜状に基づく逸失利益を労
　　　働能力喪失率20％で67歳まで認めた事例

（名古屋地判平22・12・8交民43・6・1633）

事件の概要

事故の状況：加害車両（普通乗用自動車）が側道から本線に合流するに際し、本線を
　　　　　　走行中の被害車両（普通乗用自動車）に衝突（被害者は被害車両同乗者）。
被　害　者：大学生・女性・症状固定時20歳（事故時19歳）
事 故 日 時：平成19年7月1日・AM10:23頃
受 傷 内 容：頭蓋骨骨折、頸椎捻挫、頭部挫傷、顔面外傷後瘢痕拘縮
入通院状況：入院25日、通院443日（実日数14日）
後 遺 障 害：症状固定日平成20年10月9日、7級12号（外貌醜状）

判 決 内 容

基礎収入	438万4,300円（平成20年女子大卒全年齢平均賃金）

　被害者は、昭和62年生まれの女子であり、大学を1年留年し、現在大学4年生で国際
学科に在学している。就職先はまだ決まっていない。化粧品会社の販売員など美容関
係の仕事に就きたいとの希望を述べている。
　加害者は、女性学歴計・全年齢平均賃金によるべきである旨主張するが、被害者は
大学卒業予定であり、化粧品販売であっても、その就職先によっては大卒の賃金を得
る可能性があり、大卒の平均賃金によるのが相当である。

労働能力喪失率	20％

　被害者は、本件事故により、額に幅5mm、長さ80mmの線状瘢痕40mm×50mmの陥
没変形が残り、右下肢に30mm×10mmの線状瘢痕が残った。
　被害者は、平成20年の症状固定時20歳の学生であり、これから就職する者であると
ころ、化粧品販売等の美容関係の仕事に就きたい希望を持っており、外貌に重きが置
かれる職業であり、外貌醜状により就職あるいは就職後に昇給昇進で不利益を受ける

蓋然性があり、また、美容関係の仕事以外に就いたとしても、職場の人や客との接触に消極的になって不利益を受けたり、転職の際に不利益を受ける蓋然性はあり、労働能力の喪失を認めるのが相当である。

そして、その喪失率は、後遺障害7級の喪失率の56％をそのまま認めることはできないが、67歳まで20％を喪失したものと認めるのが相当である。

就労可能期間	44年間（23～67歳）

加害者は、喪失期間は20年間、45歳を超えることはないとも主張するが、被害者の顔の線状痕が期間経過により回復するものでないことに照らすと、労働能力喪失期間を制限するのは相当ではない。

（症状固定時の20歳から67歳までの47年に相当するライプニッツ係数17.981から、20歳から23歳までの3年に相当するライプニッツ係数2.723を控除して算定した。）

コメント

本件は、症状固定時20歳女子大学生の外貌醜状に基づく逸失利益を、労働能力喪失率20％で67歳まで認めた事例です。

一般的に、外貌醜状については、労働能力の減少を認めるか否か争われることが多く、特に被害者が未就労の若年者の場合は、将来の職業が未定であり、しばしば問題となります。

本件では、被害者は当時就職先の決まっていない国際学科に在学している大学生であり、加害者から、被害者は大学で学んだことを活かした職業を選択するとしたら、外貌の影響はほとんどないと反論されていました。

裁判所は、被害者が外貌に重きが置かれる美容関係の仕事に就きたい希望を持っており、外貌醜状により就職あるいは就職後に昇給昇進で不利益を受ける蓋然性があること、また、仮に美容関係の仕事以外に就いたとしても、職場の人や客との接触に消極的になって不利益を受けたり、転職の際に不利益を受ける蓋然性はあることから、労働能力の喪失を認めています。

このように、被害者が未就労の若年者であっても、被害者の就職に関する希望や、転職時に不利益を受ける蓋然性を考慮して、労働能力の喪失が認められている点が、参考になる裁判例です。

318 第8章 その他

〔115〕 左股関節の機能障害、左膝関節の機能障害、左足大腿部の醜状障害
及び右足大腿部の醜状障害につき、併合10級の22歳男性栄養士（事故
時19歳の大学生）の逸失利益を、労働能力喪失率27％で67歳まで認め
た事例　　　　　　　　　　　　　　　　　（大阪地判平23・4・13交民44・2・535）

事件の概要

事故の状況：第1車線を直進中の被害車両（普通自動二輪車）が、第2車線から進入し
　　　　　　てきた加害車両（大型貨物自動車）に接触されて路上に転倒し、駐車車
　　　　　　両に衝突後、更に、加害車両にひかれた。
被　害　者：大学生・男性・症状固定時22歳（事故時19歳）
事 故 日 時：平成18年1月20日・AM8:51頃
受 傷 内 容：左足（大腿）デグロービング損傷（広範囲挫滅）、左腓骨神経麻痺、左大
　　　　　　腿異所性化骨、骨化性筋炎
入通院状況：入院219日、通院（実日数）171日
後 遺 障 害：症状固定日平成21年7月16日又は同年2月10日（判決文に両方の記載あ
　　　　　　り）、併合10級（12級7号「1下肢の3大関節中の1関節の機能に障害を残す
　　　　　　もの」（左股関節の機能障害、左膝関節の機能障害）、12級「てのひらの
　　　　　　大きさの3倍程度以上の瘢痕を残しているもの」(左足大腿部の醜状障害、
　　　　　　右足大腿部の醜状障害））

判 決 内 容

基礎収入	654万4,800円（平成21年賃金センサス産業計・企業規模計・男性労働者・大卒平均賃金）

　被害者は、症状固定時22歳であり、現在栄養士として、私立病院に勤務している。
被害者は、大学を卒業した男子であり、症状固定時における年齢が22歳であり、被害
者に残存する後遺障害に鑑みれば、同後遺障害は、将来にわたって残存するものと認
めるのが相当である。したがって、被害者の後遺障害逸失利益は、平成21年賃金セン
サス産業計・企業規模計・男性労働者・大卒平均賃金である654万4,800円を基礎収入
として算定するべきである。

労働能力喪失率	27%

　被害者は、左股関節及び左膝関節の機能障害が原因となって、走ることは不可能であり、階段の上り下りの際には、手すりを使って、自分の身体を引っ張り上げるようにしなければならず、患者と目線を合わせて話す姿勢を取ることが困難であり、患者から助けを求められても、自ら対応することや調理の際に長時間立っていることが難しい状況である。

　また、被害者は、醜状部位について、熱を感じる感覚がなくなったため、料理をする際等に、知らず知らずのうちに熱源に触れていることがあったり、着替えの際に、当該部位が人目に触れないように気を遣うなどの負担を余儀なくされている。

　以上によれば、被害者は、本件事故の結果、被害者に残存する後遺障害によって、現在の栄養士の仕事に大きな障害が生じているというべきであり、このことに、損保料率機構が被害者の後遺障害について併合10級に相当すると認定している事実も併せれば、被害者の労働能力喪失率は27％とするのが相当である。

　なお、加害者らは、被害者の労働能力喪失率を20％にすべきである旨主張する。しかしながら、被害者について仕事上認められる障害は、機能障害のみならず醜状障害も相当程度影響しているというべきであるから、加害者側の主張は理由がない。

就労可能期間	45年間（22〜67歳）

　被害者の収入が減ずることなく、増加しているのは、被害者の相当な努力及び職場の理解によるものであることが認められるから、被害者の後遺障害逸失利益を否定ないし減額することはできないというべきである。

　また、被害者に残存する後遺障害に鑑みれば、同後遺障害は、将来にわたって残存するものと認めるのが相当である。

コメント

　本件の被害者は、事故当時は大学生（19歳）でしたが、症状固定時は22歳であり、現在は栄養士として私立病院に勤務していました。

　被害者の現実収入額が幾らであったのか、判決内容からは明らかでありませんが、

被害者の基礎収入は、男性労働者、大卒の平均賃金で認定されています。

　一般的に、被害者が若年の場合は、現実収入額が賃金センサスの平均賃金を下回っていることが多く、全年齢平均の賃金センサスを用いることとなります。

　なお、本件では、機能障害のほかに醜状障害も存在したため、加害者から労働能力喪失率について争われていましたが、被害者の醜状障害も含めた後遺障害による仕事への支障を具体的に主張立証することで、67歳まで併合10級の通常の労働能力喪失率である27％の労働能力喪失率を減じることなく認められています。

第8章　その他　　321

〔116〕　併合4級の事故時高校1年生女子の逸失利益について、賃金センサス
　　　産業計、男女計、大学・大学院卒、全年齢平均年収を基礎収入として認
　　　めた事例　　　　　　　　　　　　　　（名古屋地判平26・1・9交民47・1・24）

事件の概要

事故の状況：信号機による交通整理の行われていない交差点において、加害車両（普
　　　　　　通乗用自動車）が被害車両（自転車）に衝突。
被　害　者：高校1年生・女性・症状固定時17歳
事 故 日 時：平成20年7月10日・AM7：30頃
受 傷 内 容：急性硬膜下血腫、急性硬膜外血腫、脳挫傷、頭蓋骨骨折
入通院状況：入院57日、通院期間不明（実日数19日）
後 遺 障 害：症状固定日平成22年4月28日、併合4級（5級2号（脳外傷に起因する高次
　　　　　　脳機能障害の残存）、12級15号（頭部の手術痕））

判 決 内 容

基礎収入	591万7,400円（賃金センサス平成22年第1巻第1表、産業計、企業規模計、男女計、大学・大学院卒、全年齢平均年収額）

　被害者は本件事故当時 a 大学付属高校で同大学への進学を見込める成績を修めていたものであり、被害者は同大学への進学も視野に入れて同高校に進学したものと認められること、被害者が現に同大学に進学したことにも照らすと、被害者には、本件事故当時、 a 大学又はその他の大学に進学する蓋然性があったものと認められる。

　加害者は、栄養士の平均収入は女性計学歴計平均賃金額を下回るから同平均賃金額を基礎収入とすべき旨主張するところ、被害者は、管理栄養士を目指すことも視野に入れて a 大学付属高校に進学したことが認められる。しかしながら、被害者は本件事故当時高校1年生であって、将来従事する職業はなお流動的であったと考えられるから、被害者が生涯にわたって特定の職業に従事する蓋然性が本件事故の時点で存在したとは認められない（なお、賃金センサスには、栄養士の収入に関する統計は掲載されているが、管理栄養士の収入に関する統計は掲載されていない。）。

322 第8章　その他

　また、加害者は、大学卒全年齢平均賃金を用いる場合には女性計の平均賃金を用い
るべき旨主張する。検討するに、賃金センサス平成22年第1巻第1表、産業計、企業規
模計、大学・大学院卒の平均年収額で見ると、男性計全年齢平均額633万2,400円は女
性計全年齢平均年収額428万4,900円の約1.48倍であり、全年齢平均年収額における男
女間の賃金格差は大きいものの、男性計20〜24歳平均年収額323万0,800円は女性計
20〜24歳平均年収額306万9,400円の約1.05倍、男性計25〜29歳平均年収額419万1,800
円は女性計25〜29歳平均年収額373万2,100円の約1.12倍であり、若年者の男女間の賃
金格差は必ずしも大きなものとはいえない。女性の労働機会に関する諸施策の実施等
により、就労の継続や昇給等における女性の不利益の解消が図られ、男女間の賃金格
差は縮小されつつあると考えられることにも鑑みると、若年の被害者の後遺障害逸失
利益を算定する上で、男女間の賃金格差を重視して基礎収入を定める合理性は乏しく、
加害者の主張を採ることはできない。

労働能力喪失率	79％

　大学卒業者の就労において一般的に期待される論知的思考や発散的思考における被
害者の高次脳機能障害の影響が特に顕著であること、被害者の頭部の手術痕が大学卒
業者の就労において一般的に期待される作業における労働能力に有意的に影響すると
は考え難いことに照らすと、上記基礎収入を前提とする労働能力喪失率は79％とする
のが相当である。

就労可能期間	45年間

　労働能力喪失期間を症状固定の5年後（ライプニッツ係数4.3295）から50年後（ライ
プニッツ係数18.2559）までの45年間として算定するのが相当である。

コメント

　本件は、事故当時高校1年生の女性の後遺障害逸失利益算定における基礎収入を、賃
金センサス男女計、大卒・大学院卒、全年齢とした事例です。
　まず、被害者は、事故当時高校1年生であったため、大卒・大学院卒の平均賃金を用
いるか、学歴計の平均賃金を用いるかが問題となります。

この点について、被害者は、ａ大学付属高校で同大学への進学を見込める成績を修めていたこと、被害者は同大学への進学も視野に入れて同高校に進学したものと認められること、被害者が現に同大学に進学したことに照らし、被害者には、本件事故当時、ａ大学又はその他の大学に進学する蓋然性があったものと認定されました。

次に、被害者は女性であるところ、女性労働者の平均賃金を用いるか、男女を含む全労働者の平均賃金で算定するか問題となります。

一般的に、女子年少者の逸失利益については、女性労働者の全年齢平均賃金ではなく、男女を含む全労働者の全年齢平均賃金で算定します。

本件でも、裁判所は、若年者の男女間の賃金格差は必ずしも大きなものとはいえないこと、女性の労働機会に関する諸施策の実施等により、就労の継続や昇給等における女性の不利益の解消が図られ、男女間の賃金格差は縮小されつつあると考えられること等から、若年の被害者の後遺障害逸失利益を算定する上で、男女間の賃金格差を重視して基礎収入を定める合理性は乏しいとして、全労働者の平均賃金で算定しており、理由付け等が参考になる事例といえます。

324 第8章　その他

〔117〕　死亡した短期大学生（18歳）の逸失利益算定について、男女計・全年齢・全学歴計平均賃金を基礎収入とし、生活費控除率を45％とした事例

（大阪地判平27・1・13交民48・1・25）

```
事件の概要
```

事故の状況：被害車両（普通乗用自動車）走行方向が黄色点滅であり、加害車両（普通特殊自動車）進行方向が赤点滅となっている交差点において、被害車両、加害車両共に停止しないまま交差点に進入し、被害車両の右側面に加害車両の前面が衝突した。被害者は33日間の入院治療を受けたが、死亡。

被　害　者：短期大学生・女性・18歳

事 故 日 時：平成24年8月8日・PM0:55頃

```
判 決 内 容
```

基礎収入	472万6,500円（平成24年賃金センサス・男女計・全年齢・全学歴計平均賃金）

　被害者は死亡当時18歳の女子であり、現在の社会情勢や、被害者が将来に向けて非常に大きな可能性を有していたことを勘案し、短大卒業後の基礎収入としては平成24年賃金センサス・男女計・全年齢・全学歴計平均賃金である472万6,500円を採用するのが相当である。

生活費控除率	45％

　一般的に女子の生活費控除について30％ないし40％という数字が採用される趣旨は、基礎収入として低額な女子平均賃金を採用することとの関係で、最終的な結論の妥当性を確保することにあり、基礎収入がより高額になる場合には、その趣旨は当てはまらない。実際問題としても、女子平均賃金よりも高額な基礎収入を設定する場合に、被害者が女子であるからといって一律に上記割合を採用すると、男子平均賃金を基礎として、一般的な50％の生活費控除率を設定した場合の逸失利益額をはるかに超

える金額が算出されることとなり、その不均衡を合理的に説明することは到底困難である。このような事情を考慮し、短大卒業後の生活費控除率については、45％を相当とする。

就労可能期間	47年間

コメント

1　本件は、短期大学の1年生に所属していた女子が死亡した事故における逸失利益算定につき、①基礎収入について男女計・全年齢・全学歴計平均賃金を基礎収入とし、②生活費控除率について45％とした裁判例です。

　本裁判例では、短大卒業までの2年間のアルバイト収入も認め、その間の生活費控除率を50％としていますが、この部分については本解説では割愛します。

　本裁判例では、生活費控除率を45％とする理由について詳しく判示されているため、紹介します。

2　①基礎収入について

　女子年少者の逸失利益算定については、女性労働者の全年齢平均ではなく、全労働者（男女計）の全年齢平均賃金で算定するのが一般的ですが（『赤い本』2018年版上巻155頁）、短期大学生の場合には、将来の就労可能性についても相当程度具体的になっているといえるため、女子の大卒等の平均賃金を基礎とし、それでは実態に合わないというべき具体的な事情が存在する場合には個別の認定によって判断するのが相当と考えられます（影山智彦裁判官「女子年少者の逸失利益算定における基礎収入について」『赤い本』2018年版下巻16頁）。

　本裁判例では、被害者に関して女子の大卒等の平均賃金では実態に合わない具体的な事情については特に明らかにせず、「現在の社会情勢」及び「被害者が将来に向けて非常に大きな可能性を有していた」という抽象的な事実認定のみから男女計平均賃金を採用しており、非常に緩やかな基準で男女計平均賃金を採用している点で特徴的です。

3　②生活費控除率について

　そもそも、生活費控除とは、被害者が死亡した場合に、存命であれば必要であった収入を得るための生活費の支出を免れることから、損益相殺の考え方に基づき、逸失利益算定に当たり被害者本人の生活費を控除するというものです。

もっとも、実際に支出を免れた生活費の金額を個々に認定することは困難であることから、被害者の所得、生活状況、被扶養者の有無・人数、性別等を勘案し、生活費控除率を決定しています。

そして、独身等の男性の場合には、生活費控除率は50％であり、女性については、生活費控除率は30％とされるのが通常です。

もっとも、本裁判例も判示するとおり、一般的に女性の生活費控除について30％ないし40％という数字が採用される趣旨は、基礎収入として低額な女性平均賃金を採用することとの関係で最終的な結論の妥当性を確保する点もあります。そのため、女性について男女計の平均賃金を算定する場合には、かかる趣旨が妥当しません。

そのため、男女計の平均賃金で逸失利益算定をする場合には、生活費控除率を30％ないし40％ということは妥当ではなく、一方で、男女計の平均賃金と男性平均賃金とでは差があること、男性と女性では実際に支出する生活費の額にもおのずと差異が生じることは否定できないことから、生活費控除率は、男性と女性の間をとって、45％としたものと考えられます（**事例〔101〕**も同様の理由で生活費控除率を45％としています。）。

第8章　その他　　327

〔118〕　将来調理師として稼働する蓋然性が高い専門学校生（19歳）が死亡
　　　　した事案につき、調理師の平均年収は男性労働者の平均賃金を下回る
　　　　ものの、死亡時19歳という若年者であることなどを考慮し、男性労働
　　　　者学歴計全年齢の平均賃金を基礎収入とした事例

（名古屋地判平27・5・11交民48・3・549）

事件の概要

事故の状況：加害者側に一時停止規制のある信号機による交通整理の行われていない
　　　　　　交差点において、直進していた被害車両（普通自動二輪車）に対し、右
　　　　　　方道路から加害車両（普通乗用自動車）が進行してきたため、これを避
　　　　　　けようとした被害者が制動措置を講じ転倒、滑走して加害車両に衝突し、
　　　　　　被害者が死亡。
被　害　者：専門学校生・男性・19歳
事故日時：平成24年2月19日・PM6:40頃

判決内容

基礎収入	529万6,800円（平成24年賃金センサス・男性労働者学歴計全年齢平均賃金）

　被害者（平成4年○月○日生）は、本件事故当時Ａ専門学校で学ぶ学生であり、両親
との間で、料理に関する話をし、将来は空き店舗があるので、そこで和食屋など何か
飲食店でもすればいいのではないかという話をするなど、調理師になって親と共に店
舗を経営するという夢を抱いていた。

　かかる事情からすれば、被害者が将来、調理師等として稼働する蓋然性は高かった
ものと見込まれるところ、平成23年賃金センサスによれば調理師の平均年収は、328万
0,800円であって、男性労働者の平均賃金を下回る。

　しかしながら、被害者が本件事故当時19歳と若年であることや、学んでいたのは食
品技術管理専門士科であって、証拠によれば調理師のみに限定された科目を学んでい
たわけではないと認められることなどを考慮すると、その職業選択の内容は必ずしも
限定されたものではなかったということもできる。

かかる事情を考慮すると、被害者の基礎収入については、平成24年賃金センサス男性労働者学歴計全年齢平均賃金529万6,800円とするのが相当である。

生活費控除率	50%

被害者が独身男性であることから、生活費控除率は50%とするのが相当である。

就労可能期間	47年間（20〜67歳）

その就労可能年数は専門学校を卒業する20歳（死亡時より1年後）から67歳（同じく48年後）までの47年間と認められる。

コメント

1　本件は、専門学校の食品技術管理専門士科の1年生に所属していた男子が死亡した事故における逸失利益の基礎収入につき、逸失利益算定の基礎収入は調理師の平均賃金によるべきであるとの加害者側の主張を排斥し、賃金センサスにおける男性労働者学歴計全年齢平均年収を基礎とすべきと判示した裁判例です。

2　学生・生徒・幼児等の逸失利益算定における基礎収入額は、賃金センサス第1巻第1表産業計、企業規模計、学歴計、男女別全年齢平均の賃金額を基礎とするのが原則となっています（『赤い本』2018年版上巻153頁）。

　　もっとも、専門学校生や大学生の場合には、将来得られるであろう相当程度に蓋然性のある収入額を認定する基礎となる個別の事情を立証することも十分に可能であると考えられるので、かかる事情が具体的に立証された場合には、その事情を基にした収入額を認定するものと考えられます。

　　本裁判例においては、「被害者が将来、調理師等として稼働する蓋然性は高かった」と認定しているにもかかわらず、調理師の平均年収ではなく、男性労働者学歴計全年齢平均賃金を基礎収入とした点に特徴があります。

3　被害者が将来調理師として稼働する蓋然性が高かったのであれば、調理師の平均年収を基礎収入として逸失利益を算定すべきと考えられます。実際に、加害者側は調理師の平均年収を基礎として逸失利益を算定すべきと主張しているのですから、その蓋然性が認定できるのであれば、その事実を前提として判断すべきです。

しかし、本裁判例では、「被害者が本件事故当時19歳と若年であることや、学んでいたのは食品技術管理専門士科であって、〔証拠〕によれば調理師のみに限定された科目を学んでいたわけではないと認められる」といった事実から、男性労働者学歴計全年齢平均賃金を基礎収入とすべきと判示しています。

かかる判示からすると、本裁判例は、裁判上顕出された事実からすると、被害者が調理師「等」として稼働する蓋然性は認められるものの、「調理師」として稼働する蓋然性は認められず、結論として、賃金センサス第1巻第1表産業計、企業規模計、学歴計、男女別全年齢平均によるという原則を覆す立証がされたとはいえないため、原則どおり男性労働者学歴計全年齢平均賃金を基礎収入としたものと考えられます。

そのため、被害者が「調理師」として将来稼働する蓋然性が認められる程度の立証を加害者側がしていた場合には、「調理師」の平均年収を基礎収入とした逸失利益算定が認められるものと考えられます。

330　　　第8章　その他

〔119〕　女児の後遺障害につき、後遺障害別等級表・労働能力喪失率と異な
る主張をした加害者の主張を排斥した事例

(横浜地川崎支判平28・5・31交民49・3・682)

$$\boxed{\text{事件の概要}}$$

事故の状況：加害車両が信号のない交差点を左折中に、横断歩道を歩行中の女児に衝
　　　　　　突。
被　害　者：幼児・女性・3歳
事 故 日 時：平成23年3月3日・AM11:30頃
受 傷 内 容：左前頭葉急性硬膜下血腫、外傷性くも膜下出血、後頭骨骨折、左腎茎部
　　　　　　損傷（左無機能腎）、後腹膜血腫、左肺挫傷、右第10・11肋骨骨折、両側
　　　　　　気胸等
入通院状況：入院35日、通院345日（実日数10日）
後 遺 障 害：症状固定日不明、13級11号「胸腹部臓器の機能に障害を残すもの」（左腎
　　　　　　臓機能喪失）

$$\boxed{\text{判 決 内 容}}$$

基礎収入	470万5,700円（平成21年賃金センサス全労働者学歴計全年齢平均賃金）

　女子年少者の逸失利益の計算における基礎収入額は、女性労働者の全年齢平均では
なく、男女を含む全労働者の全年齢平均で算定するのが一般的であり（『赤い本』2016年
版上巻99頁）、本件においてこれと別異に解すべき特段の事情は認めることができない。
そして、症状固定時である平成23年又は本件口頭弁論終結時に近い平成26年の賃金セ
ンサスによる全労働者の学歴計全年齢平均賃金は、いずれも被害者主張の470万5,700
円（平成21年賃金センサス）を下回らないから（『赤い本』2016年版上巻396頁）、これを採
用することができる。

労働能力喪失率	9%

　不法行為により後遺症を負った幼児ないし年少者について、その者が将来得べかり

し利益を喪失したことによる損害の額を算定することは極めて困難であるといわざるを得ないが、その算定困難の故をもってたやすくこれを否定し、その被害者の救済を慰謝料の算定に求めることは妥当なことではない。幼児ないし年少者の場合における逸失利益の認定については、一般の場合に比し不正確さが伴うにしても、裁判所は、被害者側が提出するあらゆる証拠資料に基づき、経験則とその良識を十分に活用して、でき得る限り蓋然性のある額を算出するよう努めるべきである。

後遺障害別等級表は、生理学的観点から、障害に係る部位の機能の面に重点を置いて労働能力に及ぼす影響を考慮して評価される労働能力喪失の程度によって配列されているものであるから、被害者に認められる後遺症の部位、程度によってその配列の中から認定される後遺障害等級は、労働能力の喪失の程度の評価において一定の合理性を有しているものということができる。そして、これに応じて定められる上記労働能力喪失率表による労働能力喪失率は、労働能力の喪失による逸失利益の認定において有力な資料となることを否定することはできない。

そこで、被害者の後遺障害等級及びその労働能力喪失率の主張立証は、被害者側が提出する有力な証拠資料としてそれに見合った労働能力の喪失の程度及びこれによる逸失利益があることを事実上推定させ、これにより一応の立証がされるものと解するのが相当である。

そして、逸失利益の認定に係る考慮要素が極めて限定される特殊性のある幼児ないし年少者の場合の逸失利益の認定の場合には、そうではない成人の場合の逸失利益の認定の場合と比較して、後遺症の部位、程度の認定に応じた後遺障害等級の労働能力喪失率に見合った労働能力の喪失の程度及びこれによる逸失利益があることの事実上の推定力は、相対的に増すこととなり、これに反する特段の事情の主張立証のない限り、その立証がされたものと解するのが相当である。

そして、被害者においては、残存する右腎臓の腎機能にできるだけ負担をかけない生活上の不利益を受け、あるいは就労上の配慮を要することになることが十分に予測することができるのであり、殊に右腎臓が外傷や疾患によりその機能を失ったときは腎機能が全廃になり、透析療法か腎移植の療法によらざるを得なくなり、場合によっては生命を失う危険性もあることから、そのような生活上、就労上の配慮が欠かせないと考えられる。

したがって、被害者の将来の就労期間における職業の選択及び就労上の制限として、重労働の職種や夜間、特に深夜労働に及ぶ職種を避けることとなり、また、そのような労働活動を避けたり、就労時間にも配慮する等の労働生活上の不利益を受けることになると推認することが可能である。さらに、そのような就労上の配慮をしながら労働生活を送ることを余儀なくされるため、その労働活動に対する勤務評価に影響し、

昇進、昇級や転職等に影響を及ぼすおそれがあると認められる。

そして、被害者は左腎機能の全廃により後遺障害等級13級の認定を受けているから、将来の就労期間において、その労働能力喪失率である9%程度の労働能力を喪失しており、これに見合った逸失利益があると事実上推定され、一応認めることができるところ、これに加えて上記説示の被害者に係る現在及び将来にわたる諸事情を総合して考慮すると、その程度の逸失利益があるものと優に認められ、この認定を左右するに足りる証拠はない。

就労可能期間	49年間（18〜67歳）

コ メ ン ト

本件は、左腎臓機能全廃の障害を負った3歳女児の被害者に関する事例で、加害者は、左腎臓の機能は喪失しているものの、右腎臓機能が残存していることで、腎機能について何らの問題が生じておらず、労働能力が喪失したとはいえないとして、逸失利益の発生自体を争いましたが、裁判所は、後遺障害等級表と同表記載の労働能力喪失率は、逸失利益の発生を事実上推定させ、一応の立証がなされるものとしつつ、被害者が年少者であるという特殊性も加味して、逸失利益発生を肯定しました。

この点、胸腹部臓器に関する障害については、後遺障害該当性自体は認定されるものの、人体への影響がない等として、労働能力喪失の有無自体が争われることがあり、その場合、被害者には、具体的影響についての立証が求められることがあります。

本件では、年少者の場合、逸失利益算定の考慮要素が制限され、将来的な逸失利益認定が困難であるとの立証困難性を考慮し、後遺症の部位、程度についての証拠が被害者から提出された場合、その等級の労働能力喪失率に見合った労働能力の喪失に反する特段の事情が加害者から主張立証がなされない限りは、後遺障害等級表記載の労働能力喪失率が認定されるべきとの判断をしました。

本件では、年少者の被害者において、後遺障害該当性が認められる場合には、後遺障害等級の労働能力喪失率に見合った労働能力の喪失の程度及びこれによる逸失利益があることについて、事実上の推定が働き、加害者の側に特段の事情の主張立証を求める等、踏み込んだ判示をしており、年少者事例における、判断の一例として、参考になる事案といえます。

第8章　その他　　333

〔120〕　死亡した男子高校生（15歳及び16歳）の逸失利益算定について、特
段の事情がない限り、男性学歴計全年齢平均賃金を基礎収入として逸
失利益を算定するのが相当であるとした事例

（東京地判平28・7・19交民49・4・900）

事件の概要

事故の状況：被害者Bが運転し、被害者Cが同乗していた（以下BとCを併せて「被
害者ら」という。）普通自動二輪車の後部に対して、80km/hで走行して
いた仮眠状態の加害者運転の加害車両（中型貨物自動車）前部が衝突し、
被害者らを加害車両の底部に巻き込むなどして被害者らが死亡。

被　害　者：（被害者B）高校生・男性・16歳

（被害者C）高校生・男性・15歳

事　故　日　時：平成25年11月23日・AM1：22頃

判 決 内 容

基礎収入	524万1,000円（平成25年賃金センサス男性学歴計全年齢平均賃金）

　本件事故当時、被害者B（本件事故当時16歳）は都立工業高校の機械科の学生であ
り、被害者C（本件事故当時15歳）は私立高校の学生であったから、被害者らが男性
学歴計全年齢平均賃金を得られないと認めるに足りる特段の事情がない限り、男性学
歴計全年齢平均賃金を基礎収入として被害者らの逸失利益を算定するのが相当であ
る。

　しかし、本件全証拠によってもそのような特段の事情は認められないから、被害者
らの逸失利益は、本件事故が発生した平成25年の男性学歴計全年齢平均賃金年額524
万1,000円を基礎収入として算定するのが相当である。

生活費控除率	50%

就労可能期間	49年間（18〜67歳）

コメント

1　本件は、本件事故当時15歳及び16歳の男子高校生が死亡した事案について、被害者側は学歴計の賃金センサスを基準に逸失利益を算定すべきであると主張したのに対し、加害者側は高校卒の賃金センサスを基準に基準逸失利益を算定すべきであると主張していたところ、裁判所は、被害者らが男性学歴計全年齢平均賃金を得られないと認めるに足りる特段の事情がない限り、男性学歴計全年齢平均賃金を基礎収入として被害者らの逸失利益を算定するのが相当とした事例です。

2　『赤い本』（2018年版上巻153頁）によると、学生・生徒・幼児等については、賃金センサス第1巻第1表の産業計、企業規模計、学歴計、男女別全年齢平均の賃金額を基礎とするとしており、本裁判例は、高校生の死亡事案について、かかる一般論を認めた裁判例と考えられます。

3　本裁判例は、高校生であったという事実から、「特段の事情」がない限り、男性学歴計全年齢平均賃金を基礎収入とすべきであると判示しています。そうだとすれば、高校生であるという事実が主張された場合、学歴計以外の賃金センサスを主張する者が、「特段の事情」の基礎となるべき事実を主張立証しなければならないものと考えられます。

　一方で、高校生の死亡につき、大学卒の賃金センサスを基礎収入と認めた裁判例としては、**事例〔103〕、横浜地裁平成6年10月13日判決（交民27・5・1403）、京都地裁平成23年3月11日判決（交民44・2・357）**等があります。

　これらの裁判例は、被害者らが大学を卒業する（高度な）蓋然性を認定することによって、大学卒の賃金センサスを基礎収入として認めています。

第3　家事従事者（主婦・主夫）

〔121〕　脊柱の変形障害、腰の痛み及びかたさの症状（8級）、右膝の痛み、かたさの症状（12級13号）の後遺障害（併合7級）を残す75歳女性の被害者につき、被害者の子2人と3人暮らしであること、被害者は家事に従事しつつ、被害者の子の介護も行っていること、被害者は事故時75歳であったことから、賃金センサス女性学歴計全年齢計355万9,000円の8割である284万7,200円を基礎とした事例

(東京地判平25・11・26交民46・6・1501)

事件の概要

事故の状況：停止車両間を通り抜けて横断歩行中の被害者と車線変更をしてきた加害車両が衝突。

被　害　者：家事従事者・女性・症状固定時75歳（事故時75歳）

事 故 日 時：平成23年1月22日・PM2：15頃

受 傷 内 容：腰椎圧迫骨折、右膝関節内粉砕骨折、右足部挫傷、右足関節捻挫

入通院状況：入院119日、通院（実日数）11日

後 遺 障 害：症状固定日平成23年8月17日、併合7級（8級「脊柱に中程度の変形を残すもの」（脊柱の変形障害、腰の痛み及びかたさの症状）、12級13号「局部に頑固な神経症状を残すもの」（右膝の痛み、かたさの症状））

判 決 内 容

基礎収入	284万7,200円（平成23年賃金センサス女性学歴計全年齢計355万9,000円の80％）

　被害者は、被害者の子であるA及びBと3人暮らしであること、Aは主として自宅で仕事をしているため、在宅していることが多く、被害者らはAの収入で生活していること、Bはうつ病により精神科に通院し、障害年金を受給している状況にあり、家事はできないこと、被害者は家事に従事しつつ、Bの介護も行っていること、被害者は

本件事故当時75歳であったことが認められ、これらを総合すると、本件事故と相当因果関係のある被害者の基礎収入は、平成23年賃金センサス女性学歴計全年齢計355万9,000円の80%である284万7,200円とするのが相当である。

労働能力喪失率	56%

　被害者の脊柱変形は後遺障害等級表8級に認定されているのであって、減少した全ての錐体の後方錐体高の合計と減少後の前方錐体高の合計との差が、減少した錐体の後方錐体高の1個当たりの高さの50%以上となり後弯が生じていること、右膝関節内骨折後の不整癒合により、関節を動かすとき、加重時及び歩行時などに痛みが生じること、被害者は、腰を曲げることができず、靴下の着脱等には時間がかかり、長時間起立すると脚と腰が痛くなり、中腰やしゃがんで行う作業ができず、長時間の歩行には杖が必要であることが認められることからすれば、被害者の後遺障害逸失利益算定のための労働能力喪失率は、56%と認められる。

就労可能期間	7年間（平均余命の約半分）

　被害者の年齢に対応する平均余命は15.16年であるから、被害者は、その約半分である7年間は稼働が可能であり、同期間、本件後遺障害によって労働能力を喪失したと認めるのが相当である。

コメント

　本件の被害者は75歳であり、いわゆる高齢の主婦ということができるでしょう。

　ところで、主婦の後遺障害逸失利益を算定するための基礎収入については、一般的には、女性全年齢・学歴計・平均賃金を利用することとされています。

　しかしながら、かかる平均賃金が利用されているのは、主婦の行う家事労働の対価としては、平均賃金を利用するのが妥当であるという事実認定の結果であり、主婦＝平均賃金を稼いでいるとされているわけではありません。

　そうすると、高齢主婦の場合、一般的には、同人の行っている家事労働については、若年主婦よりも減少していく傾向にあります。これは、高齢主婦になれば、子らも独

第8章　その他　　337

立して行うべき家事労働が減少することのみならず、高齢であることから、一日の間に行うことができる家事労働が減少していく、という二つの側面からの帰結でしょう。

　そうであるとすれば、高齢主婦の後遺障害逸失利益を積算するための基礎収入については、その余の主婦の場合と比較して、多少なりとも減額させるべきではないか、ということとなります。

　かかる結論そのものについては、おおむね問題はないと思われます。

　本裁判例も、被害者の家事労働の内容や、家族環境等を詳細に認定し、平均賃金の8割を根拠としたものです。

　その意味では、非常に参考となります。

　ところで、前記のとおり、高齢主婦の基礎収入について減額させるべきだとして、何歳をもって高齢であると認定されるのか、という点を明言した文献は見当たりませんし、実務上、不明確な部分があります。

　そこで、本事例末尾に、おおむねここ3年間に自保ジャーナルに記載された症状固定時50歳以降の後遺障害逸失利益を算定した裁判例、及び、Westlaw JAPANに高齢主婦（主夫）として掲載されている裁判例をほぼ全てピックアップして、症状固定時の年齢順に並べ替えました（後掲【50歳以上の主婦（主夫）関係裁判例一覧表】参照）。

　これを見れば分かるとおり、おおむね57歳までは、平均賃金どおりの認定がなされていることが分かります（基礎収入の額そのものについては、賃金センサスが毎年変更されますので、多少前後はあります。）。

　他面、57歳～65歳となると、平均賃金より多少減額している裁判例が見受けられ、おおよそ半数程度の事例が賃金センサスのまま、おおよそ半数程度が減額しているものとなっています。

　そして、65歳以降となると、多くの事例が平均賃金を減額させており、特に75歳以降となると減額していない裁判例が見当たらない結論となりました。

　以上からすれば、現時点での裁判例の傾向としては、57歳までは、高齢主婦とはいえず、65歳以降はおおむね高齢主婦ということができ、その間の年齢については、具体的な実情に応じて、適宜検討されるということとなっているものと思われます。

　もっとも、いずれの裁判例も、比較的詳細に家事労働の内容を認定していることから、年齢のみで判断されるというものではありません。

　よって、年齢のみで被害者側・加害者側の主張立証が事足りるという趣旨ではないことに注意をするべきです。

【50歳以上の主婦（主夫）関係裁判例一覧表】

番号	裁判所	判決年月日	被害者年齢（事故時）	被害者年齢（症状固定時）	基礎収入	基礎収入備考	備考	出典等
1	最高裁	平成29年2月21日決定	49歳	50歳	¥3,502,200	全年齢女性平均	原審：東京高判平28・9・14	自保2014・15
2	東京地裁	平成12年7月28日判決	49歳	50歳	¥3,294,200	全年齢女性平均		交民33・4・1270
3	名古屋地裁	平成27年6月26日判決	53歳	55歳	¥3,547,200	全年齢女性平均	有職主婦	自保1954・77
4	大阪地裁	平成29年12月6日判決	55歳	56歳	¥3,539,300	全年齢女性平均		自保2015・165
5	東京地裁	平成17年7月21日判決	52歳	56歳	¥3,522,400	全年齢女性平均	専業主婦	交民38・4・976
6	名古屋地裁	平成27年1月14日判決	55歳	57歳	¥3,489,000	全年齢女性平均	有職主婦	自保1943・65
7	京都地裁	平成27年9月9日判決	56歳	58歳	¥2,988,600	60～64歳女性平均	有職主婦	自保1961・82
8	東京地裁	平成19年12月20日判決	57歳	58歳	¥3,498,200	全年齢女性平均		交民40・6・1666
9	横浜地裁	平成28年7月15日判決	59歳	59歳	¥3,547,200	全年齢女性平均		自保1984・102
10	名古屋地裁	平成27年6月22日判決	58歳	59歳	¥3,539,300	全年齢女性平均		自保1956・169
11	大阪地裁	平成29年1月31日判決	58歳	60歳	¥3,108,500	60～64歳女性平均		自保1999・137
12	大阪地裁	平成27年4月24日判決	58歳	60歳	¥3,539,300	全年齢女性平均	縫製業自営の兼業主婦	自保1951・150
13	東京地裁	平成27年3月18日判決	59歳	61歳	¥2,093,400	全年齢女性平均の6割	古物商兼家事従事者	自保1950・96
14	札幌地裁	平成27年2月27日判決	60歳	61歳	¥3,559,000	全年齢女性平均	主婦、夫経営ダンス教室取締役・インストラクター	自保1945・46
15	神戸地裁	平成26年11月5日判決	60歳	61歳	¥2,971,100	60～64歳女性平均		自保1943・154
16	名古屋地裁	平成18年7月28日判決	60歳	61歳	¥3,498,200	全年齢女性平均		交民39・4・1112
17	名古屋地裁	平成27年1月23日判決	61歳	62歳	¥3,559,000	全年齢女性平均	有職主婦	自保1944・96
18	仙台地裁	平成27年3月25日判決	62歳	63歳	¥2,682,600	高卒63歳女性平均	有職主婦	自保1957・108
19	名古屋地裁	平成29年7月14日判決	62歳	64歳	¥2,836,800	64歳平均		自保2006・76
20	名古屋地裁	平成29年6月23日判決	63歳	64歳	¥2,964,200	60～64歳女性平均		自保2005・85
21	さいたま地裁	平成28年12月1日判決	64歳	65歳	¥3,547,200	全年齢女性平均		自保1993・42
22	名古屋地裁	平成27年9月7日判決	65歳	65歳	¥2,002,840	65～69歳女性平均の7割程度		自保1959・101
23	大阪地裁	平成29年4月20日判決	65歳	66歳	¥2,338,400	65～69歳女性平均の80%		自保2002・55
24	名古屋地裁	平成28年8月10日判決	65歳	66歳	¥2,790,400	65～69歳女性平均		自保1985・139

第8章　その他

No.	裁判所	判決	年齢	年齢	金額	基準	備考	出典
25	神戸地裁	平成28年1月28日判決	65歳	66歳	¥2,740,500	65～69歳女性平均	被告との間で争いなし	自保1970・13
26	名古屋地裁	平成28年5月25日判決	65歳	67歳	¥2,859,600	65～69歳女性平均		自保1981・15
27	名古屋地裁	平成21年11月25日判決	65歳	67歳	¥2,861,400	60～64歳女性平均	専業主婦／年齢は請求額から推測	判時2071・71
28	神戸地裁	平成12年9月14日判決	64歳	67歳	¥2,971,200	65歳以上女性平均		Westlaw
29	東京高裁	平成28年11月17日判決	68歳	70歳	¥3,559,000	全年齢女性平均	原審：横浜地相模原支判平27・11・24／パート兼家事従事者	自保1990・1
30	東京地裁	平成28年2月15日判決	70歳	70歳	¥960,000	実収入	飲食店を夫と営む主婦	自保1971・104
31	さいたま地裁	平成27年12月17日判決	68歳	71歳	¥3,559,000	全年齢女性平均	加害者との間で争いなし	自保1968・61
32	大阪地裁	平成23年12月13日判決	71歳	72歳	¥2,434,000	70歳以上女性平均		交民44・6・1574
33	名古屋地裁	平成29年11月1日判決	72歳	73歳	¥2,956,000	70歳以上女性平均の80%		自保2013・134
34	名古屋高裁	平成26年11月13日判決	72歳	73歳	¥2,195,520	65歳以上平均の80%	原審：名古屋地判平26・5・30	自保1949・1
35	大阪高裁	平成23年4月25日判決	71歳	73歳	¥2,744,400	65歳以上女性平均		交民44・2・556
36	福島地裁郡山支部	平成29年3月16日判決	73歳	74歳	¥3,191,900	全年齢平均（？）	判決文及び当事者の主張には、平成26年の女性・全年齢の賃金センサスが319万1,900円と記載されているが、実際には70歳以上の賃金センサスである	自保2004・13
37	広島高裁	平成28年1月22日判決	73歳	74歳	¥3,200,000	全年齢平均を前提としつつ相応に考慮	原審：山口地萩支判平27・2・20／兼業主婦	自保1970・77
38	大阪地裁	平成27年5月27日判決	74歳	75歳	¥2,403,840	70歳以上女性平均の80%		自保1953・1
39	東京地裁	平成25年11月26日判決	75歳	75歳	¥2,847,200	全年齢女性平均の80%		交民46・6・1501
40	東京地裁	平成28年1月22日判決	75歳	76歳	¥2,956,000	70歳以上女性平均		自保1972・140
41	大阪地裁	平成27年7月29日判決	77歳	78歳	¥850,560	70歳以上女性平均の30%		自保1958・70
42	大阪地裁	平成27年3月3日判決	77歳	78歳	¥2,287,680	65～69歳女性平均の80%		自保1948・106
43	大阪地裁	平成28年12月12日判決	78歳	79歳	¥2,317,520	70歳以上女性平均の8割		自保1994・14
44	東京地裁	平成16年2月9日判決	78歳	79歳	¥1,147,320	65歳以上女性平均		交民37・1・176
45	京都地裁	平成23年7月1日判決	78歳	80歳	¥2,059,500	全年齢女性平均の6割		交民44・4・880
46	横浜地裁	平成29年8月23日判決	80歳	81歳	¥2,553,520	70歳以上女性平均の8割		自保2008・75
47	名古屋地裁	平成27年9月30日判決	80歳	81歳	¥2,896,900	70歳以上女性平均		自保1958・99
48	仙台地裁	平成28年1月8日判決	81歳	82歳	¥1,200,000	70歳以上女性平均の約4割		自保1973・106
49	東京高裁	平成28年12月27日判決	82歳	83歳	¥2,268,160	70歳以上女性平均の8割	原審：東京地判平28・6・29	自保1996・1

340　第8章　その他

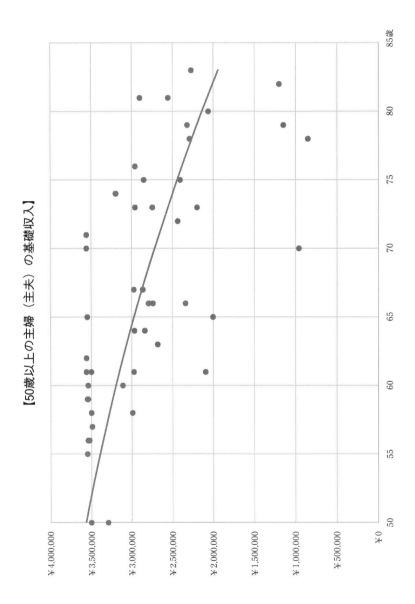

【50歳以上の主婦（主夫）の基礎収入】

第8章　その他　　　341

〔122〕　左下肢痛等（14級9号）の後遺障害を残す52歳男性の被害者につき、
　　　　自営でパソコンメンテナンスサービス業のほか、新聞配達などのアル
　　　　バイトに従事し、日中は家事を行っていたものの、妻も家事労働の一
　　　　部を分担していたと推認されることから、賃金センサス女性労働者の
　　　　全年齢平均賃金の8割である291万円余を基礎とした事例

（横浜地判平28・10・31交民149・5・1323）

事件の概要

事故の状況：交差点を左折しようとしていた被害車両（普通乗用車）に、後続してい
　　　　　　た加害者運転にかかる普通貨物自動車が追突。
被　害　者：自営業兼主夫・男性・症状固定時52歳
事 故 日 時：平成26年7月20日・AM7：35頃
受 傷 内 容：頸椎捻挫、腰椎捻挫
入通院状況：通院約7か月（実日数124日）
後 遺 障 害：症状固定日平成27年2月25日、14級9号「局部に神経症状を残すもの」（左
　　　　　　下肢痛、しびれ）

判 決 内 容

基礎収入	291万2,960円（平成26年賃金センサス女性学歴計全年齢平均賃金の8割）

　被害者は、事故前に会社を退職後、自営でパソコンメンテナンスの仕事をするだけ
で日中在宅することの多い生活になったため、元々一定程度分担していた家事を全面
的に引き受けることになったという被害者の説明に特に不自然な点があるとはいえ
ず、もっとも、妻も家事労働の一部を分担していたと推認されるから家事従事者とし
ての被害者の基礎収入は、平成26年女性学歴計全年齢平均賃金の8割とするのが相当
である。

労働能力喪失率	5%

　被害者は、14級の後遺障害が残存する結果が生じたことが認められ、左下肢痛やし

びれの症状は立ち仕事が多い家事労働に一定の支障を生じさせることは明らかである
から、5％の労働能力喪失を認めるのが相当である。

就労可能期間	5年間（52〜57歳）

　被害者は、14級の後遺障害が残存する結果が生じたことが認められ、左下肢痛やし
びれの症状は立ち仕事が多い家事労働に一定の支障を生じさせることは明らかである
から、5年間の労働能力喪失期間を認めるのが相当である。

コメント

　本件裁判例は、次のようにも述べています。
　すなわち、「世帯における家事労働を誰がどの程度行うかは、収入の多寡、就労時間
の長短だけで決まるものではなく、あくまで個々の家族の実態に即して認定するほか
ない」ということです。
　本件被害者家族は、妻が事故の約10年前からフルタイムで稼働することとなり、他
面、被害者本人は事故の約6年前に勤めていた会社を退職し、自営でパソコンメンテナ
ンスの仕事をし、また新聞配達のアルバイトをしつつ、家事に従事していました。
　いわゆる兼業主夫であり、兼業である点のみならず、男性であるという点で、通常
の主婦の後遺障害逸失利益が問題となる事案とは異なるものです。
　これにつき、裁判所は、前記のとおり被害者家族の事情を詳細に認定し、また、被
害者本人の家事労働の程度を認定し、基礎収入につき、女性全年齢平均賃金の8割とし
て認定しました。
　もちろん、事例判例であり、規範的な部分がそれほどあるわけではありませんが、
兼業主夫も、兼業主婦も同様に考えられるべきであるということを示した参考となる
裁判例であるといえるでしょう。

第8章　その他　343

〔123〕　頸部痛、左右上肢のしびれ、体幹のしびれ、腰痛等の神経症状（併合14級）の後遺障害を残す37歳男性の被害者につき、症状固定時において無職ではあったものの、父として息子の面倒を見るため家事に従事していたとし、賃金センサス女性労働者の全年齢平均賃金364万円余を基礎とした事例　　　　　　　　（名古屋地判平29・6・9自保2005・156）

事件の概要

事故の状況：被害者が乗用車を運転中、警報機が鳴る踏切内で、加害者が運転する対向乗用車に衝突（電車と衝突した事案ではない。）。
被　害　者：家事従事者・男性・症状固定時38歳（事故時37歳）
事 故 日 時：平成25年11月26日・PM10：35頃
受 傷 内 容：左肋軟骨骨折、右肺挫傷、頸部挫傷、腰部挫傷
入通院状況：通院（実日数）125日
後 遺 障 害：症状固定日平成26年10月31日、併合14級（頸部痛、左右上肢のしびれ、体幹のしびれ、腰痛等の神経症状）

判　決　内　容

基礎収入	364万1,200円（平成26年賃金センサス女性労働者・学歴計・全年齢平均賃金）

　被害者は、事故当時37歳で無職ではあったものの、自宅において両親と小学生の息子（当時9歳）の4人暮らしであり、父親として息子の面倒を見るために家事に従事していたことからすれば、少なくとも家事労働分については、後遺障害逸失利益の基礎収入として算定することができる。

　よって、その基礎収入としては、症状固定時の平成26年の賃金センサス（女性・学歴計・全年齢平均）364万1,200円によるのが相当である。

労働能力喪失率	5%

　被害者の後遺障害の程度が併合14級であることからすると、労働能力喪失率は、5%として計算するのが相当である。

就労可能期間	5年間（38〜43歳）

被害者の後遺障害の程度が、併合14級であることからすると、労働能力喪失期間としては5年として計算するのが相当である。

コメント

本件の被害者は、事故時無職であり、いわゆる収入を得ていませんでした。

しかしながら、前記のとおり、裁判例は、被害者が自宅において両親と小学生の息子（当時9歳）の4人暮らしであり、父親として息子の面倒を見るために家事に従事していたこと、すなわち家事労働をしていたことを認定し、主夫として基礎収入を認定しました。

本事案の中心的争点は、被害者の後遺障害の等級ですが（被害者は、自身の後遺障害等級を7級であると主張しています。）、いわゆる主夫の基礎収入認定事例としては、参考になるものと思われます。

なお、主夫は男性であることから、男性の平均賃金を利用するべきではないか、という議論もないわけではありませんが、そもそも主婦及び主夫の基礎収入については、家事労働の対価性を幾らとみるべきか、という点についての事実認定の問題であり、男性であろうと女性であろうと家事労働の内容は同じであるということからすれば、主夫であったとしても、主婦と同様の基礎収入として積算すべきであるとされています。

よって、主夫も主婦と同様、女性全年齢の賃金センサスを用いて、基礎収入が認定されるべきであると思われます。

第8章　その他　　　345

〔124〕　頭部、後頸部、腰部などの疼痛（14級9号）の後遺障害を残す31歳女性の被害者につき、事故時家事に従事していたほか、求職中であったことから、賃金センサス女性・高専・短大卒30〜34歳平均賃金375万円余を基礎とした事例

（最決平29・6・20自保2006・1）

事件の概要

事故の状況：丁字路交差点の直進路方面から突き当たり路方面に向けて、横断歩道を自転車に搭乗しながら横断しようとしていた被害者と、突き当たり路から右折しながら直進路に走行してきた大型乗用車が衝突。

被　害　者：家事従事者（求職中）・女性・症状固定時32歳（事故時31歳）

事 故 日 時：平成17年3月31日・AM9：40頃

受 傷 内 容：頭部打撲、頸椎捻挫、右肩関節打撲等

入通院状況：入院35日、通院約9年

後 遺 障 害：症状固定日平成18年3月31日、14級9号「局部に神経症状を残すもの」（頭部、後頸部、腰部等の神経症状）

判 決 内 容

基礎収入	375万5,000円（賃金センサス平成17年第1巻第1表の女性労働者・産業計、高専・短大卒、30〜34歳平均賃金）

　被害者は、本件事故当時、再就職の話があったことは認められるが、その雇用条件等はまだ決まっていなかったことからすると、基礎収入は、賃金センサス平成17年第1巻第1表の女性労働者、産業計、高専・短大卒、30〜34歳の375万5,000円とするのが相当である。

労働能力喪失率	5%

　被害者は、後遺障害等級14級に該当すると認められ、その労働能力喪失率は5％である。

就労可能期間	8年間（32～40歳）

本件事故の態様や被害者の症状等からすると、労働能力喪失期間は8年とするのが相当である。

コメント

本件裁判例の最も中心的な争点は、被害者が、本件事故により脳髄液減少症に罹患したのかどうか、という点です。この点を中心とした議論が繰り広げられ、裁判所は、第一審、第二審共にこれを否定し、被害者は上告をしましたが、上告は受理されませんでした。その意味では、兼業しようとしている主婦の基礎収入を中心とした議論が繰り広げられているわけではありませんので、本件が何らかの指針となるというものではありません。

しかしながら、被害者は、事故前に稼働していた際の給与の手取り平均額が、月額39万1,365円であることから、事故がなければ同額の収入を得ることができたはずであるとして、基礎収入として年額469万6,380円を主張していました。

これにつき、裁判所は、前記のとおり判断し、学歴を参考に、高専・短大卒の女性平均賃金にて基礎収入を算定しました。

事例判例ではありますが、兼業主婦の基礎収入を認定するに際して、参考となると思われます。

なお、兼業主婦の基礎収入については、勤務先からの給与等の収入と、家事労働の対価としての収入の二つの側面があります。そうすると、安易に考えれば、兼業主婦の基礎収入については、勤務先からの収入に、賃金センサスを加算して積算するべきではないか、とも思われますが、実務の大勢はそのようには考えてはいません。

なぜなら、本来主婦業は、24時間労働であり、その主婦労働全体の経済的価値を平均賃金をもって評価しようとしているのですから、その一部の時間をさいて現実のパート収入を得たとしても、それは主婦労働の一部が現実収入のある別の労働に転化したにすぎないからであるといわれています（『青本』2018年版85頁）。

なお、この点に関して、分類分けするならば、次のとおりです。

すなわち、兼業主婦の勤務先からの収入が、賃金センサスよりも少額な場合、すなわち、パート・アルバイト若しくはフルタイムであったとしても平均賃金を超えないような場合には、あくまで、家事労働の対価としての収入のみで検討され、勤務先か

らの収入については、考慮されないのが一般的です（参考として京都地判平28・8・30自保1986・51等参照）。なお、この趣旨の裁判例は非常に多く、検索も容易です。

　他面、兼業主婦の勤務先からの収入が、賃金センサスを超える場合、当該勤務先からの収入のみを基礎収入として検討されるのが一般的です（参考として鹿児島地判平28・12・6自保2001・1参照）。

　これと異なり、兼業主婦の勤務先からの収入と、賃金センサスの額が、非常に似通っている場合、裁判例の認定については、多少分かれます。ここ3年間に自保ジャーナルに掲載された裁判例を見ていくと、多くの裁判例が、賃金センサス又は勤務先からの収入のうち、いずれか高い方を認定しています。しかしながら、そうではない裁判例もあります。具体的には、名古屋地裁平成28年4月27日判決（自保1979・88）や、東京地裁平成28年2月15日判決（自保1971・104）です。もっとも、いずれの裁判例も、その理由が必ずしも判然としないところですので、本書に裁判例として取り上げることは控えました。しかし、このような裁判例があるということは、非常に参考になるものと思われます。

〔125〕 脊柱変形障害等（併合11級）の後遺障害を残す42歳女性介護ヘルパーにつき、事故時から特定の男性と婚姻する意思を有し、事故後同人と同居を開始して、その後現実に婚姻したことから、事故時主婦ではなかったものの、いわゆる兼業主婦であるとして、賃金センサス女性全年齢平均賃金353万円余を基礎とした事例

（福岡地判平29・10・17自保2013・62）

事件の概要

事故の状況：信号機による交通整理の行われている交差点の横断歩道上を自転車に搭乗して走行していた被害者を、加害者運転にかかる対向普通乗用車が左折してきて、衝突したもの。

被　害　者：介護ヘルパー（事故時婚姻していない）・女性・症状固定時44歳（事故時42歳）

事 故 日 時：平成25年5月10日・AM11：30頃

受 傷 内 容：第1腰椎骨折、歯根破折等

入通院状況：入院122日、通院373日

後 遺 障 害：症状固定日平成26年9月16日、併合11級（11級7号「脊柱に変形を残すもの」（脊柱変形障害）、14級9号「局部に神経症状を残すもの」（左下腿しびれ））

判 決 内 容

基礎収入	353万9,300円（平成25年賃金センサス女性労働者・全年齢平均賃金）

　被害者は、本件事故当時から甲と婚姻する意思を有し、具体的に婚姻の時期についても甲との間で話を進めており、かつ、その予定については両人の親族とも話をしていたこと、本件事故の治療を終えた平成26年9月頃からは同居を開始してその後に現実に婚姻したことからすれば、被害者は、本件事故当時において、近い時期には甲と婚姻する蓋然性があったというべきである。

　また、甲はフルタイムの営業職に従事しており、婚姻した現在では、被害者は甲及

びその両親と4人で生活しているのであるから、本件事故がなかったとすれば、訪問ヘルパーの職に従事しながらも家事に従事し、いわゆる兼業主婦として稼働していたであろうと認められる。

そして、平成25年賃金センサス（女性・全年齢平均賃金）は、353万9,300円であり、被害者のヘルパーとしての事故前年度収入額224万7,590円を上回るから、家事従事者としての金額を基礎収入とみるのが相当である。

労働能力喪失率	14%

被害者は、後遺障害としては、併合11級の認定を受けたことが認められるが、被害者の脊柱変形障害は比較的軽度であると認められ、諸事情を考慮すると被害者の労働能力喪失率は、14%とみるのが相当である。

就労可能期間	23年間（44〜67歳）

被害者の左下腿のしびれについては、本件事故から4年以上を経過した現在でも症状が残存しており、神経障害の他覚所見がなく将来における症状減退の可能性を考慮しても相当期間の残存が考えられること、被害者の年齢等を考慮すると脊柱の変形障害についても改善する見込みは乏しいことからすれば、被害者の労働能力喪失期間は、23年間と見るのが相当である。

$$\boxed{コ メ ン ト}$$

本件の被害者は、事故時は婚姻関係にある配偶者はおらず、いわゆる給与所得者でした。

そして、事故前年度の収入は、224万7,590円と女性全年齢賃金センサスよりも低額な報酬しか得ていませんでした。

しかしながら、被害者は、事故時から婚約関係にあったと思われる男性がおり、また、事故後、2年以内に婚姻をしています。

そこで、この被害者の後遺障害逸失利益を算定するための基礎収入については、前年度の収入にて積算するべきか、それとも主婦休損として積算するべきかが、争われました。

この点、本裁判例は、事故後に実際に婚姻していること、配偶者の業務内容及び家族構成等の詳細を認定し、被害者の後遺障害逸失利益を積算するに際しては、兼業主婦として検討されるべきであることを明言し、事故前年度の収入ではなく、女性全年齢賃金センサスにより、積算されるべきであると認定した事案です。

事故時は未婚であったとしても、事故後、婚姻をすることは、よくある話であり、そのような場合に、被害者の後遺障害逸失利益を積算するための基礎収入をどのように判断するか、という点を検討する際、本裁判例は、非常に参考となると思われます。

もっとも、労働能力喪失率については、通常の11級の喪失率（20％）よりも、かなり逓減されていることにも注意が必要です。

判例年次索引

月日	裁判所名	出　　典	ページ

【昭和43年】

月日	裁判所名	出典	ページ
8. 2	最 高 裁	民集22・8・1525	110

【昭和55年】

| 11.25 | 東 京 高 | 判時990・191 | 254 |

【昭和62年】

1.19	最 高 裁	民集41・1・1	255,284
5. 6	京 都 地	交民20・3・623	50
8.17	宇都宮地	交民20・4・1031	167

【昭和63年】

| 2.26 | 名古屋地 | 交民21・1・219 | 4 |
| 4.27 | 名古屋地 | 交民21・2・449 | 7 |

【平成3年】

| 6.25 | 高 松 高 | 判タ770・224 | 178 |

【平成4年】

| 12.16 | 名古屋地 | 判タ833・242 | 180 |

【平成5年】

1.28	東 京 地	交民26・6・1628	182
5.21	神 戸 地	交民26・3・657	257
7. 6	大 阪 地	交民26・4・882	185

【平成6年】

2.21	横 浜 地	交民27・1・174	105
2.22	東 京 高	金判959・38	214
3.18	東 京 地	交民27・2・386	260
3.22	大 阪 地	交民27・2・402	188

月日	裁判所名	出　　典	ページ
4.15	札 幌 地	判タ868・227	170
8.30	東 京 地	交民27・6・1913	109
8.31	大 分 地	交民27・4・1170	172
9.20	東 京 地	交民27・5・1246	263
10. 6	東 京 地	交民27・5・1378	265
10.13	横 浜 地	交民27・5・1403	262,266 289,334
10.27	千 葉 地	交民27・5・1500	54

【平成7年】

1.19	東 京 高	交民28・1・13	191
3.14	東 京 地	判時1587・121	112
3.22	大 阪 地	交民28・2・458	56

【平成8年】

| 10.28 | 大 阪 地 | 交民29・5・1537 | 114 |

【平成9年】

1.10	札 幌 地	判タ990・228	117
1.28	最 高 裁	判時1188・3	195
4.23	東 京 高	判時1618・74	216
5.29	大 阪 高	交民30・3・646	295
6.10	東 京 高	判タ962・213	193
12. 9	東 京 地	交民30・6・1724	9
12.18	大 阪 地	交民30・6・1780	268
12.24	東 京 地	交民30・6・1838	270

【平成10年】

1.27	東 京 地	交民31・1・63	58
1.28	東 京 地	交民31・1・111	121
2.13	大 阪 地	交民31・1・195	11
2.25	盛 岡 地	交民31・1・257	175
2.26	東 京 地	交民31・1・262	13
3.18	名古屋地	交民31・2・339	196
3.25	東 京 地	交民31・2・441	199

月日	裁判所名	出　　　典	ページ
6.30	大 阪 地	交民31・3・979	202
7.28	大 阪 地	交民31・4・1134	124

【平成11年】

月日	裁判所名	出　　　典	ページ
5.25	大 阪 地	交民32・3・807	126
12.27	東 京 地	交民32・6・2013	128

【平成12年】

月日	裁判所名	出　　　典	ページ
1.27	大 阪 地	交民33・1・180	15
2.9	大 阪 地	交民33・1・233	273
4.28	東 京 地	交民33・2・749	205
7.24	大 阪 地	交民33・4・1213	275
12.12	東 京 地	交民33・6・1996	277

【平成13年】

月日	裁判所名	出　　　典	ページ
2.15	大 阪 地	交民34・1・224	63
3.8	東 京 地	判時1739・21	291
3.15	大 阪 地	交民34・2・393	61
6.28	大 阪 地	交民34・3・825	17
8.20	東 京 高	交民34・4・845	286,291
9.18	大 阪 地	交民34・5・1271	131
9.26	大 阪 高	交民34・5・1203	280
10.16	東 京 高	交民34・6・1818	284
10.31	東 京 地	交民34・5・1470	134

【平成14年】

月日	裁判所名	出　　　典	ページ
1.22	東 京 地	交民35・1・68	64
2.7	大 阪 地	交民35・1・214	286
9.25	東 京 高	交民35・6・1792	221
9.25	東 京 地	交民35・5・1248	218
9.26	東 京 地 八王子支	交民35・5・1276	66

【平成15年】

月日	裁判所名	出　　　典	ページ
2.13	東 京 高	交民36・1・6	266
4.28	名古屋地	交民36・2・574	288
6.24	東 京 地	交民36・3・865	207

月日	裁判所名	出　　　典	ページ
9.3	東 京 地	交民36・5・1208	223
9.5	大 阪 地	交民36・5・1225	19
12.1	東 京 地	交民36・6・1521	138
12.8	東 京 地	交民36・6・1570	291

【平成16年】

月日	裁判所名	出　　　典	ページ
3.29	大 阪 地	交民37・2・453	293
5.7	岡 山 地	交民37・3・600	225
6.29	東 京 地	交民37・3・838	296
8.27	大 阪 地	交民37・4・1146	286
8.30	東 京 地	交民37・4・1156	140
12.21	東 京 地	交民37・6・1695	299

【平成17年】

月日	裁判所名	出　　　典	ページ
6.30	東 京 地	交民38・3・876	228
8.24	名古屋地	交民38・4・1130	209
10.5	名古屋地	交民38・5・1386	69
10.12	大 阪 地	交民38・5・1406	245
11.4	岡 山 地	交民38・6・1517	302

【平成18年】

月日	裁判所名	出　　　典	ページ
2.6	東 京 地	交民39・1・125	71
2.10	大 阪 地	交民39・1・156	22
2.16	大 阪 地	交民39・1・205	304
3.14	東 京 地	交民39・2・326	73
5.26	東 京 地	交民39・3・698	142
6.16	大 阪 地	交民39・3・786	77
6.21	大 阪 地	判タ1228・292	24
7.10	大 阪 地	交民39・4・944	145

【平成19年】

月日	裁判所名	出　　　典	ページ
9.25	東 京 地	交民40・5・1228	307
12.17	東 京 地	交民40・6・1619	286

【平成20年】

月日	裁判所名	出　　　典	ページ
1.29	神 戸 地	交民41・1・102	81
5.16	名古屋地	交民41・3・616	148

月日	裁判所名	出　　典	ページ
10.27	岡 山 地 倉 敷 支	交民41・5・1362	231
10.29	仙 台 地	交民41・5・1382	248

【平成21年】

月日	裁判所名	出　　典	ページ
1.30	大 阪 地	交民42・1・96	309
1.30	大 阪 地	交民42・1・101	311
2.26	札 幌 地	判時2045・130	152
4.23	横 浜 地	自保1794・19	264
8.28	名古屋地	交民42・4・1118	83
12.24	東 京 地	交民42・6・1678	27
12.25	東 京 地	交民42・6・1703	211

【平成22年】

月日	裁判所名	出　　典	ページ
1.18	東 京 地	交民43・1・1	86
2. 9	東 京 地	交民43・1・123	233
3.15	大 阪 地	交民43・2・332	29
9.30	東 京 地	交民43・5・1265	314
11. 1	大 阪 地	交民43・6・1401	88
12. 8	名古屋地	交民43・6・1633	316

【平成23年】

月日	裁判所名	出　　典	ページ
3.11	京 都 地	交民44・2・357	266,289 334
4.13	大 阪 地	交民44・2・535	318

【平成24年】

月日	裁判所名	出　　典	ページ
7.18	東 京 地	交民45・4・846	32
11.27	大 阪 地	交民45・6・1356	35
12.19	京 都 地	交民45・6・1532	91

【平成25年】

月日	裁判所名	出　　典	ページ
1.16	大 阪 地	交民46・1・63	235
3.13	東 京 地	交民46・2・353	156
9.19	神 戸 地	交民46・5・1268	238
10.17	大 阪 地	交民46・5・1356	241

月日	裁判所名	出　　典	ページ
11.26	東 京 地	交民46・6・1501	335
11.28	横 浜 地	交民46・6・1511	159

【平成26年】

月日	裁判所名	出　　典	ページ
1. 9	名古屋地	交民47・1・24	321
6.26	大 阪 地	交民47・3・784	38
12.24	東 京 地	交民47・6・1597	42

【平成27年】

月日	裁判所名	出　　典	ページ
1. 8	名古屋地	交民48・1・8	46,63
1.13	大 阪 地	交民48・1・25	306,324
5.11	名古屋地	交民48・3・549	327
7. 3	大 阪 地	交民48・4・836	94
7.28	名古屋地	交民48・4・912	97
10.30	大 阪 地	交民48・5・1335	290

【平成28年】

月日	裁判所名	出　　典	ページ
2.15	東 京 地	自保1971・104	347
3.29	東 京 地	交民49・2・507	251
4.27	名古屋地	自保1979・88	347
5.27	横 浜 地	交民49・3・672	161
5.31	横 浜 地 川 崎 支	交民49・3・682	330
7.19	東 京 地	交民49・4・900	333
8.30	京 都 地	自保1986・51	347
10.31	横 浜 地	交民149・5・1323	341
12. 6	鹿児島地	自保2001・1	347
12.14	神 戸 地	交民49・6・1497	164
12.27	東 京 高	交民49・6・1335	101

【平成29年】

月日	裁判所名	出　　典	ページ
6. 9	名古屋地	自保2005・156	343
6.20	最 高 裁	自保2006・1	345
10.17	福 岡 地	自保2013・62	348

給与所得者以外の逸失利益算定事例集

―事業所得者・自由業・会社役員等―

平成31年2月6日　初版発行

編　集　ＡＩＮ法律事務所

発行者　新日本法規出版株式会社

代表者　服　部　昭　三

発行所　新日本法規出版株式会社

本　　社	(460-8455)	名古屋市中区栄1－23－20
総轄本部		電話　代表　052(211)1525
東京本社	(162-8407)	東京都新宿区市谷砂土原町2－6
		電話　代表　03(3269)2220
支　　社		札幌・仙台・東京・関東・名古屋・大阪・広島
		高松・福岡
ホームページ		http://www.sn-hoki.co.jp/

※本書の無断転載・複製は、著作権法上の例外を除き禁じられています。
※落丁・乱丁本はお取替えします。　　　　ISBN978-4-7882-8502-6

5100049　逸失利益　　　　　　　　　　ⒸAIN法律事務所 2019 Printed in Japan